Zhongguo Tese Qiye Xinxing Xuetuzhi Peixun Jiaocai

中国特色企业新型学徒制培训教材

# 绿色技能

人力资源社会保障部教材办公室　组织编写



中国劳动社会保障出版社

**内容简介**

本书是中国特色企业新型学徒制培训教材通用素质课程教材中的一种，主要内容包括绿色技能基础知识、水资源节约与保护利用、土地资源节约与保护利用、能源资源节约与保护利用、矿产及生物资源节用与保护、废气处理与利用、固废处理与利用、物理性污染防治。

本书适用于各类企业与职业院校、职业培训机构、企业培训中心等教育培训机构开展中国特色企业新型学徒制培训，也适用于企业岗位技能培训和就业技能培训。

**图书在版编目（CIP）数据**

绿色技能 / 人力资源社会保障部教材办公室组织编写．-- 北京：中国劳动社会保障出版社，2023

中国特色企业新型学徒制培训教材

ISBN 978-7-5167-5671-3

Ⅰ．①绿…　Ⅱ．①人…　Ⅲ．①中国经济 - 绿色经济 - 经济发展 - 教材　Ⅳ．①F124.5

中国国家版本馆 CIP 数据核字（2023）第 005684 号

**中国劳动社会保障出版社出版发行**

（北京市惠新东街 1 号　邮政编码：100029）

*

北京市白帆印务有限公司印刷装订　　新华书店经销

787 毫米 ×1092 毫米　16 开本　14 印张　230 千字

2023 年 1 月第 1 版　　2023 年 1 月第 1 次印刷

**定价：38.00 元**

营销中心电话：400-606-6496

出版社网址：http://www.class.com.cn

# 中国特色企业新型学徒制培训教材
# 《绿色技能》编委会

# 前　　言

为贯彻《关于加强新时代高技能人才队伍建设的意见》文件精神，落实《关于全面推行中国特色企业新型学徒制　加强技能人才培养的指导意见》（人社部发〔2021〕39号）有关要求，适应规范化、标准化、制度化开展企业新型学徒制培训对教材的需求，建立完善适应新时代企业新型学徒制培训需求的高质量教学资源体系，人力资源社会保障部教材办公室组织有关行业、企业、院校和培训机构的专家编写了中国特色企业新型学徒制培训教材。

中国特色企业新型学徒制培训教材依据国家职业技能标准、职业培训课程规范等进行开发。以培养劳模精神、劳动精神、工匠精神为引领，主动对接学徒生产实际，强化职业道德、职业素养及职业能力培养，积极适应产业变革、技术变革、组织变革和企业技术创新等需求。以工作过程、学习行动、问题解决为导向，有机融合理论培训与实践培训内容，贴近学徒实际水平、贴近企业实际需要、贴近岗位工作现场。

中国特色企业新型学徒制培训教材包括通用素质课程教材和专业基础课程教材两类。其中，通用素质课程教材注重对学徒综合素质和可迁移技能的培养，促进其具备良好职业道德、职业素养及职业能力，能够安全胜任岗位工作；专业基础课程教材注重对学徒专业基础知识和基本技能的培养，促进其适应有关职业（工种）技能的学习。

首批开发的中国特色企业新型学徒制培训教材依据通用素质课程培训大纲、机械类专业基础课程培训大纲、电工电子类专业基础课程培训大纲、汽车类专业基础课程培训大纲编写，具体包括《劳模精神　劳动精神　工匠精神》等9种通用素质课程教材，以及机械类、电工电子类、汽车类等专业大类的10种专业基础课程教材。

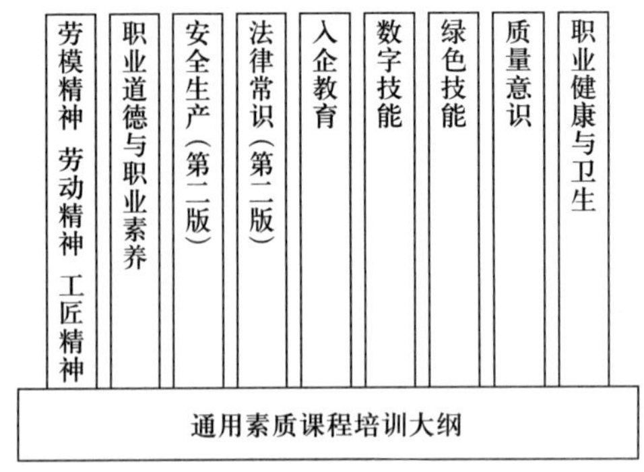


通用素质课程教材体系

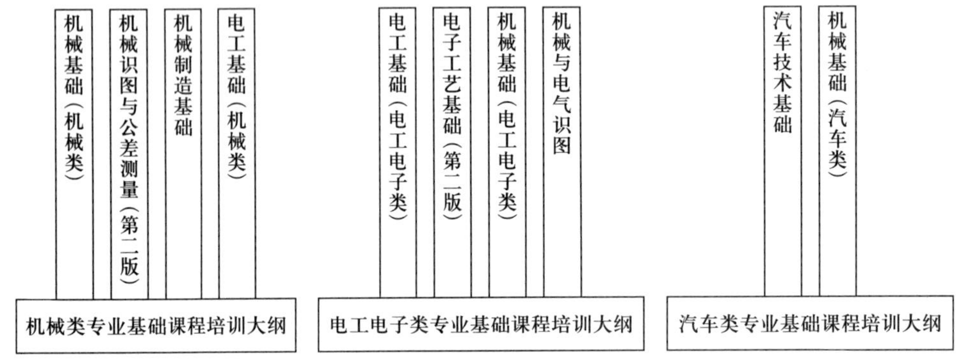


专业基础课程教材体系

本教材是开展中国特色企业新型学徒制培训的重要教学资源。主体读者对象为参加企业新型学徒制培训人员，也适用于企业岗位技能培训和就业技能培训人员。

本教材由青志明担任主编，熊隽迪、吴虹担任副主编并负责统稿。本教材第 1 章由魏一汀、龚漪、胡若涵、常素萍、钟秀平编写，第 2 章由夏海杰、姜德彬、祁凝、龚漪编写，第 3 章由高立、康维丽、黄旭、龚漪编写，第 4 章由魏一汀、况安澜、陈繁华、龚漪编写，第 5 章由魏一汀、龚漪编写，第 6 章由彭链、吴虹编写，第 7 章由欧丽、胥腾屯编写，第 8 章由魏一汀、张轶晖、常仕亮、龚漪编写。本教材在开发过程中获得了国际劳工组织的切实支持，得到了国际劳工组织中国和蒙古局戴晓初副局长和项目官管弦女士的专业指导，并且得到了北京、内蒙古、辽宁、浙江、山东、河南、广东、重庆、陕西等地人力资源社会保障厅（局），以及国家电网重庆市电力公司、永州贝禾农业发展有限公司、深圳龙华供电局、国网西藏电力公司、重庆电力高等专科学校、重庆工商大学、宁夏职业技术学院等企业、院校、培训机构的大力支持与协助，在此一并表示衷心的感谢。欢迎读者对完善本教材提出宝贵意见。

人力资源社会保障部教材办公室

# 目录

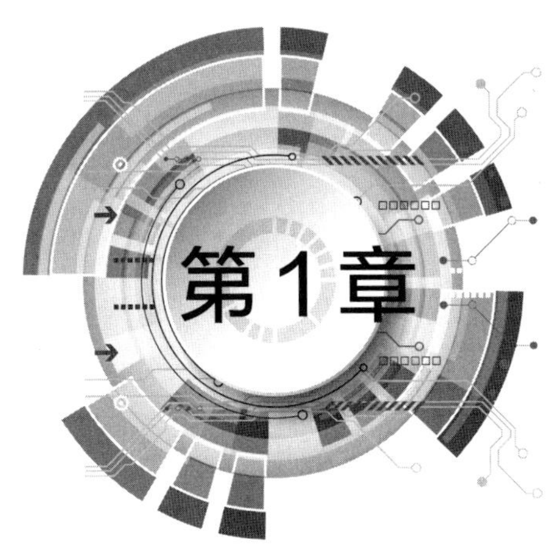

# 第1章 绿色技能基础知识

学习目标

1. 掌握习近平生态文明思想的核心内容。
2. 了解我国的生态文明发展历程。
3. 了解绿色低碳循环发展经济体系的基本内容，能对组织或个人行为是否符合绿色低碳循环经济发展的要求进行基本评估。
4. 了解绿色技能相关基础知识、法律法规，并能用于实践。

## 1.1 中国特色社会主义生态文明发展之路

### 一、习近平生态文明思想

中国共产党第十八次全国代表大会召开以来，以习近平同志为核心的党中央站在坚持和发展中国特色社会主义、实现中华民族伟大复兴中国梦的战略高度，对生态文明建设提出了一系列新理念新思想新战略，形成了习近平生态文明思想。习近平生态文明思想是习近平新时代中国特色社会主义思想的重要组成部分，是中国共产党不懈探索生态文明建设的理论创新和实践结晶，是马克思主义基本原理同中国生态文明建设实践相结合、同中华优秀传统生态文化相结合的重大成果，是以习近平同志为核心的党中央治国理政实践创新和理论创新在生态文明建设领域的集中体现，是人类社会实现可持续发展的共同思想财富，是新时代我国生态文明建设的根本遵循和行动指南。

习近平生态文明思想的核心要义体现为“十个坚持”，即坚持党对生态文明建设的全面领导，坚持生态兴则文明兴，坚持人与自然和谐共生，坚持绿水青山就是金山银山，坚持良好生态环境是最普惠的民生福祉，坚持绿色发展是发展观的深刻革命，坚持统筹山水林田湖草沙系统治理，坚持用最严格制度最严密法治保护生态环境，坚持把建设美丽中国转化为全体人民自觉行动，坚持共谋全球生态文明建设之路。

习近平生态文明思想是系统完整、逻辑严密的科学理论体系，丰富和发展了对人类文明发展规律、自然规律、经济社会发展规律的认识，为我国社会主义生态文明建设指明了科学方向，为全球可持续发展提供了中国智慧、中国方案，创造了人类文明新形态。

### 1. 绿水青山就是金山银山

习近平总书记 2013 年 9 月 7 日在哈萨克斯坦纳扎尔巴耶夫大学发表演讲并回答提问时，2014 年 3 月 7 日在参加第十二届全国人民代表大会第二次会议贵州省代表团审议时，都明确提出“绿水青山就是金山银山”这个理念，并进一步强调了建设生态文明、建设美丽中国是我们的一项战略任务，要给子孙后代留下天蓝、地绿、水净的美好家园。

2018 年 5 月 18 日习近平总书记在全国生态环境保护大会上指出，绿水青山就是金山银山，这是重要的发展理念，也是推进现代化建设的重大原则。这为我国的生态保护与经济发展指明了方向。

2022 年 10 月 16 日，习近平总书记在党的二十大报告中再次强调：“必须牢固树立和践行绿水青山就是金山银山的理念，站在人与自然和谐共生的高度谋划发展。”这为我国生态保护与经济发展指明了方向。

### 2. 山水林田湖草沙是生命共同体

2017 年 10 月 18 日，习近平总书记在党的十九大报告中提出：“必须树立和践行绿水青山就是金山银山的理念，坚持节约资源和保护环境的基本国策，像对待生命一样对待生态环境，统筹山水林田湖草系统治理，实行最严格的生态环境保护制度，形成绿色发展方式和生活方式，坚定走生产发展、生活富裕、生态良好的文明发展道路，建设美丽中国，为人民创造良好生产生活环境，为全球生态安全作出贡献。”

2021 年 3 月 5 日，习近平总书记在参加第十三届全国人民代表大会第四次会议内蒙古代表团审议时提出，要统筹山水林田湖草沙系统治理，实施好生态保护修复工程，加大生态系统保护力度，提升生态系统稳定性和可持续性。

2021 年 4 月 22 日，习近平主席在“领导人气候峰会”上再次强调坚持系统治理。山水林田湖草沙是不可分割的生态系统。保护生态环境，不能头痛医头、脚痛医脚。我们要按照生态系统的内在规律，统筹考虑自然生态各要素，从而达到增强生态系统循环能力、维护生态平衡的目标。

2022 年 10 月 16 日，习近平总书记在党的二十大报告中指出：“我们要推进美丽中国建设，坚持山水林田湖草沙一体化保护和系统治理，统筹产业结构调整、污染治理、生态保护、应对气候变化，协同推进降碳、减污、扩绿、增长，推进生态优先、节约集约、绿色低碳发展。”

### 3. 坚持人与自然和谐共生

2016 年习近平总书记在省部级主要领导干部学习贯彻党的十八届五中全会精神专题研讨班上提出，着力推进人与自然和谐共生。绿色发展，就其要义来讲，是要解决好人与自然和谐共生问题。

2018 年 5 月 4 日，习近平总书记在纪念马克思诞辰 200 周年大会上的讲话中指出：“自然是生命之母，人与自然是生命共同体，人类必须敬畏自然、尊重自然、顺应自然、保护自然。我们要坚持人与自然和谐共生，牢固树立和切实践行绿水青山就是金山银山的理念，动员全社会力量推进生态文明建设，共建美丽中国，让人民群众在绿水青山中共享自然之美、生命之美、生活之美，走出一条生产发展、生活富裕、生态良好的文明发展道路。”

2022 年 10 月 16 日，习近平总书记在党的二十大报告中深刻阐明：“中国式现代化是人与自然和谐共生的现代化。人与自然是生命共同体，无止境地向自然索取甚至破坏自然必然会遭到大自然的报复。我们坚持可持续发展，坚持节约优先、保护优先、自然恢复为主的方针，像保护眼睛一样保护自然和生态环境，坚定不移走生产发展、生活富裕、生态良好的文明发展道路，实现中华民族永续发展。”

### 4. 保护生态靠制度与法治

2013 年 5 月，习近平总书记在中共中央政治局第六次集体学习时指出：“只有实行最严格的制度、最严明的法治，才能为生态文明建设提供可靠保障。”我们组织修订与环境保护有关的法律法规，在环境保护、环境监管、环境执法上添了一些硬招。稳步推进健全自然资源资产产权制度和用途管制制度、划定生态保护红线、实行资源有偿使用制度和生态补偿制度、改革生态环境保护体制等工作。

2021 年 4 月 30 日习近平总书记在中共中央政治局第二十九次集体学习时指出：“要提高生态环境领域国家治理体系和治理能力现代化水平。要健全党委领导、政府主导、企业主体、社会组织和公众共同参与的现代环境治理体系，构建一体谋划、一体部署、一体推进、一体考核的制度机制。要深入推进生态文明体制改革，强化绿色发展法律和政策保障，健全自然资源资产产权制度和法律法规。要完善环境保护、节能减排约束性指标管理，建立健全稳定的财政资金投入机制。要全面实行排污许可制，推进排污权、用能权、用水权、碳排放权市场化交易，建立健全风险管控机制。”

### 5. 生态文明建设

2012 年习近平总书记在党的十八届一中全会上指出，我们要继续推进生态文明建设，坚持节约资源和保护环境的基本国策，把生态文明建设放到现代化建设全局的突出地位，把生态文明理念深刻融入经济建设、政治建设、文化建设、社会建设各方面和全过程，从根本上扭转生态环境恶化趋势，确保中华民族永续发展，为全球生态安全作出我们应有的贡献。

2013 年 5 月 24 日，习近平总书记在中共中央政治局第六次集体学习时指出：“生态文明是人类社会进步的重大成果。人类经历了原始文明、农业文明、工业文明，生态文明是工业文明发展到一定阶段的产物，是实现人与自然和谐发展的新要求。历史地看，生态兴则文明兴，生态衰则文明衰。”

2021 年 4 月 30 日，习近平总书记在中共中央政治局第二十九次集体学习时指出：“党的十八大以来，我们加强党对生态文明建设的全面领导，把生态文明建设摆在全局工作的突出位置，作出一系列重大战略部署。在‘五位一体’总体布局中，生态文明建设是其中一位；在新时代坚持和发展中国特色社会主义的基本方略中，坚持人与自然和谐共生是其中一条；在新发展理念中，绿色是其中一项；在三大攻坚战中，污染防治是其中一战；在到本世纪中叶建成社会主义现代化强国目标中，美丽中国是其中一个。这充分体现了我们对生态文明建设重要性的认识，明确了生态文明建设在党和国家事业发展全局中的重要地位。”

### 6. 保护地球家园

2021 年 11 月 11 日，习近平主席在亚太经合组织工商领导人峰会上的主旨演讲中提出：“中国将推进全面绿色转型，为亚太及全球生态文明建设作出贡献。中国将积极推进生态文明建设，坚持绿水青山就是金山银山，深化水土流失综合治理，打好污染防治攻坚战。中国将坚定实施应对气候变化国家战略。去年我提出碳达峰目标及碳中和愿景以来，中国已经制定《2030 年前碳达峰行动方案》，加速构建‘1+N’政策体系。‘1’是中国实现碳达峰、碳中和的指导思想和顶层设计，‘N’是重点领域和行业实施方案，包括能源绿色转型行动、工业领域碳达峰行动、交通运输绿色低碳行动、循环经济降碳行动等。中国将统筹低碳转型和民生需要，处理好发展同减排关系，如期实现碳达峰、碳中和目标。”

2021 年 11 月 19 日，习近平主席在第三次“一带一路”建设座谈会上讲话提出：“要支持发展中国家能源绿色低碳发展，推进绿色低碳发展信息共享和能力建设，深化生态环境和气候治理合作。”

2022 年 4 月 21 日，习近平主席在就气候变化问题给英国弗朗西斯・霍兰德学校小学生的复信中指出，地球是个大家庭，人类是个共同体，气候变化是全人类面临的共同挑战，人类要合作应对。

习近平主席提出的“一带一路”“构建人类命运共同体，创造人类文明新形态”理念与碳达峰、碳中和的目标都彰显了中国作为负责任大国的作为与担当。

## 二、中国生态文明发展历程

20 世纪 80 年代以前，中国还处于工业化初期阶段，环境问题不太突出。但

20世纪80年代以后，特别是进入21世纪以来，中国经济开始高速发展，引发了较多的环境问题。“环境污染、环境保护、节能减排”这几个词屡见报端，近年来又出现了“资源节约、绿色发展、生态文明”等热词。中国的生态文明建设都经历了怎样的时代历程呢？

### 1. 环境保护初启阶段（1972—1978年）

20世纪70年代，当中国的工业化还处于初期阶段，国外经济已经进入高速发展阶段，环境问题开始迅速暴露。1972年联合国召开了第一次人类环境会议，1973年8月我国召开了第一次全国环境保护会议，之后成立了国务院环境保护领导小组，开展了以消烟除尘为中心的环境保护治理工作。

### 2. 环境治理、制度建设与生态文明提出阶段（1979—2011年）

中国开始改革开放后，经济发展进入高速增长阶段，1979年《中华人民共和国环境保护法（试行）》颁布，中国环境保护进入法治轨道；1983年全国环保会上，环境保护被确定为基本国策；1994年3月25日，国务院第十六次常务会议审议通过《中国21世纪议程》，提出了将可持续发展纳入到经济社会发展长远规划；2002年党的十六大报告提出要不断增强可持续发展能力，改善生态环境，显著提高资源利用效率，促进人与自然的和谐，推动整个社会走上生产发展、生活富裕、生态良好的文明发展道路；2007年党的十七大报告提出将建设生态文明作为中国实现全面建设小康社会奋斗目标的新要求之一，基本形成节约能源资源和保护生态环境的产业结构、增长方式、消费模式。

### 3. 生态文明建设阶段（2012年开始）

（1）生态文明建设

2012年党的十八大报告提出：“全面落实经济建设、政治建设、文化建设、社会建设、生态文明建设五位一体总体布局，促进现代化建设各方面相协调，促进生产关系与生产力、上层建筑与经济基础相协调，不断开拓生产发展、生活富裕、生态良好的文明发展道路。”

1）明确了大力推进生态文明建设。建设生态文明，是关系人民福祉、关乎民族未来的长远大计。面对资源约束趋紧、环境污染严重、生态系统退化的严峻形势，必须树立尊重自然、顺应自然、保护自然的生态文明理念，把生态文明建设放在突出地位，融入经济建设、政治建设、文化建设、社会建设各方面和全过程，努力建设美丽中国，实现中华民族永续发展。

2）坚持节约资源和保护环境的基本国策。坚持节约优先、保护优先、自然恢复为主的方针，着力推进绿色发展、循环发展、低碳发展，形成节约资源和保护环境的空间格局、产业结构、生产方式、生活方式，从源头上扭转生态环境恶化趋势，为人民创造良好生产生活环境，为全球生态安全作出贡献。

（2）建设美丽中国

党的十九大报告提出“加快生态文明体制改革，建设美丽中国”“我们要建设的现代化是人与自然和谐共生的现代化”“必须坚持节约优先、保护优先、自然恢复为主的方针，形成节约资源和保护环境的空间格局、产业结构、生产方式、生活方式，还自然以宁静、和谐、美丽”。

（3）推动绿色发展，促进人与自然和谐共生

党的二十大报告提出：“大自然是人类赖以生存发展的基本条件。尊重自然、顺应自然、保护自然，是全面建设社会主义现代化国家的内在要求。必须牢固树立和践行绿水青山就是金山银山的理念，站在人与自然和谐共生的高度谋划发展。”

1）加快发展方式绿色转型。推动经济社会发展绿色化、低碳化是实现高质量发展的关键环节。加快推动产业结构、能源结构、交通运输结构等调整优化。实施全面节约战略，推进各类资源节约集约利用，加快构建废弃物循环利用体系。完善支持绿色发展的财税、金融、投资、价格政策和标准体系，发展绿色低碳产业，健全资源环境要素市场化配置体系，加快节能降碳先进技术研发和推广应用，倡导绿色消费，推动形成绿色低碳的生产方式和生活方式。

2）深入推进环境污染防治。坚持精准治污、科学治污、依法治污，持续深入打好蓝天、碧水、净土保卫战。加强污染物协同控制，基本消除重污染天气。统筹水资源、水环境、水生态治理，推动重要江河湖库生态保护治理，基本消除城市黑臭水体。加强土壤污染源头防控，开展新污染物治理。提升环境基础设施建设水平，推进城乡人居环境整治。全面实行排污许可制，健全现代环境治理体系。严密防控环境风险。深入推进中央生态环境保护督察。

3）提升生态系统多样性、稳定性、持续性。以国家重点生态功能区、生态保护红线、自然保护地等为重点，加快实施重要生态系统保护和修复重大工程。推进以国家公园为主体的自然保护地体系建设。实施生物多样性保护重大工程。科学开展大规模国土绿化行动。深化集体林权制度改革。推行草原森林河流湖泊湿地休养生息，实施好长江十年禁渔，健全耕地休耕轮作制度。建立生态产品价值实现机制，完善生态保护补偿制度。加强生物安全管理，防治外来物种侵害。

4）积极稳妥推进碳达峰、碳中和。实现碳达峰、碳中和是一场广泛而深刻的经济社会系统性变革。立足我国能源资源禀赋，坚持先立后破，有计划分步骤实施碳达峰行动。完善能源消耗总量和强度调控，重点控制化石能源消费，逐步转向碳排放总量和强度“双控”制度。推动能源清洁低碳高效利用，推进工业、建筑、交通等领域清洁低碳转型。深入推进能源革命，加强煤炭清洁高效利用，加大油气资源勘探开发和增储上产力度，加快规划建设新型能源体系，统筹水电开发和生态保护，积极安全有序发展核电，加强能源产供储销体系建设，确保能源安全。完善碳排放统计核算制度，健全碳排放权市场交易制度。提升生态系统碳汇能力。积极参与应对气候变化全球治理。

### 名词解释：生态文明

生态文明是人类文明的一种形式，是以人与自然、人与人、人与社会和谐共生、良性循环、全面发展、持续繁荣为基本宗旨的社会形态，是人类为保护和建设美好生态环境而取得的物质成果、精神成果和制度成果的总和。

### 知识拓展：《公民生态环境行为规范（试行）》

第一条　关注生态环境。关注环境质量、自然生态和能源资源状况，了解政府和企业发布的生态环境信息，学习生态环境科学、法律法规和政策、环境健康风险防范等方面知识，树立良好的生态价值观，提升自身生态环境保护意识和生态文明素养。

第二条　节约能源资源。合理设定空调温度，夏季不低于26度，冬季不高于20度，及时关闭电器电源，多走楼梯少乘电梯，人走关灯，一水多用，节约用纸，按需点餐不浪费。

第三条　践行绿色消费。优先选择绿色产品，尽量购买耐用品，少购买使用一次性用品和过度包装商品，不跟风购买更新换代快的电子产品，外出自带购物袋、水杯等，闲置物品改造利用或交流捐赠。

第四条　选择低碳出行。优先步行、骑行或公共交通出行，多使用共享交通工具，家庭用车优先选择新能源汽车或节能型汽车。

第五条　分类投放垃圾。学习并掌握垃圾分类和回收利用知识，按标志单独投放有害垃圾，分类投放其他生活垃圾，不乱扔、乱放。

第六条　减少污染产生。不焚烧垃圾、秸秆，少烧散煤，少燃放烟花爆竹，抵制露天烧烤，减少油烟排放，少用化学洗涤剂，少用化肥农药，避免噪声扰民。

第七条　呵护自然生态。爱护山水林田湖草生态系统，积极参与义务植树，保护野生动植物，不破坏野生动植物栖息地，不随意进入自然保护区，不购买、不使用珍稀野生动植物制品，拒食珍稀野生动植物。

第八条　参加环保实践。积极传播生态环境保护和生态文明理念，参加各类环保志愿服务活动，主动为生态环境保护工作提出建议。

第九条　参与监督举报。遵守生态环境法律法规，履行生态环境保护义务，积极参与和监督生态环境保护工作，劝阻、制止或通过“12369”平台举报破坏生态环境及影响公众健康的行为。

第十条　共建美丽中国。坚持简约适度、绿色低碳的生活与工作方式，自觉做生态环境保护的倡导者、行动者、示范者，共建天蓝、地绿、水清的美好家园。

## 即学即用

1. 习近平生态文明思想的核心内容是什么？

2. 什么是生态文明？中国生态文明发展历程经历了哪几个阶段？

3.《公民生态环境行为规范（试行）》是由哪个部门发布的？其目的、意义是什么？

# 1.2 绿色低碳循环发展经济体系

## 一、绿色低碳循环发展经济体系概述

### 1. 定义

绿色低碳循环发展经济体系是指坚定不移贯彻新发展理念，全方位全过程推行绿色规划、绿色设计、绿色投资、绿色建设、绿色生产、绿色流通、绿色生活、绿色消费，使发展建立在高效利用资源、严格保护生态环境、有效控制温室气体排放的基础上，统筹推进高质量发展和高水平保护，建立健全绿色低碳循环发展的经济体系，确保实现碳达峰、碳中和目标，推动我国绿色发展迈上新台阶。

### 2. 碳管理

（1）基本要求

以减少生产、经营活动中的二氧化碳排放为核心。

（2）相关术语

1）碳足迹。企业机构、活动、产品或个人通过交通运输、食品生产和消费以及各类生产过程等行为引起的温室气体排放的集合。这里的温室气体不单指二氧化碳，还包括甲烷、臭氧、氧化亚氮等。温室气体排放量越大，“碳足迹”就越大；反之，“碳足迹”就越小。

**知识拓展：碳足迹计算方法**

碳足迹有多种计算方法，较为常见的是生命周期评价法（即 LCA）、投入产出法（I–O）、《2006 年 IPCC 国家温室气体清单指南》（以下简称《清单指南》）（注：IPCC 为政府间气候变化专门委员会的英文缩写）计算方法（IPCC）、碳足迹计算器以及 Kaya 碳排放恒等式等。其中，联合国气候变化委员会编写的《清单指南》是目前国际公认的碳足迹计算最详细的方法，在 IPCC 的方法中，不同行业的碳足迹计算方法并不完全相同，但是都基于一个最为基本的计算公式，即碳排放

量 = 活动数据 × 碳排放因子；碳足迹计算器最便捷。

碳足迹具体计算方法可参见第 4 章第 4.3 节相关内容。

2）碳标签。把商品在生产过程中所排放的温室气体，在产品标签上用量化的指数标示出来，以标签的形式告知消费者产品的碳信息。

### 知识拓展：碳标签分类

碳标签是碳足迹信息的有力载体，主要分为以下三大类：

1. 碳标识标签。只标明产品全生命周期温室气体排放量低于某个既定标准，不标明二氧化碳排放量的具体数值。

2. 碳得分标签。会标明碳足迹的具体数值。

3. 碳等级标签。会在碳得分的基础上，与同类产品碳排放量比较，确定其在同品类中所处的等级，能更有效地引导消费者购买绿色产品。

3）碳普惠。是为个人和企业的节能减碳行为赋予价值而建立的激励机制，是低碳权益惠及公众的具体手段。通过鼓励公众参与低碳行动，减少资源占用，达到节能减排目的。

4）碳资产。在强制碳排放权交易机制或者自愿碳排放权交易机制下，产生的可直接或间接影响组织温室气体排放的配额排放权、减排信用额及相关活动。作为一种环境资源资产，碳资产具有稀缺性、消耗性和投资性的特点。同时，碳资产作为一种金融资产，具有商品属性和金融属性，具有可透支性的特点。在碳交易制度下，碳资产又可细分为配额碳资产和减排碳资产。

### 知识拓展：碳资产有哪些?

1. 在碳交易体系下，由政府分配排放量配额给企业。

2. 企业内部通过节能技改活动，减少企业的碳排放量。由于该行为使得企业可在市场流转交易的排放量配额增加，因此其也可以被称为碳资产。

3. 企业投资开发的零排放项目或者减排项目所产生的减排信用额，且该项目成功申请了清洁发展机制项目（CDM）或者中国核证自愿减排项目（CCER），并

在碳交易市场上进行交易或转让，此减排信用额也可称为碳资产。

5）碳交易。《京都议定书》提出的把市场机制作为解决二氧化碳为代表的温室气体减排问题的新路径，即把二氧化碳排放权作为一种商品，从而形成了二氧化碳排放权的交易。

（3）技能要点

1）企业运用碳管理，将商品在生产过程中的温室气体排放量在产品标签上用量化的指数标示出来，以标签的形式告知消费者产品的碳信息。

2）大力推行碳普惠，鼓励公众自愿践行低碳，并对资源占用少或为低碳社会创建做出贡献的公众和企业予以激励。

3）利用森林碳汇使森林植物吸收大气中的二氧化碳并将其固定在植被或土壤中，从而减少该气体在大气中的浓度。例如，鼓励造林、恢复被毁生态系统、建立农林复合系统、加强森林可持续管理等。推进以耐用木质林产品替代能源密集型材料、生物能源、采伐剩余物的回收利用，可减少能源和工业部门的温室气体排放量。

4）鼓励生产厂进行碳捕集与封存，减少碳排放量，并将其投入新的生产进行循环再利用，推进绿色低碳转型。

5）培育与提升企业及个人减排的社会责任意识，鼓励企业积极自愿参与碳交易，激励企业加快技术改造。

### 3. 主要目标

（1）优化产业结构、能源结构、运输结构，提升绿色产业比重。

（2）提高清洁生产水平，提升能源资源配置合理性及利用效率。

（3）减少污染物排放总量，降低碳排放强度，使生态环境持续改善。

（4）形成绿色低碳循环发展的生产体系、消费体系、流通体系。

## 二、生产体系应用场景

### 1. 绿色工厂

（1）基本要求

对传统行业进行绿色化改造升级。推行产品绿色设计、建设绿色制造体系。

生产模式均围绕“环保、绿色”进行，在整个生产制造过程中不产生污染物，输出的产品也是安全、环保的。

（2）重点关注

1）在厂区内及周边种植适宜的绿色植被，减少因生产造成的污染及噪声。

2）了解相关政策，根据政府引导提出有利于碳减排的产业调整建议。

3）推行产品绿色设计，着重考虑产品的可回收性、可重复利用性等。

4）强化工业固体废弃物综合利用、减少资源消耗，并加快绿色低碳科技革新、生产流程再造。

（3）技能要点

1）绿色设计遵循原则有：安全性（产品在制造、使用中不会对人和环境造成危害），省资源（节省材料、人力与能源等），可维护（对易损的零部件进行标准化、模块化设计，便于更换，延长产品使用寿命），可回收（减少用材种类，用可回收、可分解的材料），环保性（用污染小或无污染的方法制造产品），先进性（满足时代需求）。

2）绿色材料要求能耗低、噪声小、无毒性、可回收及环境兼容性好等。

3）绿色工艺又称清洁工艺，要求改善生产工艺，实现安全、环境与经济效益兼容。

4）绿色包装要求对人体与环境安全、包装减量、可循环使用或再生利用、可降解的材料。

### 2. 绿色农业

（1）基本要求

加快农业绿色发展。兼顾农业生产和环境保护，加强绿色食品、有机农产品认证管理，既保证农产品的绿色无污染又增加农户收入。

（2）技能要点

1）提高畜禽粪污资源化利用水平，推进农作物秸秆综合利用，加强农膜污染治理。





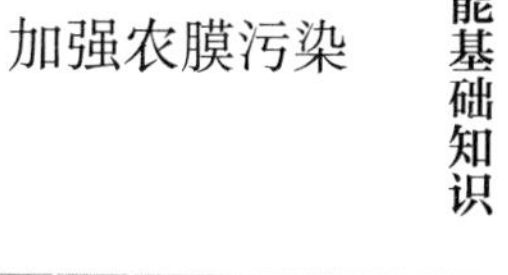

2）强化耕地质量保护与提升，推进退化耕地综合治理。

3）推进农业节水，推广高效节水技术。

4）农作物改变施肥方式，推广有机肥。开展水产健康养殖“五大行动”，即生态健康养殖模式推广行动、养殖尾水治理模式推广行动、水产养殖用药减量行动、配合饲料替代幼杂鱼行动、水产种业质量提升行动。

5）减量使用农药、兽用抗菌药，实施产地环境净化行动。

### 3. 绿色产业园区和产业集群

（1）基本要求

依法依规开展规划产业园区环境影响评价，严格准入标准，完善循环产业链，完善健全低碳运行政策、低碳规划建设和管理体系。建设电、热、冷、气等多种能源协同互济的综合项目，配套建设危险废物集中储存、预处理和处置设施。

（2）技能要点

1）以循环化改造为重点，对公共设施进行共建共享，并延伸发展生产配套服务业，逐步形成多功能混合使用布局。

2）注重能源梯级利用、资源循环利用和污染物集中安全处置。

3）企业应采用绿色生产技术，降低材料和能源消耗，提高资源配置效率。

### 4. 绿色供应链

（1）基本要求

将环保原则纳入供应商管理机制中，让其产品更具有环保概念，提升市场的竞争力。鼓励企业开展绿色设计、选择绿色材料、实施绿色采购、打造绿色制造工艺、推行绿色包装、开展绿色运输、做好废弃产品回收处理，实现产品全生命周期的绿色环保。

（2）技能要点

1）加强企业内部管理，强化企业领导和员工的环境意识。

2）产品设计考虑环境因素，并根据企业需求实施绿色采购，使产品达到相应绿色标准。

3）与上下游企业进行整合，加强供应商与制造商在企业文化与经营理念上对环境保护的认同。

4）通过观念的转化、行为的转变提高用户对环保、绿色消费与可持续发展的认识。

## 三、消费体系应用场景

### 1. 基本要求

促进绿色产品消费，倡导绿色低碳生活方式。以适度节制消费，避免或减少对环境的破坏。

### 2. 技能要点

（1）选择经绿色认证的绿色产品，增加绿色认证产品消费。

（2）厉行节约，杜绝浪费行为。

（3）注重环保，节约资源和能源，例如，杜绝商品过度包装，不用或少用塑料袋，选择绿色出行。

（4）垃圾减量化并合理分类及对垃圾的资源化、无害化处理。

## 四、流通体系应用场景

### 1. 基本要求

打造绿色物流。积极调整运输结构，推进铁水、公铁、公水等多式联运，加快铁路专用线建设；加强再生资源回收利用。推进垃圾分类回收与再生资源回收"两网融合"，鼓励地方建立再生资源区域交易中心；建立绿色贸易体系。积极优化贸易结构，大力发展高质量、高附加值的绿色产品贸易，从严控制高污染、高耗能产品出口。

### 2. 技能要点

（1）加快相关公共信息平台建设和信息共享，发展甩挂运输（即一辆带有动力的主车，连续拖带两个以上承载装置的运输方式）、共同配送；推广绿色低碳的新能源或清洁能源汽车作运输工具；发展智慧仓储、智慧运输，推动建立标准化托盘循环共用。

（2）建立逆向物流回收体系。实现废物回收线上与线下有机结合，加强废旧家电、废纸、废塑料、废旧轮胎、废金属、废玻璃等再生资源回收利用。

（3）初步掌握国际贸易政策及绿色壁垒的基本规则、国际标准与进出口政策。

**知识拓展：绿色壁垒**

绿色壁垒，也称为环境贸易壁垒，是指为保护生态环境而直接或间接采取的限制甚至禁止贸易的措施。通常是进出口国为保护本国生态环境和公众健康而设置的各种保护措施、法规和标准等，也是对进出口贸易产生影响的一种技术性贸易壁垒。

## 五、绿色金融应用场景

### 1. 基本要求

大力发展绿色金融。发展绿色信贷和绿色直接融资，加大对金融机构绿色金融业绩评价考核力度。统一绿色债券标准，建立绿色债券评级标准。发展绿色保险，发挥保险费率调节机制作用。支持符合条件的绿色产业企业上市融资。支持金融机构和相关企业在国际市场开展绿色融资。

### 2. 技能要点

（1）促进环保和经济社会的可持续发展，引导各经济主体注重自然生态平衡。

（2）将对环境保护和对资源的有效利用程度作为计量其活动成效的标准之一。

（3）加强长期规划，避免注重短期利益的过度投机行为。

## 即学即用

1. 绿色低碳循环发展经济体系的定义和主要目标是什么？

2. 绿色低碳循环发展经济的生产体系、消费体系应用场景及其技能要点是什么？

3. 常用的碳足迹计算方法有哪几种？

# 1.3 绿色技能概述

## 一、绿色技能与生态文明

### 1. 绿色职业现状

《中华人民共和国职业分类大典（2022 年版）》（以下简称《大典》）全面、客观、准确地反映了当前社会职业发展实际状况，包括大类 8 个、中类 79 个、小类 450 个、细类（职业）1 639 个。《大典》纳入了近年来新增职业信息，反映了数字经济发展的需要，顺应了碳达峰、碳中和的趋势，契合了创新、协调、绿色、开放、共享的新发展理念，满足了人民美好生活的需要。

《大典》中标注了绿色职业 134 个（标注为 L），如综合能源服务员、碳排放管理员、地质调查员、水土保持员、环境影响评价工程技术人员、污水处理工、生活垃圾处理工等绿色职业；《大典》中标注的既是绿色职业又是数字职业的有 23 个（标注为 L/S），如碳汇计量评估师、天气预报工程技术人员、海洋调查与监测工程技术人员等。

### 2. 绿色技能的概念

（1）国际劳工组织的绿色技能定义

国际劳工组织在《绿色未来的职业技能——全球报告（2019）》和《21 世纪生活与工作中的核心技能全球框架（2021）》中对绿色工作及绿色技能做出了定义。

绿色工作：是指能够减少产业与企业对环境造成的负面影响并最终达到可持续发展水平的工作。绿色工作涵盖了在农业、工业、服务业和行政部门等领域有助于保护或修复环境质量并满足体面劳动标准的工作，它还包含了减缓和适应气候变化的工作活动。

绿色技能：绿色工作的基本技能是指遵循相关环境法规和要求以遏制气候变化所必备的技能，主要包含：环保意识、减少和管理废弃物的能力、能源和水资源的高效利用能力。





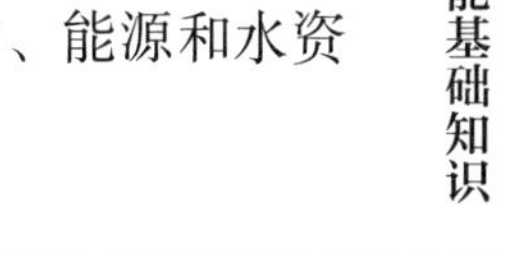

（2）我国的绿色技能定义

我国学者认为“绿色技能”是遵循生态原理和生态经济规律，能减少资源使用量、提高资源利用效率、促进社会可持续发展，回收利用废弃物、减少污染物排放，保护生态环境，与促进生态文明建设相关的知识、态度、技术及技能。

综上所述，国内外虽然在绿色技能定义的形式上有所不同，但其内涵是一致的。因此，我们将绿色技能的定义归纳为：在绿色经济活动中具有普遍适用性的技能与从事绿色职业或绿色专业的人所需的技能，通常分为通用绿色技能和专业绿色技能。

绿色技能主要有以下五项核心能力：法律法规运用能力、绿色（资源、环境）评估能力、资源节约与利用能力、资源（废弃物）处置能力、资源（环境）保护能力。这些核心技能包括两个层次，即通用绿色技能（对大多数从业人员的基本要求）和专业绿色技能（对绿色岗位专业人员的要求）。

### 3. 绿色技能助力生态文明建设

近年来，生态文明建设取得了丰硕的成果，大气环境质量、饮用水质量都有了显著提升，满目的绿水青山更是让我们感受到了生态环境的明显改善。在生态文明建设中除了制度保障、决策评价、生态审计、环保督查之外，还有一个非常重要的方面就是绿色技术和绿色技能的支撑，如生态绿色循环低碳技术、节能减排高新技术的应用，都要靠掌握了绿色技能的人来实现。所以说生态文明是目标，节能减排是手段，绿色技能是基础。

“工业强国都是技师技工的大国，我们要有很强的技术工人队伍”“作为一个制造业大国，我们的人才基础应该是技工”“大力培育支撑中国制造、中国创造的高技能人才队伍”。这些重要论述把技能人才的地位提升到了一个新高度，对技能人才队伍建设意义重大、影响深远。

绿色技能人才既是生态优先、节约优先、绿色发展的主要建设者，也是资源节约、发展可再生能源的主要推动者，更是绿色低碳循环经济的主要实践者。要实现生态文明的建设目标，需要通过资源节约、循环利用、节能减排的技术创新与具体的项目来实现。由此可知，在目标、政策、路径确定后，绿色技术与技能人才就成为决定性的因素。

## 二、生态环境保护法律法规

### 1. 法律法规体系

我国基于《中华人民共和国宪法》（以下简称《宪法》）“国家保护和改善生活环境和生态环境，防治污染和其他公害”的立法依据，初步形成以《中华人民共和国环境保护法》（以下简称《环境保护法》）为主干，由法律、行政法规、行政规章、生态环境标准等构成的法律法规体系。目前已有 30 多部涉及生态环境保护的专门性法律，成为我国环境保护工作重要基础和支柱；国务院颁布实施了多部生态环境保护的配套行政法规，国务院环境保护行政主管部门、其他中央政府相关部门、地方政府及其环境保护行政主管部门，制定了一系列生态环境保护的专门性行政规章和地方性法规和规章，为实施环境保护法律法规提供技术保障；我国还制定了 400 多个全国性的环境保护专门标准。

### 2. 法律法规效力

各层次法律法规效力层级如下：《宪法》具有最高的法律效力，一切法律、行政法规、地方性法规、规章都不得同《宪法》相抵触。《宪法》的效力高于行政法规、地方性法规和规章，行政法规的效力高于地方性法规、规章。地方性法规的效力高于本级和下级地方政府规章。地方性法规和部门规章具有同等效力，二者对同一事项的规定不一致、不能确定如何适用时，由国务院提出意见——国务院认为应当适用地方性法规的，则应当决定在该地方适用地方性法规；国务院认为应当适用部门规章的，则应当提请全国人民代表大会常务委员会裁决。部门规章之间、部门规章与地方政府规章之间具有同等效力，在各自的权限范围内施行。

### 3. 环境保护相关主要法律法规

（1）《宪法》

《宪法》作为国家的根本大法，是其他法律、法规赖以产生、存在、发展和变更的基础和前提条件，是国家法律制度的基石。它确立了国家生态环境保护的总体政策，为我国的生态环境保护法制建设提供了立法基础和立法依据。2018 年修改《宪法》，实现了“生态文明”入宪，生态文明建设的重要性被提升至前所未有的高度，为生态环境保护工作提供了更坚强的法治保障。

**知识拓展:《宪法》有关环境保护的规定**

《宪法》第九条规定:“矿藏、水流、森林、山岭、草原、荒地、滩涂等自然资源,都属于国家所有,即全民所有;由法律规定属于集体所有的森林和山岭、草原、荒地、滩涂除外。国家保障自然资源的合理利用,保护珍贵的动物和植物。禁止任何组织或者个人用任何手段侵占或者破坏自然资源。”

《宪法》第二十六条规定:“国家保护和改善生活环境和生态环境,防治污染和其他公害。”

(2)基本法和普通法

由全国人民代表大会和全国人民代表大会常务委员会依照法定程序制定、修改并颁布,并由国家强制力保证实施的基本法律和普通法律总称。

1)基本法——《中华人民共和国民法典》(以下简称《民法典》)和《中华人民共和国刑法》(以下简称《刑法》)。2021 年 1 月 1 日起施行的《民法典》中充分考虑了“绿色发展”的立法需求,以绿色原则为纲,在物权编、合同编对民事行为进行了必要的绿色限制,并以污染环境、破坏生态的侵权责任和生态环境损害责任来威慑潜在加害人。

**知识拓展:《民法典》有关环境保护的规定**

总则编第九条规定:“民事主体从事民事活动,应当有利于节约资源、保护生态环境。”这一规定被称作“绿色原则”,为民法基本原则之一,适用于整个民事领域。

物权编第三百二十六条规定:“用益物权人行使权利,应当遵守法律有关保护和合理开发利用资源、保护生态环境的规定。”

物权编第三百四十六条规定:“设立建设用地使用权,应当符合节约资源、保护生态环境的要求。”划定了土地使用权设立的绿色边界。

合同编对合同履行作出了绿色附随义务的限制,新增“当事人在履行合同过程中,应当避免浪费资源、污染环境和破坏生态”的规定,第五百五十八条增加了“旧物回收”的后合同义务,第六百一十九条增加了“有利于节约资源、保护生态环境”绿色包装方式的要求。

侵权责任编设立了“环境污染和生态破坏责任”绿色专章，首次规定了生态环境损害的修复责任和赔偿责任，并明确了赔偿的范围，还规定了对故意污染环境、破坏生态造成严重后果的行为适用惩罚性赔偿责任。

### 知识拓展：《刑法》有关环境保护的规定

现行《刑法》在生态环境保护领域体现了法益保护前置化以及惩罚严厉化的立法趋势。

《刑法》第三百三十八条规定了“污染环境罪”及其刑罚：“违反国家规定，排放、倾倒或者处置有放射性的废物、含传染病病原体的废物、有毒物质或者其他有害物质，严重污染环境的，处三年以下有期徒刑或者拘役，并处或者单处罚金；情节严重的，处三年以上七年以下有期徒刑，并处罚金。”

《刑法》第三百四十二条规定了“非法占用农用地罪”及其刑罚：“违反土地管理法规，非法占用耕地、林地等农用地，改变被占用土地用途，数量较大，造成耕地、林地等农用地大量毁坏的，处五年以下有期徒刑或者拘役，并处或者单处罚金。”

《刑法》第三百四十四条规定了“非法采伐、毁坏国家重点保护植物罪”及其刑罚：“违反国家规定，非法采伐、毁坏珍贵树木或者国家重点保护的其他植物的，或者非法收购、运输、加工、出售珍贵树木或者国家重点保护的其他植物及其制品的，处三年以下有期徒刑、拘役或者管制，并处罚金；情节严重的，处三年以上七年以下有期徒刑，并处罚金。”

《刑法修正案》（十一）对“污染环境罪”做了三点修改：一是增加了特别严重情形；二是相应增加了更高的刑罚；三是补充了法条竞合及从一重罪处罚规则。对“非法占用农用地罪”增加了一条：“违反自然保护地管理法规，在国家公园、国家级自然保护区进行开垦、开发活动或者修建建筑物，造成严重后果或者有其他恶劣情节的，处五年以下有期徒刑或者拘役，并处或者单处罚金。”对“非法采伐、毁坏国家重点保护植物罪”增加了一条：“违反国家规定，非法引进、释放或者丢弃外来入侵物种，情节严重的，处三年以下有期徒刑或者拘役，并处或者单处罚金。”

2）普通法——综合性法律和专门性法律。《环境保护法》作为统领性、综合性法律，在生态环境保护普通法中居于核心地位，将保护环境作为我国的一项基本国策，突出了保护环境的战略地位；对环境保护的重大问题作出了全面的原则性规定，是构成其他单项生态环境保护立法的依据。新修订的《环境保护法》将“可持续发展”纳入立法宗旨，明确了其作为生态环境保护综合性法律的基本属性。

目前，我国已出台30多部专门性法律，覆盖污染防治、自然资源保护和生态保护三个领域。在污染防治领域，我国形成了以《中华人民共和国大气污染防治法》（以下简称《大气污染防治法》）、《中华人民共和国土壤污染防治法》（以下简称《土壤污染防治法》）、《中华人民共和国水污染防治法》（以下简称《水污染防治法》）、《中华人民共和国固体废物污染环境防治法》（以下简称《固体废物污染防治法》）、《中华人民共和国噪声污染防治法》（以下简称《噪声污染防治法》）、《中华人民共和国放射性污染防治法》（以下简称《放射性污染防治法》）等为主体的污染防治法律子系统；在自然资源保护领域，形成了《中华人民共和国土地管理法》（以下简称《土地管理法》）、《中华人民共和国水法》（以下简称《水法》）、《中华人民共和国矿产资源法》（以下简称《矿产资源法》）、《中华人民共和国草原法》（以下简称《草原法》）、《中华人民共和国森林法》（以下简称《森林法》）、《中华人民共和国渔业法》（以下简称《渔业法》）、《中华人民共和国野生动物保护法》（以下简称《野生动物保护法》）等为主体的法律子系统；在生态保护领域，形成了以《中华人民共和国海洋环境保护法》（以下简称《海洋环境保护法》）、《中华人民共和国长江保护法》（以下简称《长江保护法》）、《中华人民共和国湿地保护法》（以下简称《湿地保护法》）、《中华人民共和国水土保持法》（以下简称《水土保持法》）、《中华人民共和国生物安全法》（以下简称《生物安全法》）等为主体的法律子系统。

3）行政法规。行政法规是由国务院制定并公布或经国务院批准有关主管部门发布的规范性文件。一类是根据法律授权制定的环境保护法的实施细则或条例，如《噪声污染防治条例》《大气污染防治法实施细则》《水污染防治法实施细则》等；另一类是针对环境保护的某个具体领域而制定的条例、规定和办法，如《建设项目环境保护管理条例》《环境保护税法实施条例》《矿产资源开采登记管理办法》等。目前，我国已出台100多件生态环境保护相关的行政法规。

4）地方性法规。地方性法规是指省、自治区、直辖市和设区的市、自治州的人大及其常务委员会根据本行政区域的具体情况和实际需要制定的规范性文件。例如，山西在修订《山西省实施〈中华人民共和国水土保持法〉办法》时，针对矿产资源开发造成地貌植被损坏、加重水土流失的省情，提出“谁开发利用谁负责保护恢复、谁造成水土流失谁负责治理补偿”的保护治理原则，并首次规定将违法信息记入社会诚信档案；云南省率先出台了《生物多样性保护条例》这一地方性法规，对推动国家开展相关立法起到了积极促进作用。

5）规章。包括部门规章和地方政府规章。部门规章是指国务院各部委、中国人民银行、审计署和具有行政管理职能的直属机构根据法律和国务院的行政法规、决定、命令，在本部门的权限范围内制定的规范性文件，其规定的事项属于执行法律或者国务院的行政法规、决定、命令的事项，是实施生态环境保护法律法规的具体规范，操作性更强。例如，环境保护部（现生态环境部）制定的《环境行政处罚办法》。

地方政府规章是省、自治区、直辖市和设区的市、自治州的人民政府根据法律、行政法规和本省、自治区、直辖市的地方性法规制定的规范性文件。

党的十八大召开以来，我国逐步建立了生态环境保护法律法规制度的“四梁八柱”，主要包括：一是环境监测制度，环境监测数据是客观评价环境质量状况、实施环境管理的基本依据。二是环境影响评价制度，对于贯彻预防为主的原则、控制污染增量无序发展发挥着极为重要的作用。三是排污许可制度，实行排污许可管理的排污者按照排污许可证的要求排放污染物；未取得排污许可证的，不得排放污染物。四是总量控制和区域限批制度，是通过分配污染物排放量指标，将污染物排放数量控制在规定限度内的污染控制方式和制度。五是联合防治制度，国家建立跨行政区域的重点区域、流域环境污染和生态破坏联合防治协调机制，实行统一规划、统一标准、统一监测、统一防治措施。六是信息公开和公众参与制度。七是环境公益诉讼制度。八是法律责任制度。法律责任之严体现在六个方面：“执法部门的行政强制权、对排污企业‘按日计罚’上不封顶、对逃避监管的排污责任人可以拘留、既处罚排污者也处罚负责人员和责任人的双罚制、对行政及相关人员的违法行为明确9项特定行为的处分方式、实行严惩重罚。”

## 典型案例

基本案情：该案一审由北京市朝阳区自然之友环境研究所向云南省昆明市中级人民法院（以下简称昆明中院）提起，诉称红河（元江）干流戛洒江一级水电站淹没区为国家一级保护动物、濒危物种绿孔雀的栖息地，该水电站一旦蓄水，将导致该区域绿孔雀灭绝的可能，该水电站配套工程将破坏当地珍贵的干热河谷季雨林生态系统。昆明中院经审理后认为，原告已举证证明案涉水电站的淹没区域是绿孔雀的栖息地，一旦淹没很可能会对绿孔雀的生存造成严重损害；同时，戛洒江一级水电站的《环境影响报告书》未涉及对陈氏苏铁等珍稀雨林植物的保护，水电站若继续建设，将使该区域珍稀动植物的生存面临重大风险。2020 年 3 月 20 日，一审判决：被告立即停止戛洒江一级水电站建设项目，不得截流蓄水，不得对该水电站淹没区内植被进行砍伐，待其按生态环境部要求完成环境影响评价及备案工作后，再由相关行政主管部门视具体情况依法作出决定。宣判后，双方均提起上诉，二审维持原判。在二审期间，建设方向其上级公司请示停建案涉项目，获批复同意。

典型意义：本案系全国首例野生动植物保护预防性公益诉讼案件，率先探索了预防性环境公益诉讼的裁判规则，在审理中突破了“无损害即无救济”的诉讼救济理念，是《环境保护法》第五条“保护优先，预防为主”原则在环境司法中的重要体现，彰显了环境公益诉讼的重大意义。在法律适用上探索归纳出了认定“损害社会公共利益重大风险”的判断标准，既保护了绿孔雀、陈氏苏铁等濒危物种，也保护了物种赖以生存的热带雨林、季雨林完整生态空间，明确传达了保护生物多样性和生态系统完整性的司法价值导向。本案 2021 年被联合国环境规划署评为世界生物多样性司法保护十大典型案例之首，并被最高人民法院、中央广播电视总台评为“新时代推动法治进程 2021 年度十大案件”。

## 三、资源节约与废弃物处置利用

### 1. 资源节约与废弃物处置利用概述

（1）资源节约的概念

《宪法》第十四条明确规定：“国家厉行节约，反对浪费。”节约资源是保护生态环境的根本之策。因此，资源节约可理解为人们从节省原则出发，克服浪费，合理使用资源。它有两层含义：一是相对浪费而言，节约资源消耗绝对量；二是通过采取法律、经济、技术和行政等综合性措施，提高资源利用效率，以最少的资源消耗获得最大的经济效益和社会效益。

（2）资源节约的术语

1）节能减排。广义上节能减排是指节约物质资源和能量资源，减少废弃物和环境有害物排放；狭义上是指节约能源和减少环境有害物排放。

2）节约水资源。节约水资源，简称节水，是指通过行政、技术、经济等手段加强用水管理，调整用水结构，改进用水方式，科学、合理、有计划、有重点地用水，提高水的利用率，避免水资源的浪费。

3）节约土地资源。主要包括三层含义：一是节约用地，即各项建设都要尽量节省用地，不占或少占耕地；二是集约用地，提高土地利用的集约化程度，提高投入产出的效益；三是通过整合、置换和储备，合理安排土地投放的数量和节奏，改善建设用地结构、布局，挖掘用地潜力，提高土地配置和利用效率。

4）节约矿产资源。即综合利用矿石中的多种有用组分，尽量减少污染和废弃物排放，回收废弃物，并以环境可接受的方式处置残余的、暂难利用的废弃物。矿产资源的节约与综合利用贯穿于勘查、采选、冶炼全过程，是对“大量生产、大量消耗、大量废弃”传统增长模式的根本变革。

5）节约生物资源。生物资源是具有生命的有机体，主要有植物资源、动物资源与微生物资源等。它除具有系统性、再生性、地域性外，还有周期性与有限性的特性。因此，对生物资源的利用要因时制宜与适度适量，以确保生物体能循环往复，保持其再生性。

6）节约能源资源。《中华人民共和国节约能源法》规定：“节约能源是指加强用能管理，采取技术上可行、经济上合理以及环境和社会可以承受的措施，从能源生产到消费的各个环节，降低消耗、减少损失和污染物排放、制止浪费，有效、合理地利用能源。”

（3）废弃物处理利用相关概念

1）废弃物。废弃物是指在生产、生活和其他活动中产生的，在一定时间和空间范围内基本或者完全失去使用价值的物质，按性质不同可分为危险废弃物和一





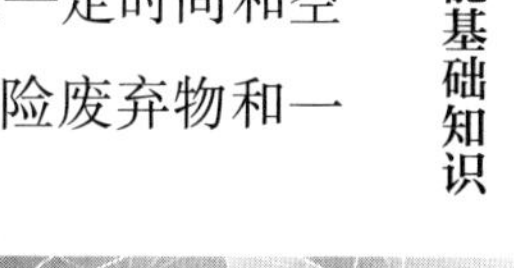

般废弃物；按状态不同可分为固体废弃物、液体废弃物、气体废弃物；按组成不同可分为有机废弃物和无机废弃物；按所在系统不同可分为生活废弃物、工业废弃物和农业废弃物。

2）再生资源。废弃物中被回收和利用的部分成为再生资源，而没有被回收利用的部分则成为垃圾，如图 1–1 所示。再生资源规模取决于废弃物数量和再生资源回收率两个要素。

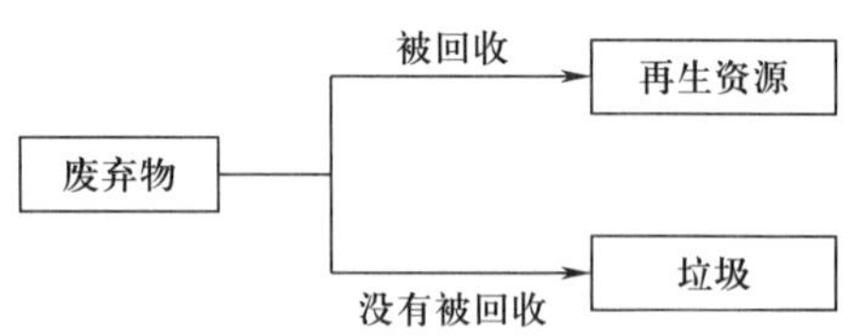

图 1–1　再生资源的产生

3）废弃物处理利用术语

①废弃物处理。应用物理、化学、生物等方法，将废弃物在自然循环中加以迅速、有效、无害地分解处理，以达到“减量化”“无害化”“资源化”的目标。

②废弃物利用。废弃物利用又称废物资源化或再生资源化，是采用各种工程技术方法和管理措施，从废弃物中回收有用的物质和能源。如城市垃圾中的有机物，经回收处置后，可作为煤的辅助燃料，经高温分解制成燃料油，经微生物降解制取沼气和优质肥料等。

③废水处理利用。利用物理、化学、生物等方法对废水进行处理，使废水净化，减少污染，以达到废水回收、复用，充分利用水资源。废水可分为生活废水和工业废水。

④固体废弃物处理利用。通过物理手段（如粉碎、压缩、干燥、蒸发、焚烧等）、化学手段（如热解气化等）或生物手段（如氧化、消化分解、吸收等）缩小固体废弃物体积、加速其自然净化的过程，包括控制固体废弃物对环境的污染和从固体废弃物中回收资源。

⑤废气处理利用。运用吸附、吸收、冷凝、燃烧等方法，对生产生活中产生的废气，诸如粉尘颗粒物、烟气烟尘、异味气体、有毒有害气体等，进行无害化处理或加以回收利用，主要包括针对悬浮粒状污染物的废气除尘与针对气态污染物的废气净化。

## 2. 我国资源开发节用现状

（1）人均资源占有量不足

我国资源总量丰富，但人均资源占有量远低于世界平均水平。我国人均耕地面积不到全球平均水平的二分之一；人均水资源量约为全球平均水平的四分之一；油、气、铁、铜等大宗矿产人均储量远低于世界平均水平，对外依存度高；人均森林面积仅为世界平均水平的五分之一。

（2）资源节用水平稳步提升

1）能源、水资源利用效率大幅提高。随着能源消费总量和强度双控工作的落实及国家节水行动的实施，2020 年，我国的能源、水资源利用效率取得了显著提升。例如，“十三五”时期，万元 GDP 用水量累计下降 25% 左右。

2）土地、矿产资源节约、集约利用水平稳步提升。2016—2018 年，单位 GDP 建设用地使用面积实际下降率为 14.4%，地均 GDP 由 189.3 万元 / 公顷提高到 225.4 万元 / 公顷。“十三五”时期，我国矿山数量从 8.4 万个减少到 5.8 万个，建设绿色矿山 950 余家。

（3）资源循环利用规模不断扩大

近年来，我国的再生资源回收与利用总量持续增长。2018 年，我国废钢铁、废有色金属、废塑料、废轮胎、废纸、废弃电气电子产品、报废机动车、废旧纺织品、废玻璃、废电池十大类别再生资源回收率大幅提高至 75% 左右。截至 2019 年，十类主要再生资源回收利用量超过 3.5 亿吨，煤矸石、粉煤灰、尾矿、冶金渣、工业副产石膏、建筑垃圾、农作物秸秆等大宗固体废弃物综合利用量约 30 亿吨，农作物秸秆综合利用率超过 85%。截至 2019 年年底，我国主要资源产出率约 7 610 元 / 吨，比 2015 年提高 27.1%。

### 3. 资源节用与废弃物处置利用主要领域

（1）资源节用与保护利用

1）水资源节用与保护

①实行科学灌溉。全世界用水的 70% 为农业灌溉用水，由于渠道渗漏导致灌溉利用率低、浪费严重。我国渗漏损失一般为 40% ~ 50%，有的高达 70% ~ 80%，因此改进灌溉方式（如应用防渗渠道和暗管输水）的节水效果明显。

②调节水源流量。建造水库调节流量，可将丰水期多余水量储存在库内，补充枯水期的流量不足，既可提高供水能力，又可进行防洪、发电、发展水产等；跨流域调水，从丰水流域向缺水流域调节；在淡水资源少的海岛上可应用蒸馏法、

反渗透法和电渗析法等方法对海水进行淡化，增加淡水供应。

③恢复河、湖水质。采用综合防治水污染的方法（如通过水体自净、提升污水处理规模、污水处理效率）恢复河、湖水质。

④合理利用地下水。地下水是极重要的水资源之一，其储量仅次于极地冰川，比河水、湖水和大气水分的总和还多。但由于其补给速度慢，过量开采将引发水质下降、水源枯竭、水井报废、地面沉降等环境地质问题。

⑤加强水资源管理。制定合理利用和保护水资源的法规政策。通过提高水价、堵塞渗漏、加强保护，以及提高民众节水意识等办法，来解决用水浪费和低效的问题。

⑥发展城市污水处理厂。普及城市下水道，大规模兴建城市污水处理厂，普遍采用二级以上的污水处理技术，是水资源保护的重要措施。

2）废水循环利用。提高工业用水的重复利用率。回收利用城市污水，开辟第二水源。

3）土地资源节用保护。土地资源按用途可分为农业用地（耕地、草地、林地等）、建设用地（城乡住宅和公共设施用地、交通水利设施用地、工矿用地等）、未利用的土地（冰川及永久积雪、沙地、沼泽地等）。土地资源应用占比情况：我国的土地资源人均占有量低，为合理利用和保护土地资源，要坚持利用和节约并举，实施最严格的土地保护、利用和管理制度。

4）污染土壤修复。由于人类活动的干扰和自然侵蚀，有的土壤被污染，有的土壤变成了沙漠荒土。为恢复土壤种植功能，有必要开展土壤修复工作。

污染土壤修复是指利用物理、化学和生物的方法转移、吸收、降解和转化土壤中的污染物，使其浓度降低到可接受水平，或将有毒有害的污染物转化为无害的物质。土壤修复的主要技术原理可简单表述为：通过类似“相似相溶”的原理，让土壤中有害物质和土壤修复剂结合在一起，从而消除过滤、降低土壤中污染物的浓度，或者改变污染物的性质，降低活性，将其再利用为可以增加土壤肥沃度的有益物质。在修复的过程中往往要采用多种处理手段与诊断技术相结合的方式。

5）化石能源节用。化石能源主要包括煤炭、石油和天然气。化石能源是当前全球消耗的最主要能源，随着人类的不断开采，化石能源已显著减少。此外，化石能源的使用会产生大量的温室气体，还会造成空气污染。

6）新能源利用。各种形式新能源都是直接或者间接地来自太阳或地球内部所产生的热能，包括太阳能、风能、海洋能、生物质能、地热能、水能以及由可再生能源衍生出来的生物燃料和氢所产生的能量。由于化石能源具有不可再生性且开采、使用时对环境存在污染，因此，国家鼓励使用太阳能、风能等可再生能源，这等同于大量节约了化石能源。

①太阳能的利用。太阳能的主要利用形式有太阳能的光热转换、光电转换以及光化学转换等方式。

②风能的利用。风能蕴藏量大，是水能的10倍，分布广泛，永不枯竭。利用风机可将风能转化为电能、热能、机械能等形式的能量，并将其用于发电、提水、制冷和制热等。到2021年，我国风电并网装机容量超3亿千瓦，为全球第一。

③海洋能的利用。海洋能指蕴藏于海水中的各种可再生能源，包括潮汐能、波浪能、海流能、海水温差能、海水盐度差能等，利用方式主要是发电，目前应用最多的是潮汐能。

④生物质能的利用。生物质能是绿色植物通过叶绿素将太阳能转化为化学能而储存在生物中的一种能量形式，是以生物质为载体的能量，主要来自作物的残余物，如秸秆、稻壳、棕榈油、甘蔗渣、森林废弃物，以及来自畜禽养殖场和工业处理过程中的有机废水等。主要利用形式有：直接燃烧生物质或与煤混燃产生蒸汽发电和供热的大型火电系统，大型生物质气化发电系统，垃圾填埋气回收供热和发电系统。其还可用于生产生物油，如乙醇、生物柴油等。

⑤地热能的利用。地热能主要指从地壳获取热量，目前以地热发电或供暖等利用为主。地源热泵是低温地热资源的一种利用形式，被广泛用于建筑物的取暖和制冷。中国地热能直接利用近20年来一直处于世界前列，2015年起浅层地热能年利用总量列世界第一。

7）矿产资源节用与保护。在以往的经济建设中95%的能源、80%的工业原料和大部分的农业生产资料都来自矿产资源。矿产资源的储量在不断减少，与人类需求增加之间的矛盾日益加剧。因此，绿色矿山已经成为矿产资源合理利用和保护的发展方向和必然途径。

8）生物资源利用与保护。生物物种是否丰富、生态系统类型是否齐全、遗传物质的野生亲缘种类多少，直接影响到人类的生存和发展。保护生物的多样性对于人类生存和发展意义重大。

（2）废弃物处置利用

1）废气。废气的主要来源有工业生产（如火电厂、钢铁厂、水泥厂等）和汽车尾气、生活油烟等。对于工业生产污染源，通过专业技术对排放前的工业废气进行处理，脱去废气中绝大部分的硫化物、硝化物及粉尘，使排放的废气符合国家标准；汽车尾气主要通过降低燃油内的含硫量来达到减少硫化物排放的目的。

2016—2020 年我国废气排放量情况见表 1-1，由表可知，二氧化硫、氮氧化物及颗粒物总量呈逐年下降趋势。

**表 1-1　2016—2020 年我国废气排放量统计表**　　万吨

| 废气＼年份 | 2016 年 | 2017 年 | 2018 年 | 2019 年 | 2020 年 |
| --- | --- | --- | --- | --- | --- |
| **二氧化硫** | 854.9 | 610.8 | 516.1 | 457.3 | 370.9 |
| 其中：工业源 | 770.5 | 529.9 | 446.7 | 395.4 | 312.7 |
| 生活源 | 84.0 | 80.5 | 68.7 | 61.3 | 57.5 |
| 集中式 | 0.4 | 0.4 | 0.7 | 0.6 | 0.7 |
| **氮氧化物** | 1 503.3 | 1 348.1 | 1 288.4 | 1 233.8 | 1 191.4 |
| 其中：工业源 | 809.1 | 646.5 | 588.7 | 548.1 | 515.8 |
| 生活源 | 61.6 | 59.2 | 53.1 | 49.7 | 46.4 |
| 移动源 | 631.6 | 641.2 | 644.6 | 633.6 | 626.3 |
| 集中式 | 1.0 | 1.2 | 2.0 | 2.4 | 2.9 |
| **颗粒物** | 1 608.1 | 1 284.9 | 1 132.2 | 1 088.5 | 1 040.9 |
| 其中：工业源 | 1 376.2 | 1 067 | 948.9 | 925.9 | 904.7 |
| 生活源 | 219.2 | 206.1 | 173.1 | 154.9 | 129.6 |
| 移动源 | 12.3 | 11.4 | 9.9 | 7.4 | 6.3 |
| 集中式 | 0.4 | 0.4 | 0.3 | 0.3 | 0.3 |

废气处理利用常分为两类：一是在排放前进行预处理，以达到废气的排放标准；二是利用物化性质，如溶解度、吸附饱和度、露点及选择化学反应等的差异，将污染物从废气中分离出来加以利用或将污染物转化为无害或易于处理的物质。

2）固废。控制固体废弃物对环境污染和对人体健康危害的主要途径是对固体废弃物进行资源化、无害化和减量化的处理。固体废弃物的主要循环利用途径为：利用矿物废料作建筑材料、道路工程材料、填垫材料、冶金、化工和轻工等工业原料；从含碳、油或其他有机物质的废物中回收能源；利用含有土壤、植物所需要的元素或化合物的废物作土壤改良剂和肥料。

## 四、节能减排与低碳生活

### 1. 节能减排

（1）概念

节能减排就是节约能源、降低能源消耗、减少污染物排放。

（2）相关术语

1）碳达峰。某个地区或行业年度二氧化碳排放量达到历史最高值，然后经历平台期进入持续下降的过程，是二氧化碳排放量由增转降的历史拐点，标志着碳排放与经济发展实现脱钩，达峰目标包括达峰年份和峰值。

2）碳中和。企业、团体或个人测算在一定时间内直接或间接产生的温室气体排放总量，通过植树造林、节能减排等形式，以抵消自身产生的二氧化碳排放量，实现二氧化碳“零排放”。

**知识拓展：我国的碳达峰、碳中和目标**

我国的双碳目标是2030年实现碳达峰，2060年实现碳中和。即在碳达峰后，用30年时间通过能源活动减排95亿吨和工业过程减排10亿吨，逐步将碳排放量减少至15亿吨的较低水平。到2060年实现全社会碳排放与森林、草原、土壤等碳汇集能力持平，实现“碳中和”。由图1–2可知，要实现碳中和主要靠减少碳排放、增加碳汇集两方面。

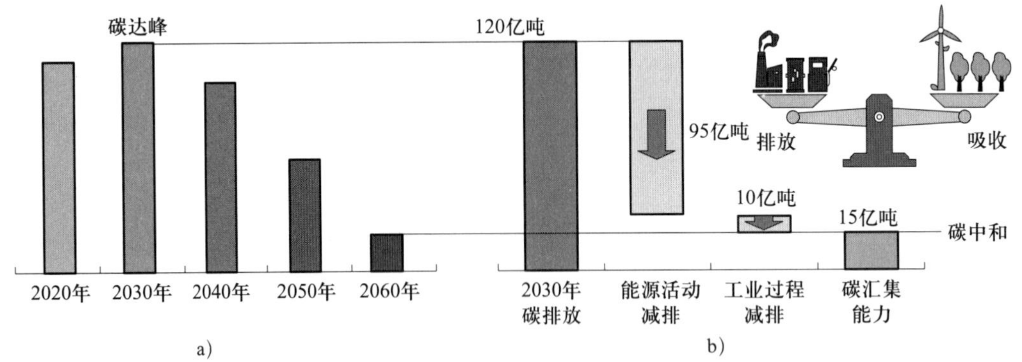


图 1–2 碳达峰、碳中和示意图

a）碳排放量变化趋势预测 b）碳中和平衡图

3）温室气体。温室气体指大气中那些允许太阳短波辐射透入大气底层，并阻止地面和底层大气中的长波辐射逸出大气层，从而导致大气底层处（对流层）温度保持较高的气体。《京都议定书》中规定了六种主要温室气体，分别为二氧化碳（$CO_2$）、甲烷（$CH_4$）、氧化亚氮（$N_2O$）、氢氟碳化物（$HFC_s$）、全氟化碳（$PFC_s$）和六氟化硫（$SF_6$）。温室气体会阻挡地球正常散热，形成大气的温室效应，导致地球大气层温度的逐渐升高。

4）二氧化碳当量。一种用作比较不同温室气体排放的量度单位，由于各种不同温室效应气体对地球温室效应的贡献度皆有所不同，如在温室气体的总增温效应中，二氧化碳贡献约占 63%，甲烷贡献约占 18%，氧化亚氮贡献约占 6%，其他贡献约占 13%。为统一度量整体温室效应的结果，需要一种能够比较不同温室气体排放的量度单位，由于二氧化碳（$CO_2$）增温效益的占比最大，因此规定二氧化碳当量为度量温室效应的基本单位。

一种气体的二氧化碳当量是通过把这一气体的吨数乘以其全球变暖潜能值（GWP）后得出的。二氧化碳的 GWP 为 1，其余温室气体的 GWP 远大于二氧化碳。部分气体的二氧化碳当量见表 1–2。

**表 1–2 部分气体的二氧化碳当量**

| 气体 | GWP | 气体 | GWP | 气体 | GWP | 气体 | GWP |
|---|---|---|---|---|---|---|---|
| 二氧化碳（$CO_2$） | 1 | 二氟一氯甲烷（HCFC–22） | 1 700 | 甲烷（$CH_4$） | 25 | 氧化亚氮（$N_2O$） | 310 |
| 一氧化氮（NO） | 298 | 氢氟碳化物（$HFC_s$） | 14 800 | 氟利昂（CFC–12） | 8 500 | 六氟化硫（$SF_6$） | 22 800 |

例如：甲烷的 GWP 值是 25，意味着每减少 1 吨甲烷排放就相当于减少了 25 吨二氧化碳排放。六氟化硫的 GWP 值是 22 800，意味着减少 1 吨六氟化硫排放就相当于减少了 22 800 吨二氧化碳排放。

**知识拓展：全球变暖潜能值（见表 1-3）**

表 1-3　政府间气候变化专门委员会评估报告给出的全球变暖潜能值

| 温室气体 | | IPCC 第二次评估报告值 | IPCC 第四次评估报告值 |
|---|---|---|---|
| 二氧化碳（$CO_2$） | | 1 | 1 |
| 甲烷（$CH_4$） | | 21 | 25 |
| 氧化亚氮（$N_2O$） | | 310 | 298 |
| 氢氟碳化物（$HFC_s$） | HFC-23 | 11 700 | 14 800 |
| | HFC-32 | 650 | 675 |
| | HFC-125 | 2 800 | 3 500 |
| | HFC-134a | 1 300 | 1 430 |
| | HFC-143a | 3 800 | 4 470 |
| | HFC-152a | 140 | 124 |
| | HFC-227ea | 2 900 | 3 220 |
| | HFC-236fa | 6 300 | 9 810 |
| | HFC-245fa | 560 | 1 030 |
| 全氟化碳（$PFC_s$） | $CF_4$ | 6 500 | 7 390 |
| | $C_2F_6$ | 9 200 | 9 200 |
| 六氟化硫（$SF_6$） | | 23 900 | 22 800 |

（3）全球变暖与节能减排

1）全球变暖的原因与危害。依据世界气象组织公布的数据，2020 年的全球平均气温为 14.9 ℃，比工业化前（1850—1900 年）高出了 1.2 ℃。近几十年来，由于人类在生产、生活中大量使用化石燃料，大气层中的温室气体显著增加，阻止了地球正常散热，使地球大气层温度逐渐升高，这是地球变暖的主要原因，如图 1-3 所示。





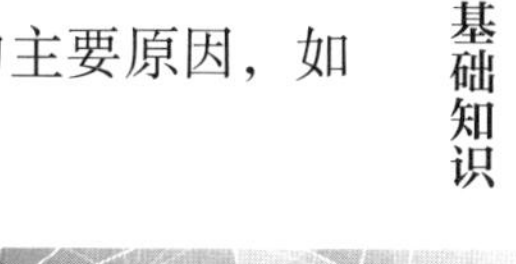

全球变暖导致了全球气候异常，各地的极端气候事件越来越多。首先，会造成冰山消融。海冰和极地冰盖不断融化，会造成海平面升高，一些海边城市可能就被海水淹没了。其次，会引发气候异常，暴风雨和水灾、高温干旱等各种极端天气频发；由于洪水、高温天气，给蚊子、扁虱、老鼠及病毒提供了良好的繁殖扩散条件，从而导致各种疾病的发生。高温天气还会造成生态系统的破坏，引起生物多样性的丧失，诱发冲突甚至战争。因此，温室效应危害极大、后患无穷。

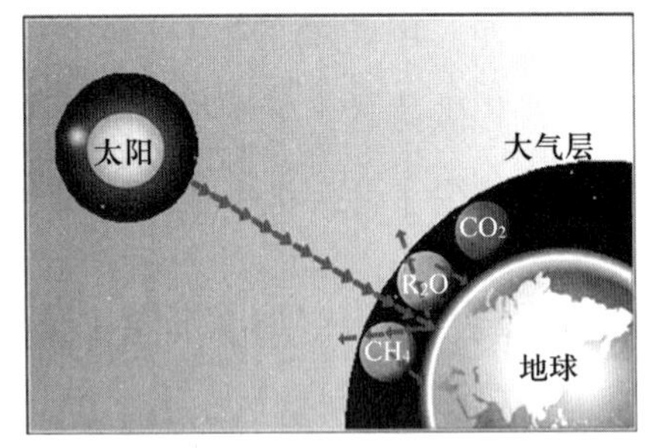

图 1–3　温室效应危害示意图

2）阻止全球变暖。低碳生活、节能减排可有效阻止或减缓全球变暖与气候变化。2020 年 9 月 22 日，习近平主席在第七十五届联合国大会一般性辩论上指出："中国将提高国家自主贡献力度，采取更加有力的政策和措施，二氧化碳排放力争于 2030 年前达到峰值，努力争取 2060 年前实现碳中和。"我国提出的碳达峰、碳中和目标，既是对世界的庄严承诺，也是自身发展大势使然，是统筹国内国际两个大局的战略决策。

（4）节能减排的措施

为了确保实现碳达峰和碳中和目标，必须通过多种手段来促进产业结构调整、技术进步和能源结构优化等以实现节能减排。具体措施如下。

1）政府出台法律法规及标准，对节约能源、大气污染防治、重点行业污染物排放及能源消耗标准等进行限制。

2）应用碳交易，以及水、电、气实行阶梯价格等经济手段来引导企业、团体、居民节能减排。

3）必要的行政手段。对节能减排实行主要领导目标责任制，对未达标者进行严格考核问责。

4）增加科技投入，开展技术创新，实现"节能减排"。如增加风光储等分布式能源在企业、团体、居民能源消费中的比重，既可提升用能质量，又可解决分布式能源的消纳问题。

5）加强能源结构的优化，减少煤炭和石油的消费，用水力、光伏、风力发电替代火力发电。

## 2. 绿色低碳生活

绿色低碳生活是指在生活中要尽力减少二氧化碳的排放量，即采用低排放、低消耗、低能量、低成本的生活方式，以减少对大气的污染，减缓生态恶化。主要从衣食住行用中的节电、节气和回收三个环节来改变，从而实现绿色低碳生活，如图 1–4 所示。绿色低碳生活倡导的是人人养成节能环保的习惯，绿色低碳生活是一种生活方式，更是一种可持续发展的环保责任。

a)　　b)　　c)　　d)

图 1–4　绿色低碳生活图

a）光盘行动　b）循环用水　c）新能源汽车　d）环保塑料袋

居民消费产生的碳排放在国家碳排放的占比高达 60%～80%，可见，个人低碳消费减碳潜力巨大。一个人口超过 1 000 万人的城市的居民若能在消费方面做出低碳选择，2030 年平均每人的减排潜力至少可达 1 129.53 千克。该城市一年可通过居民选择低碳生活减少至少约 1 100 万吨碳排放。具体测算见表 1–4。

**表 1–4　关于 2030 年人口超过 1 000 万人的城市人均年减排量的测算表**

$kgCO_2e$/（人・年）

| 类别 | 低碳场景 | 减排潜力 | 2030 年人均减排潜力范围 | |
|---|---|---|---|---|
| 衣 | 减少购买服装 | 37.22 | 37.22（最小值） | 79.34（最大值） |
| | 租衣服 | 42.12 | | |
| | 选择有减排目标 / 行为的品牌 | — | | |
| 食 | 一周一天素食 | 128.71 | 160.63（最小值） | 925.31（最大值） |
| | 改变肉食量过大 | 764.68 | | |
| | 光盘行动 | 31.92 | | |
| 住 | 节约用电 | 37.26 | 456.71 | |
| | 选择可再生能源电力 | 335.38 | | |
| | 选择节能家电 | 84.07 | | |

续表

| 类别 | 低碳场景 | 减排潜力 | 2030 年人均减排潜力范围 | |
|---|---|---|---|---|
| 行 | 新能源汽车 | 144.59 | 440.26 | |
| | 长途出行火车代替飞机 | 295.67 | | |
| 用 | 减少使用塑料和一次性筷子 | 15.44 | 34.71 | |
| | 包裹和可回收垃圾 | 19.27 | | |
| 合计 | | | 1 129.53 | 1 936.33 |

注：$kgCO_2e$ 为千克二氧化碳当量。

## 知识拓展：碳达峰十大行动

为深入贯彻落实党中央、国务院关于碳达峰、碳中和的重大战略决策，扎实推进碳达峰行动，确保如期实现 2030 年前碳达峰目标，2021 年 10 月 24 日，《国务院关于印发 2030 年前碳达峰行动方案的通知》（国发〔2021〕23 号）明确了将碳达峰贯穿于经济社会发展全过程和各方面，重点实施能源绿色低碳转型行动、绿色低碳全民行动等“碳达峰十大行动”。

1. 能源绿色低碳转型行动

能源是经济社会发展的重要物质基础，也是碳排放的最主要来源。要坚持安全降碳，在保障能源安全的前提下，大力实施可再生能源替代，加快构建清洁低碳安全高效的能源体系。具体包括：推进煤炭消费替代和转型升级；大力发展新能源；因地制宜开发水电；积极安全有序发展核电；合理调控油气消费；加快建设新型电力系统。

2. 节能降碳增效行动

落实节约优先方针，完善能源消费强度和总量双控制度，严格控制能耗强度，合理控制能源消费总量，推动能源消费革命，建设能源节约型社会。具体包括：全面提升节能管理能力；实施节能降碳重点工程；推进重点用能设备节能增效；加强新型基础设施节能降碳。

3. 工业领域碳达峰行动

工业是产生碳排放的主要领域之一，对全国整体实现碳达峰具有重要影响。

工业领域要加快绿色低碳转型和高质量发展，力争率先实现碳达峰。具体包括：推动工业领域绿色低碳发展；推动钢铁行业碳达峰；推动有色金属行业碳达峰；推动建材行业碳达峰；推动石化化工行业碳达峰；坚决遏制“两高”项目盲目发展。

4. 城乡建设碳达峰行动

加快推进城乡建设绿色低碳发展，城市更新和乡村振兴都要落实绿色低碳要求。具体包括：推进城乡建设绿色低碳转型；加快提升建筑能效水平；加快优化建筑用能结构；推进农村建设和用能低碳转型。

5. 交通运输绿色低碳行动

加快形成绿色低碳运输方式，确保交通运输领域碳排放增长保持在合理区间。具体包括：推动运输工具装备低碳转型；构建绿色高效交通运输体系；加快绿色交通基础设施建设。

6. 循环经济助力降碳行动

抓住资源利用这个源头，大力发展循环经济，全面提高资源利用效率，充分发挥减少资源消耗和降碳的协同作用。具体包括：推进产业园区循环化发展；加强大宗固废综合利用；健全资源循环利用体系；大力推进生活垃圾减量化资源化。

7. 绿色低碳科技创新行动

发挥科技创新的支撑引领作用，完善科技创新体制机制，强化创新能力，加快绿色低碳科技革命。具体包括：完善创新体制机制；加强创新能力建设和人才培养；强化应用基础研究；加快先进适用技术研发和推广应用。

8. 碳汇能力巩固提升行动

坚持系统观念，推进山水林田湖草沙一体化保护和修复，提高生态系统质量和稳定性，提升生态系统碳汇增量。具体包括：巩固生态系统固碳作用；提升生态系统碳汇能力；加强生态系统碳汇基础支撑；推进农业农村减排固碳。

9. 绿色低碳全民行动

增强全民节约意识、环保意识、生态意识，倡导简约适度、绿色低碳、文明

健康的生活方式，把绿色理念转化为全体人民的自觉行动。具体包括：加强生态文明宣传教育；推广绿色低碳生活方式；引导企业履行社会责任；强化领导干部培训。

10. 各地区梯次有序碳达峰行动

各地区要准确把握自身发展定位，结合本地区经济社会发展实际和资源环境禀赋，坚持分类施策、因地制宜、上下联动，梯次有序推进碳达峰。具体包括：科学合理确定有序达峰目标；因地制宜推进绿色低碳发展；上下联动制定地方达峰方案；组织开展碳达峰试点建设。

## 即学即用

1. 全球气候异常变化的原因是什么？

2. 我们可以为“碳达峰十大行动”做哪些贡献？

3. 绿色低碳生活如何助力节能减排？

# 第2章 水资源节约与保护利用

## 学习目标

1. 了解水资源节用与保护基本知识、法律法规，并能用于实践。

2. 掌握生活及生产中最常用水资源节约的技术与方法。

3. 了解废水处理及回用的技术方法。

4. 了解评估水资源是否得到有效保护与合理利用的方法。

## 2.1 水资源概述

### 一、水资源基本知识

#### 1. 水资源的定义与相关术语

（1）定义

水资源是指可以利用或有可能被利用的水源，这个水源应具有足够数量和可用质量，并能在某一地点为满足某种用途而可被利用。

广义的水资源，指地球上所有的气态、液态和固态天然水；狭义的水资源，指便于人类利用的淡水，仅一个地区逐年可以恢复和更新的淡水，包括河川、径流和深层地下水。通常以年为周期计算水资源量，以多年平均水资源量衡量一个地区水资源的多少。中国水资源在地区分布上是南方明显多于北方，在年内分配上是汛期明显大于枯期。

水是包括人类在内的一切生命存在的物质基础，也是人类社会赖以生存、发展的最宝贵的自然资源。地球表面约有 71% 的面积被水覆盖，其中 97.5% 是海水，陆地上的淡水约占 2.5%，但与生活相关的江河湖及地下水等淡水仅占 0.25%。因此，总的来说，全世界水的储量丰富但可利用的淡水却十分稀少。

（2）相关术语

1）淡水。含盐分极少的水。陆地上的淡水资源有河流、湖泊、沼泽、冰川、冰盖等地表水以及地下水等。

2）海水。海中或来自海中含盐比例较高的咸水（海水平均盐度为 35‰）。通过海水淡化技术如反（逆）渗透膜及蒸馏，可将海水脱除盐分而获得淡水。

3）循环水。以节水为目的，循环使用使用过（或未用）的水。如工业中普遍应用的循环冷却水，家庭中将管道中的冷水循环至热水器加热后使用。

4）回用水。也称回用中水，是指将小区生活废（污）水（沐浴、盥洗、洗衣、厨房和厕所用水）集中处理并达到一定的标准后，回用于小区的绿化浇灌、车辆冲洗、道路冲洗、家庭坐便器冲洗等用途的水，从而达到节约用水的目的。

### 2. 水的来源及现状

（1）水的来源

天然水资源包括河川径流、地下水、积雪和冰川、湖泊水、沼泽水、海水，按含盐比例的不同分为淡水和咸水。随着科技的进步，能被人类利用的水增多，如海水淡化、人工降水、南极大陆冰的利用等。由于气候原因，各种水资源的时空分布不均，可采用修筑水库和地下水库来调蓄水源，或采用回收和处理的办法利用工业和生活污水，扩大水资源的利用。

### 典型案例：“中国井”惠及 40 万名津巴布韦民众

中国是世界上开发利用地下水较早的国家之一。水井是主要用于开采地下水的工程构筑物，一般以竖向为主，可用于生活取水、灌溉等。水井对于人类文明的发展有着重大意义。

南部非洲国家津巴布韦的很多地区缺乏干净卫生的饮用水和生活用水，不少民众不得不跋涉数千米到河流或水塘取来污浊的水用于生活。从 2012 年至 2021 年，中国政府出资为津巴布韦援建了 1 000 口水井，大大缓解了该国农村地区的“缺水之急”。“中国井”提供了干净卫生的水源，让 40 多万人受益。当地村民说：“‘中国井’为我们提供了干净卫生的珍贵水源，极大地改善了我们的卫生条件，也彻底改变了我们的生活。‘中国井’可谓是‘拯救生命的礼物’。”

除津巴布韦以外，多年来，中国政府还出资在赞比亚、莫桑比克、马拉维、塞内加尔等多个非洲国家实施水井援助项目。一口口“中国井”，为非洲民众打出了甘甜的纯净水，也为增进中非友谊奠定了深厚的基础。

（2）水资源现状

我国属于缺水国家，人均水资源量只有全世界平均水平的 1/4，全国 600 多个城市中约有一半的城市处于缺水状态。在我国工业发展初期，由于不注重生态保护和生态修复，导致水污染问题突出。污染的原因主要是工业废水、废油、污水未经处理直接排入江河湖海，化学废品及垃圾随意堆放造成地表水与地下水的污染。自 2015 年实施《水污染防治行动计划》以来，全国水环境质量得到阶段性改善，污染严重水体较大幅度减少，饮用水安全保障水平持续提升，地下水超采得到严格控制，地下水污染趋势得到初步遏制，近岸海域环境质量稳中趋好。

## 二、水资源节用与保护法律法规

### 1. 法律法规体系

目前，我国已形成包括《水法》《水土保持法》《水污染防治法》《中华人民共和国防洪法》(以下简称《防洪法》) 4 部法律,《城市供水条例》《城镇排水与污水处理条例》《取水许可和水资源费征收管理条例》《中华人民共和国水文条例》等 19 部行政法规,《生活饮用水卫生监督管理办法》《水资源调度管理办法》《城市节约用水管理规定》等 55 个部门规章和数量庞大的地方性法规、地方行政规章的水资源管理法律法规体系。

在水资源的利用和保护方面，我国以《水法》和《水污染防治法》为核心法律。作为水管理基础性法律的《水法》侧重于水资源的开发利用与可持续发展，以防治水污染为目的的《水污染防治法》侧重于水资源保护和维护生态安全，以上两者构成我国水资源保护法律体系的两大支柱。

### 2. 相关政策与标准

（1）相关政策

为切实加大水污染防治力度，保障用水安全，2015 年 4 月 16 日国务院印发了《关于印发水污染防治行动计划的通知》（国发〔2015〕17 号），提出到 2030 年力争全国水环境质量总体改善，水生态系统功能初步恢复。到 21 世纪中叶，生态环境质量全面改善，生态系统实现良性循环。主要指标是：到 2030 年，全国 7 大重点流域水质优良比例总体达到 75% 以上，城市建成区黑臭水体总体得到消除，城市集中式饮用水水源水质达到或优于Ⅲ类比例总体为 95% 左右。国家发展改革委等部门发布了《全民节水行动计划》《国家节水行动方案》等通知，提出实行农业节水增产、工业节水增效、城镇节水降损、缺水地区节水率先、产业园区节水减污、节水产品推广普及、节水产业培育、公共机构节水、节水监管提升、全民节水宣传等十项行动，以及“到 2035 年，形成健全的节水政策法规体系和标准体系、完善的市场调节机制、先进的技术支撑体系，节水护水惜水成为全社会自觉行动……水资源节约和循环利用达到世界先进水平，形成水资源利用与发展规模、产业结构和空间布局等协调发展的现代化新格局”。

（2）相关标准

2023 年 4 月 1 日起实施的《生活饮用水卫生标准》（GB 5749—2022）涉及水质指标的高达 97 项，充分体现了国家对人民健康生活的高度重视。实施生活饮用水卫生新标准，不但能够保障人民群众人身健康和生命安全，同时也有助于确保经济和社会稳定发展。

**典型案例：买某等 6 人污染环境案**

基本案情：2019 年 1 月 4 日，被告人买某安排被告人尚某、贾某、王某、高某在被告人杨某位于河南省孟州市南庄镇的染色作坊内对羊皮染色加工中加入铬粉，将产生的废水未经处理直接排入桑坡村内公共排水沟。被告人杨某明知其羊皮染色作坊不具备处置铬液条件，仍将其作坊租给买某用于羊皮染色加工。经鉴定，杨某染色作坊车间外排口所排废水中铬含量达 23.1 毫克 / 升、总含铬量超过国家标准三倍以上，属于严重污染环境。河南省孟州市人民法院一审判决：以污染环境罪分别判处被告人买某等人有期徒刑十个月、缓刑一年至有期徒刑七个月、缓刑一年不等，并处罚金；对被告人宣告禁止令，禁止被告人买某、尚某、杨某在缓刑考验期内从事排污有关的经营活动。一审判决后，被告人未提起上诉。

典型意义：孟州市是黄河千里长堤“左岸 0 公里”的起点，也是黄河流出山区进入平原的第一市。孟州市南庄镇是亚洲最大的羊皮加工生产基地，由于生产工艺的特殊性要求，当地存在较大水污染风险，对黄河流域孟州段的水资源构成严重威胁。本案对污染环境犯罪被告人依法适用了环境保护禁止令，将生态环境保护的阶段提至事前，体现了环境资源审判落实预防为主的原则，避免了生态环境损害的再次发生。

### 典型案例：极端高温天气致河流断流、水资源紧缺

2022 年 8 月 21 日，中央气象台连续第 10 天发布高温红色预警。据国家气候中心监测评估，从 2022 年 6 月 13 日开始至 8 月 21 日的区域性高温事件综合强度已达到 1961 年有完整气象观测记录以来最强，长江流域发生了 1961 年以来最严重的气象干旱。四川、重庆、湖北、湖南、江西、安徽 6 省（市）耕地受旱面积 1 232 万亩，83 万人、16 万头大牲畜因旱供水受到影响。长江流域持续高温少雨，江河来水偏少、水位持续走低，中小型水库蓄水不足，多地土壤缺墒。高温已致重庆 66 条河流断流，如图 2–1 所示。中国最大淡水湖鄱阳湖提前进入低枯水期，鄱阳湖代表站星子站水位 9.99 米，为 1951 年有记录以来同期最低水位。鄱阳湖水位下降，湖区的落星墩完全展露出来，如图 2–2 所示。长江多处水位为有水文记录以来历史同期最低，出现了“汛期反枯”的罕见现象。

图 2–1　远处眺望江心岛礁摩崖造像

图 2–2　鄱阳湖湖区的落星墩

长江是中国水量最大的河流，水量是珠江的三倍，但是长江水量在2000年中萎缩了64%，这是一个危险的信号。2022年旱灾、高温下的长江提醒我们：长江也缺水了！因此，珍惜并且合理利用水资源应该引起重视，必须提高对水资源重要性的认识，积极探索新的治水思路，不断提高水资源利用率。

2022年夏季，在全球范围内都出现了“极端高温”现象，这是全球变暖、大气环流异常等多重因素共同作用的结果。50年不遇的旱灾警醒着世人，生态环境及水资源的保护刻不容缓。

**知识拓展：世界水日与中国水周**

1993年1月18日，第47届联合国大会作出决议，确定每年的3月22日为“世界水日”。世界水日宗旨是唤起公众的节水意识，加强水资源保护。为满足人们日常生活、商业和农业对水资源的需求，联合国长期以来致力于解决因水资源需求上升而引起的全球性水危机。1977年召开的“联合国水事会议”向全世界发出严重警告：水不久将成为一个深刻的社会危机，石油危机之后的下一个危机便是水。

自1988年《水法》颁布后，水利部即确定每年的7月1日至7日为“中国水周”，考虑到世界水日与中国水周的主旨和内容基本相同，因此从1994年开始，把“中国水周”的时间改为每年的3月22日至28日，时间的重合，使宣传活动更加突出“世界水日”的主题。

**即学即用**

1. 为什么说淡水资源是最宝贵的自然资源？

2. 我国的水资源现状是什么？

3. 请查询现行的《生活饮用水卫生标准》对生活饮用水水源的水质与卫生的要求。

# 2.2 节约用水

随着我国工业、农业、居民生活用水量持续增加，水资源短缺的问题已经开始影响到我们的生产与生活，节约用水刻不容缓。

## 一、生活节水

### 1. 节水意识培养

由于城市基建水平的不断提升、各类用水工程的修建，生活在大中城市的居民很难体会到用水难，因此，没有节约用水的紧迫感。事实上，节约用水就是保护环境、开源增效。如何培养大家的节水意识呢？一是通过家庭中具有节水习惯的长辈传帮带。二是将节水教育融入企业、学校等组织的日常教育中，培养节水意识。三是靠社会宣传的潜移默化。例如，利用每年的“世界水日”传播节水经验知识，倡导节水惜水行为，增强民众的节水洁水理念，营造节水护水风尚。

**知识拓展：《公民节约用水行为规范》**

为增强全民节约用水意识，引领公民践行节约用水责任，推动形成节水型生产生活方式，保障国家水安全，促进高质量发展，2021 年 12 月 9 日，水利部、中央文明办、国家发展改革委、教育部、工业和信息化部、住房城乡建设部、农业农村部、国管局、共青团中央、全国妇联等 10 部门联合发布了《公民节约用水行为规范》，对公众的节水意识、用水行为、节水义务提出了具体的要求。

第一条　了解水情状况，树立节水观念。懂得水是万物之母、生命之源，知道水是战略性经济资源、控制性生态要素，明白节水即开源增效、节水即减排降损；了解当地水情水价，关注家庭用水节水。提升节水文明素养，履行节水责任义务；强化节水观念意识，争当节水模范表率；以节约用水为荣，以浪费用水为耻。

第二条　掌握节水方法，养成节水习惯。按需取用饮用水，带走未尽瓶装水；洗漱间隙关闭水龙头，合理控制水量和时间；洗衣机清洗衣物宜集中，小件少量物品宜用手洗；清洗餐具前擦去油污，不用长流水解冻食材；正确使用大小水按钮，不把垃圾扔进坐便器；洗车宜用回收水，控制水量和频次；浇灌绿植要适量，多用喷灌和滴灌。适量使用洗涤用品，减少冲淋清洗水量；家中常备盛水桶，浴前冷水要收集；暖瓶剩水不放弃，其他剩水再利用；优先选用节水型产品，关注水效标识与等级；检查家庭供用水设施，更换已淘汰用水器具。

第三条　弘扬节水美德，参与节水实践。宣传节水洁水理念，传播节水经验知识；倡导节水惜水行为，营造节水护水风尚。志愿参与节水活动，制止用水不良现象；发现水管漏水，及时报修；发现水表损坏，及时报告；发现水龙头未关紧，及时关闭；发现浪费水行为，及时劝阻。

### 2. 节水家电选择技能

洗衣机、净水器如今已走进千家万户，我们不仅要养成节约用水的习惯，还应掌握通过水效标识和家电工作原理来选择节水家电的方法。

（1）利用水效标识选择节水家电

水效标识可作为判断家电是否节水的直接依据。相同原理的家电的用水能耗不同，在选择家电的时候可以通过水效标识进行判断。2017 年 9 月 13 日，国家发展改革委、水利部、国家质检总局联合发布《水效标识管理办法》，自 2018 年 3 月 1 日施行。在推广高效节水产品，促进节水产品产业健康发展，推动节水技术的进步，增强全民节水意识上都起到了重要作用。

1）水效标识的定义。贴附在用水产品上用来区分产品的水效等级、用水量等性能指标的信息标签。水效标识上的相关指标是依据国家强制性水效标准检测确定的。

2）水效等级。共分为三级，一级耗水量最小，二级耗水量居中，三级耗水量最大。分别由一颗深绿色、两颗浅绿色、三颗黄色水滴状图案表示。

3）水效标识覆盖器具。水效标识覆盖生活用水产品，涵盖用电产品（如洗衣机、净水机等）和非用电产品（如坐便器、水嘴等）。

4）水效标识的作用

①帮助消费者选择产品。为消费者选择用水产品时提供指导，可依此选择高水效产品。

②促进节水政策的实施。水效标识的应用，可实现全国每年节水 60 亿立方米，折合水费超过 120 亿元。

③强化用水产品的监督。水效标识制度的实施促进了生产企业研发和生产优质节水型产品，同时在《水效标识管理办法》中明确了生产和销售超标产品的法律责任和处罚标准、措施，对违规商家将会予以通报，并处一万元以上三万元以下罚款。

5）水效标识信息。纳入到水效标识实施规则目录的用水产品，需要在产品出厂前或进口前粘贴水效标识。中国水效标识示例如图 2–3 所示，在水效标识中标明生产者名称、规格型号、平均用水量、全冲用水量及半冲用水量和水效标识信息平台二维码。消费者和相关执法部门可通过标识了解该产品的用水性能信息，也可通过扫描标识上的二维码，进入水效标识信息平台，获取用水产品的水效参数、水效备案号等信息。

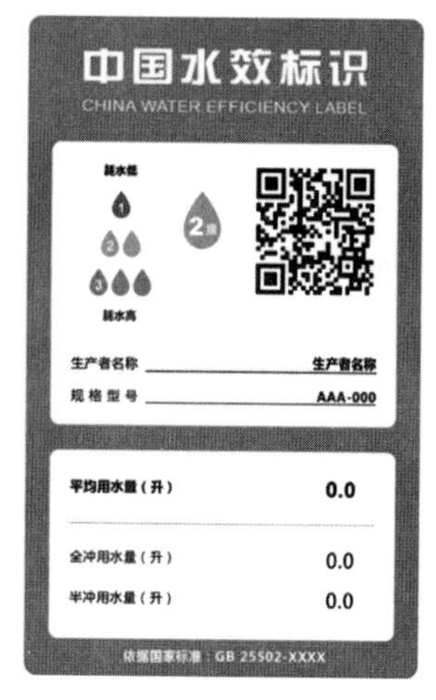

图 2–3　中国水效标识示例图

（2）利用工作原理选择用水家电

由于家电工作原理不同，其耗水量也不同。当用水产品无水效标识时，我们可根据工作原理进行判断。例如，波轮洗衣机是靠水的旋转产生水流洗涤衣物，而滚筒洗衣机是靠滚筒旋转摔打对衣物进行清洗，因此，滚筒洗衣机比波轮洗衣机省水一半以上。通常洗碗机比手洗可节水 70% 以上。按洗涤原理，叶轮式洗碗机耗水量最大，洗涤效果最差；超声波洗碗机耗水量小，洗涤效果最好，但价格高。综合比较，喷淋式洗碗机性价比最高。在电热水器的选择上，可以选择带有速热和储热二合一功能的热水器，通过适时的自动预先加热系统，更能实现节能和节水。

## 二、生产节水

生产节水是指在各种工业生产过程中，通过改进生产工艺、生产方法及所用设备或改革用水方式，减少生产用水的一种节水途径。工业企业既是用水大户，也是排水大户。工业用水主要有冷却用水、热力和工艺用水、洗涤用水等类型。其中工业冷却水占工业用水总量的 80% 左右。火力发电、造纸、钢铁、纺织、石油、化工、石化、食品与发酵等行业取水量约占全国工业总取水量的 60%。

水作为生产的基本要素参与了工业生产的各个环节，在生产过程中通过应用节约能源与原材料的工艺和技术，以达到绿色环保、提升资源利用效率的目的。利用循环水冷却系统、废水零排放技术来实现无排放、无污染的清洁生产。

工业节水可分为技术性节水和管理型节水两类。其中技术性节水措施包括：一是建立和完善循环用水系统，提高工业用水重复率，既减少了耗水量，也相应降低了废水产生量；二是改革生产工艺和用水工艺，主要技术包括采用节水新工艺，采用无污染或少污染的技术，推广新的节水器具等。城市污水再生（中水）工业利用是工业节水的新途径，利用废水作循环水的零排放技术，可实现废水零排放，进一步实现工业节水，同时满足清洁生产的要求。

### 1. 冷却水循环利用

（1）应用场景

冷却水循环利用主要应用在冶金、电力、化工等行业中。

（2）技术原理

由于水具有优良的热传递性，比热容较大，高温情况下稳定性强，价格低廉，因此，冷却水在工业生产中是使用广泛的冷却介质。低温冷却水经管道流过要降温的设备（换热设备），带走大量废热后温度上升，高温冷却水流过冷却设备降温，经加压泵输送回生产设备再次使用即为循环冷却水系统，如图 2–4 所示。循环冷却水系统可节约 95% 以上工业冷却水。

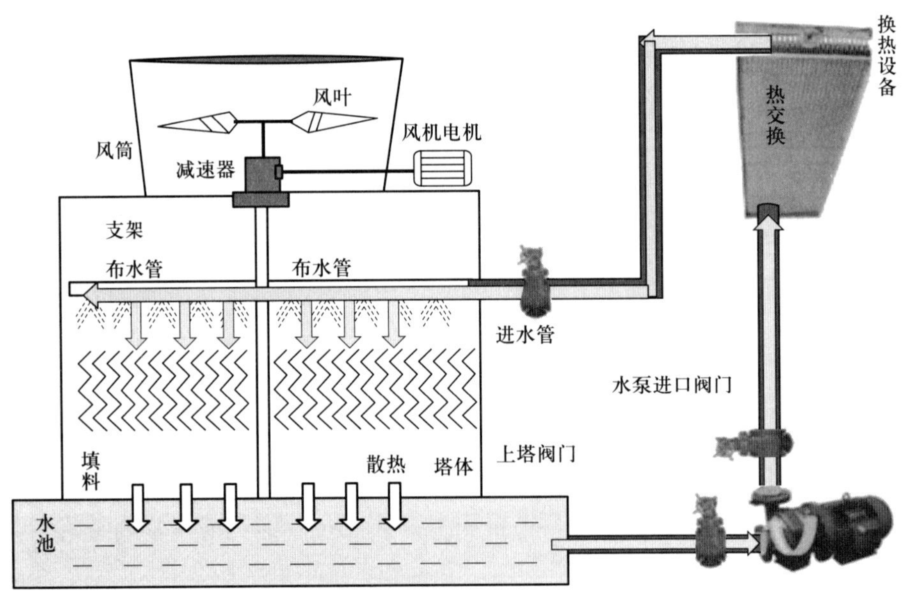


图 2–4　循环冷却水系统原理

（3）系统分类

循环冷却水系统由冷却装置、加压水泵和循环管道等组成，有敞开式和封闭式两种类型。敞开式系统水流与大气接触，灰尘、微生物等进入循环水会影响水质，用风机促进散热，会造成循环水减少，因此，需要补水及进行沉积物、腐蚀和微生物处理；封闭式系统水在管中流动，管外用风扇热换，更节水。

（4）技能要点

1）启动操作流程。确认设备正常，将水流控制阀调到合适位置，启动循环水泵。等待数秒后检查循环水泵冷却水压力、流量正常，将水流控制阀调至全开。

2）冷却水温调整。通过调节控制阀开度，调整冷却水流速、流量，对冷却水实现合理控温。

3）系统工况监视。运行过程中须监视系统的工况，如水泵电流数值、水泵出口压力、冷却水温度、冷却水池水位等。当工况异常时，运行人员须及时处理。

4）定期和启动前巡检。按照操作手册对循环水系统管路和重要装置进行巡检，确认水流控制阀、水泵电动机、冷却系统、水池水位正常。

### 2. 废水零排放

（1）应用场景

废水零排放普遍运用在各种工业行业中。

（2）技术原理

废水零排放是指将含有大量无机盐和有机污染物的工业水，经适当的技术组合处理后回用于生产（达到99%以上回收再利用），无任何液态污染物排入环境，液态污染物被浓缩成固态或结晶的形式，送垃圾处理厂填埋或将其回收作为有用的化工原料。废水零排放处理中产生的回用水，可全部进入生产系统代替新鲜水。废水零排放处理技术还产生副产品，如工业盐、无水硫酸钠、杂盐等，可全部实现资源化利用，不向外排一滴废水，不仅可减少污水对环境的污染，还可降低水资源消耗。

（3）常见废水处理手段

废水经过生化（或其他水处理工艺）后，进入超滤系统做粗过滤处理；过滤后的水进入反渗透膜系统进行膜分离处理，浓缩进入高压膜系统；高压膜送出的清水排放至清水收集池，浓水则进入蒸发系统做蒸发结晶；蒸发结晶物以固废方式，转运至危废中心处理，从而实现“零排放”。

（4）技能要点

废水零排放技术一般分为两个阶段处理。

1）在生产尾水和废水预处理及膜脱盐单元，经过预处理及膜脱盐单元处理，实现产品水回用。

2）收集废水浓盐水，经过蒸发结晶处理，实现工业污水零排放。

### 3. 节水型企业建设

节水型企业是指由企业自主申报，经水利部门、经贸部门联合审核，达到指定考核指标后被授予的一种荣誉称号。开展节水型企业创建，可摸清企业用水问题，通过调整用水结构、改进用水工艺、优化用水管理机制，既能减少生产投入、提高清洁生产水平，又能减少污水排放、减轻污水处理负担，促进企业科学与合理用水，具有良好的经济与环境效益。

## 三、农业节水

农业是用水大户。当前农业灌溉用水效率总体不高，通过推广节水灌溉、优化种植结构、创新水资源管理制度等现代农业技术，以实现农业的可持续发展。

### 1. 喷灌

喷灌利用水泵加压或自然落差将水通过压力管道送至灌溉区域，灌溉水经过加压后通过喷头喷射到空中，形成细小的水滴，模仿天然降雨的方式洒落在草地或农田，以达到滋润土地、补充植物水分的作用，如图 2–5 所示。喷灌具有灌水均匀、用水量低的特点，灌水均匀度可达 80%～85%，水的利用率达到 60%～85%，与地面漫灌相比可省水 20%～40%。

### 2. 滴灌

（1）技术原理

滴灌利用预先铺设在种植区域的滴灌管，将灌溉水或肥料水通过主管、滴灌管经孔口或滴头送到植物根部，如图 2–6 所示。这种方式仅湿润植物根系周围的局部土壤，降低其他区域土壤水分含量，不产生地面径流，人工控制施水深度，减少土壤水分的无效蒸发，达到减少水分流失、提升灌溉水利用率的目的。滴灌多用于花卉、水果等经济作物种植，是目前农业灌溉中最有效的一种节水灌溉方式，灌溉水的利用率可高达95%以上。

（2）技术要点

安装时，滴孔朝上不易堵；滴管开孔的间距应结合土壤黏度、株距来确定，土壤分散度越大，孔间距越小；滴水与滴肥的时间比一般为滴水∶滴肥∶滴水＝6∶1∶1，如滴灌2小时，可先滴水90分钟，滴肥15分钟，再滴水15分钟冲管。

图2-5　喷灌技术

图2-6　滴灌技术

## 典型案例：智慧灌溉省水省力

上百个喷头不停旋转，蒙蒙水雾均匀地洒向秧苗，在某果业果苗基地，智能喷灌系统正在运行。该果苗生产基地年产优质果苗800多万株。以前，基地采用人工浇水，整个基地灌溉一遍需要40个工人花上5天时间。漫灌时水量浪费极大，至少流失四成以上。

抗旱保苗是果苗培育成功的关键，旱情严重时段必须天天早晚浇水。智能喷灌系统由总控制柜、电磁阀、太阳能板、360°喷头等几部分组成。从蓄水池连接出的主水管管道铺设在路边地头，再把细小的水管铺设进地里，每根水管顶端安装有一个旋转式喷头，当发出指令时喷头自动开启浇水。

案例分析：我国是农业大国，大面积的农作物种植需要消耗大量的水资源，节水农业可提高用水有效性，是水、土、作物资源综合开发利用的系统工程。灌溉水利用率和作物产值是衡量节水农业的标准。节水农业减少了漫灌的水分流失，减少了传统农业的灌溉沟、渠占地，增加了有效种植面积，提高了农作物产量，同时降低了人力成本，提升了农业经济效益。

## 四、公共节水

### 1. 公共机构节水管理要点

为更好地指导公共机构开展节水工作，提高其用水效率，切实发挥公共机构在节水中的引领示范作用，2019 年 8 月，国管局等三部门联合印发《公共机构节水管理规范》，在第五部分运行管理要求中对多种场景的用水系统提出了节水的具体要求。

（1）采暖

公共机构应对供暖系统的循环水、补给水进行水量监控和水质管理：严格执行设备巡检、维修和养护制度，减少系统失水、杜绝人为失水；对循环水、补给水进行除氧、软化处理；采取适当的措施，严格控制补水泵和循环水泵的泄漏；采取适宜的水处理方式，确保循环水的 pH 值符合相关标准要求；系统的补水量（小时流量）不得超过系统水容量的 1%。

（2）空调

公共机构应对空调水系统进行综合管理与利用：采用适当的技术和方法对冷却循环水进行处理，提高循环冷却水的浓缩倍数，减少排污；空调水系统的补水量（小时流量）不得超过系统水容量的 1%；对空调冷凝水进行收集、处理和利用。

（3）净化水

净水产水率应达到《净水机水效限定值及水效等级》（GB 34914—2021）中的一级水效要求。浓水不得直接排放，应加装回收利用装置。

（4）食堂

采用节水型洗菜、洗碗设备。人工洗涤食物和餐具应采用节水模式。

（5）卫浴

一级水效卫生洁具配备率 100%。鼓励使用非常规水冲洗便器。

（6）景观绿化

景观绿化应优先采用非常规水，同时应做好景观水的循环利用。绿化灌溉采用喷灌、微喷灌和滴灌等高效节水方式，地面采用透水措施。

（7）特殊场所

学校应加强实验室和学生宿舍的用水管理，学生宿舍和公共浴室应采用水卡管理模式。医院应针对洗涤、消毒、蒸汽、水疗等设备制定和实施节水操作和管理规程，加强制剂用水和医疗用水的管理。

### 2. 建设节水型城市

建设节水型城市是推进节水型社会建设的重要途径。节水型城市建设是指一个城市通过对用水和节水的科学预测和规划，调整用水结构，加强用水管理，合理配置、开发、利用水资源，形成科学的用水体系，使其社会、经济活动所需要的水量，控制在本地区自然界提供的或者当代科技水平能达到或可得到的水资源的范围内，使水资源得到有效保护，构建城市健康水循环系统。

节水型城市建设是缓解城市供用水矛盾、促进城市可持续发展的治本之策。建设节水型城市，可加强城市吸水、蓄水、净水、释水的能力，增强城市应对极端气候的弹性和韧性，保障城市水资源可持续供应。实现节约集约用水，通过城镇供水、排水与污水处理等市政基础设施改造，建设再生水梯级循环利用系统；降低供水管网漏损率；推动建筑节水。

### 知识拓展：海绵城市

2012 年 4 月，在低碳城市与区域发展科技论坛上，“海绵城市”概念首次被提出；2013 年 12 月 12 日，习近平总书记在中央城镇化工作会议的讲话中强调：“提升城市排水系统时要优先考虑把有限的雨水留下来，优先考虑更多利用自然力量排水，建设自然存积、自然渗透、自然净化的海绵城市。”

海绵城市是新一代城市雨洪管理概念，是指城市能够像海绵一样，下雨时吸水、蓄水、渗水、净水，需要时将蓄存的水释放并加以利用，实现雨水在城市中的自由迁移。海绵城市在适应环境变化和应对雨水带来的自然灾害等方面具有良好的弹性，也可称为“水弹性城市”。

建设海绵城市，加强雨水利用，正是实现人与自然和谐共生、建设节水型城市的重要途径，目前海绵城市建设理念逐步融入城市规划建设管理各个环节，如图 2–7 所示，通过“渗、滞、蓄、净、用、排”等措施，提升城市对雨水的利用、调蓄、吸纳能力。

为实现雨水循环利用，首先选择透水性能好的材料并将其铺装到地面，雨水储水池一般修建在道路、广场、停车场、绿地等公共区域的下方，也可以将雨水直接汇聚到城市公园的人工湖泊里。汇集的雨水经消毒后，需要时可抽出进行灌溉绿化、打造水景、冲洗路面等。

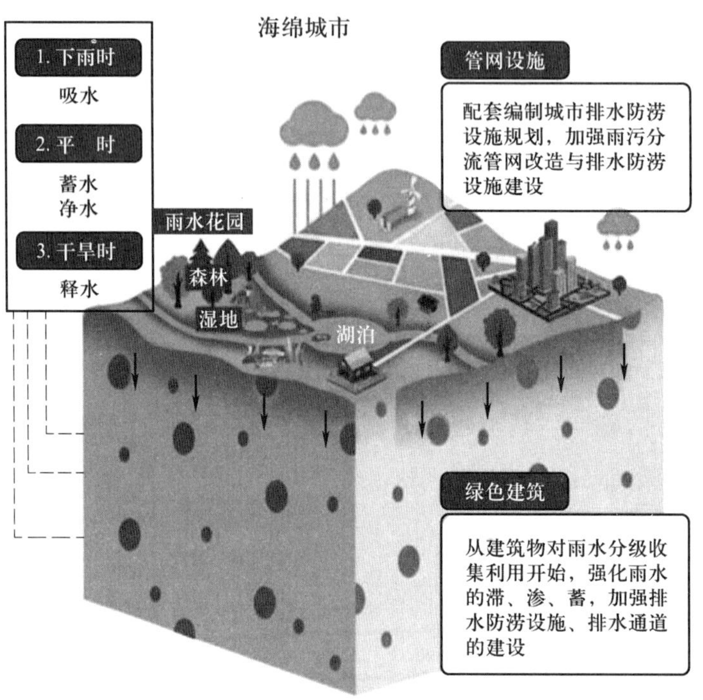


图 2–7　海绵城市示意图

## 即学即用

1. 如何根据不同工作原理来选择节水的用水家电？

2. 请比较敞开式和封闭式循环冷却水系统的特点。

3. 公共机构节水的管理要点有哪些？

# 2.3 废水处理及循环利用

## 一、废水处理概述

### 1. 废水处理定义

废水处理，是指利用物理、化学和生物的方法对废水进行处理，使废水净化，减少污染，实现废水回收、复用，充分利用水资源。

### 2. 废水分类

目前废水常分为生活废水和工业废水。生活废水是指人们在日常生活中所排出的废水，这种废水主要被生活废料和人的排泄物所污染，污染物的数量、成分和浓度与人们的生活习惯、用水量有关。工业废水主要是指工业生产中产生的废水，如电镀废水和重金属废水，这种废水会产生很多种类的污染物，不同行业产生的污染物的种类与浓度均有明显的差异。

### 3. 废水处理方法分类

目前，废水处理方法分为物理处理法、化学处理法和生物处理法。物理处理法是通过物理作用分离、回收废水中不溶解的悬浮状态污染物（包括油膜和油珠）的方法，可分为重力分离法、离心分离法和筛滤截留法等。化学处理法是通过化学反应和传质作用来分离、去除废水中呈溶解、胶体状态的污染物或将其转化为无害物质的废水处理法。生物处理法是指通过微生物的代谢作用，使废水中呈溶液、胶体以及微细悬浮状态的有机污染物，转化为稳定、无害物质的废水处理法。

## 二、常用处理方法

### 1. 混凝沉淀法

（1）应用场景

城市给排水净化、工业给水净化、城市污水处理等。

（2）技术原理

往废水中加入混凝剂，使悬浮物质或胶体颗粒在静电、化学、物理的作用下聚集起来，加大颗粒、加速沉淀以达到分离目的，如图 2–8 所示。这种方法可降低废水的浊度和色度，去除某些重金属和放射性物质及高分子有机物。在处理过程中还可以改善污泥的脱水性能，减轻后续处理的负荷。

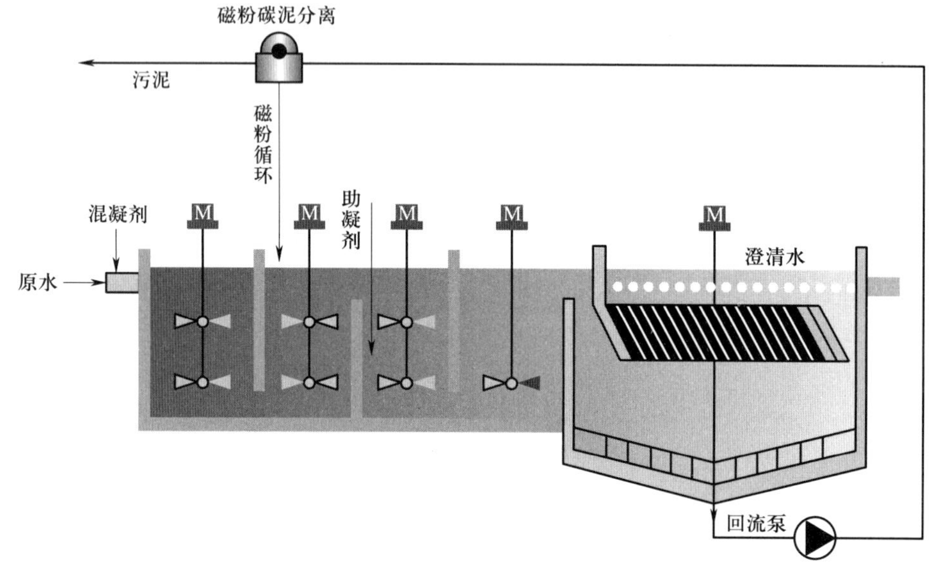

图 2–8　混凝沉淀法示意图

（3）混凝剂分类

混凝剂分为无机混凝剂和有机混凝剂。无机混凝剂，其应用最广的主要有铝盐，如硫酸铝、明矾、铝酸钠等；有机絮凝剂，主要是人工合成酸聚丙烯酸钠（阴离子型）、聚乙烯吡烯盐（阳离子型）和聚丙烯酰胺（非离子型）等高分子絮凝剂。

（4）技能要点

1）投药。确认投药方法、投药浓度、比例等。投药方法分为干法投加和湿法投加。检查投药管路，防治管道阻塞或断裂。

2）混合。混合过程控制在 10 ~ 30 秒，利用水力搅拌或机械搅拌来提供搅拌动力。

3）反应。控制反应设备，避免搅拌强度过大导致絮凝体解体。

4）沉淀。完成絮凝过程，进入沉淀池进行泥水分离，检查分离状态，避免翻泥。

## 2. 生物降解法

（1）应用场景

城市生活污水处理、工业废水处理等。

（2）技术原理

生物降解法是利用微生物的代谢作用除去废水中有机污染物的一种方法，也称废水生物化学处理法，简称废水生化法。如图 2-9 所示为生物降解法示意图。

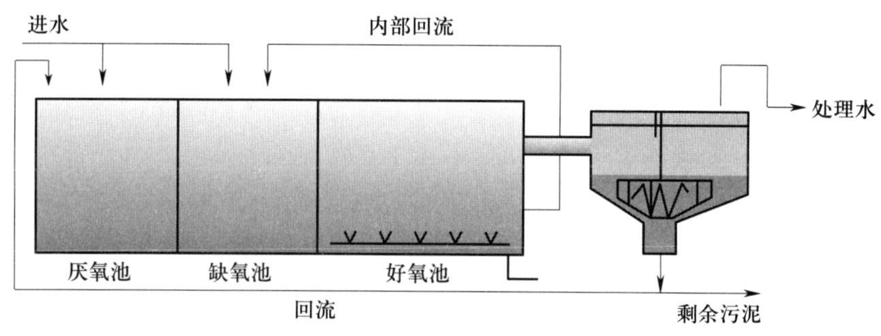


图 2-9　生物降解法示意图

（3）分类

生物降解法主要分为需氧生物处理法和厌氧生物处理法。需氧生物处理法是利用需氧微生物，在有氧条件下将废水中复杂的有机物分解的方法。厌氧生物处理法主要用于处理污水中的沉淀污泥，因而又称污泥消化，也用于处理高浓度的有机废水。这种方法是在厌氧细菌或兼性细菌的作用下将污泥中的有机物分解，最后产生甲烷和二氧化碳等气体，这些气体是有经济价值的能源。

（4）技能要点

1）一些有机物在浓度较高时，表现出对微生物的强烈毒性，常见的酚、氰、苯等物质即是如此，因此要注意来水水质情况。

2）微生物的种属是极为重要的影响因素。不同的微生物具有不同的酶诱导特性，在底物的诱导下，一些微生物可能产生相应的诱导酶，而有些微生物则不能，从而对底物的降解能力也就不同。目前污水处理技术已发展到采用特效菌种和变异菌处理有毒污水的阶段，极大地提高了有毒物质的降解效率。





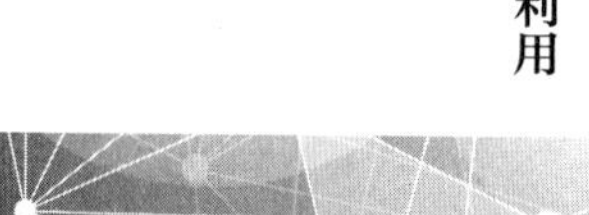

3）随时注意保持水质的 pH 值、水温、溶解氧、重金属离子等环境因素，这些因素对微生物的生长繁殖及污染物的存在形式有影响，因此也间接地影响污水处理中有机污染物的可降解程度。

### 3. 离子交换法

（1）应用场景

医药、冶金、化工废水处理等。

（2）技术原理

离子交换法是借助于离子交换剂中的交换离子同废水中的离子进行交换而除去废水中有害离子的方法。离子交换法在废水处理中应用较广，其交换过程主要有以下 4 个步骤。

1）被处理溶液中的某离子迁移到附着在离子交换剂颗粒表面的液膜中。

2）该离子通过液膜扩散（简称膜扩散）进入颗粒中，并在颗粒的孔道中扩散而到达离子交换剂的交换基团的部位上（简称颗粒内扩散）。

3）该离子同离子交换剂上的离子进行交换。

4）被交换下来的离子沿相反途径转移到被处理的溶液中。

（3）离子交换剂分类

离子交换剂分为两大类，即阳离子交换剂和阴离子交换剂。各类交换剂根据其解离性大小，还可分为强、弱两种。

（4）技能要点

1）注意水体中的悬浮物和油脂。由于废水中的悬浮物会堵塞树脂孔隙，油脂会将树脂颗粒包裹起来，影响离子交换的正常进行，因此必须对进水进行充分的预处理，降低其中的悬浮物和油脂类物质含淤（积）量，避免阻塞。

2）控制水体中的高价金属离子。$Fe^{3+}$、$Cr^{3+}$、$Al^{3+}$ 等高价金属离子容易被树脂吸附，而且再生时难以洗脱，引起树脂中毒，使树脂的交换能力降低。

3）保证水体 pH 值稳定。针对不同酸、碱废水，应该选用不同的交换树脂。对于已经选定的交换树脂，可根据处理废水中离子的性质和树脂的特性，对废水进行 pH 值调整。

4）注意调节水温。在一定范围内，水温升高可以加速离子交换的过程，但水温超过树脂的允许使用温度范围后，会导致树脂交换基团的分解和破坏。如果待处理废水的温度过高，必须进行降温处理。

### 4. 膜分离技术

（1）应用场景

生活污水、工业废水、生活饮用水处理等。

（2）技术原理

在外力推动下，利用一种具有选择透过性能的特制薄膜作为选择障碍层，使混合物中某些组分易透过，其他组分难透过而被截留，以达到分离、提纯、浓缩作用的目的。

（3）分类

常用膜分离技术可分为反渗透（RO）、超滤（UF）、微滤（MF）、纳滤（NF）、电渗析（ED）和膜接触器（MC）等。在使用过程中，膜都需要制成组件形式以作为膜分离装置的分离单元，工业上常用的膜组件形式有板框式、圆管式、螺旋卷式和中空纤维式。

（4）技能要点

1）调整反渗透装置运行参数，保护膜安全，主要有 pH 值、温度、运行压力。

2）为预防膜表面发生无机盐结垢，可通过加酸、加阻垢剂等方法防止结垢。

3）预防胶体污染，通过介质过滤、混凝—助凝工艺处理、滤芯式过滤或综合工艺达到预防效果。

## 三、废水循环利用

### 1. 提高工业用水的重复利用率

通过改革生产与用水工艺，提高循环用水率，减少用水。如炼钢厂用氧气转炉代替老式平炉，既可提高钢的质量，又可降低 86% ~ 90% 用水量。2020 年我国工业用水重复利用率为92.5%。

### 2. 回收利用城市污水

回收和重新使用废水，可开辟第二水源，使其变为可用的资源。例如，北京市修建过的“中水道”系统，将小区使用后的各种污、废水处理后，再作为杂用水回用于小区，如用于冲厕、绿化、洗车等。部分学校在不同区域通过专门的进水口，将雨水口和末端管道中汇集的雨水汇集到学校湖泊或者相应的雨水井，然后通过“中水处理站”净化，经过净化的雨水经管道直接连接到洗手间，这种“非常规水资源”可以用于冲洗厕所和盥洗拖把。

### 典型案例：新型冠状病毒应急医疗设施污水处理站设计

新型冠状病毒肺炎疫情的应急医疗设施包括新建的医疗院区以及改造的发热门诊。此类设施排出的污水可能含有大量的病菌和病毒，且新型冠状病毒有通过粪口传播的风险，因此，常规的消毒工艺已不能满足对病菌处理的“万无一失”。原有院区建有处理规模为2 500立方米 / 天的污水处理厂，处理工艺为二级生化处理＋常规消毒工艺。为应对新型冠状病毒肺炎疫情，做好源头消毒，切断污染源，需要新建一座污水处理设施，主要针对病毒、细菌及有毒有害物质的去除，而去除五日生化需氧量（$BOD_5$）、氨氮等指标退居其次。因此，该应急医院的污水处理采用预消毒＋化粪池＋二级消毒＋物化处理＋三级消毒组合工艺设计。

医疗设施污水处理工艺流程如图2–10所示，采用三级消毒工艺，最大程度保障消毒效果，杜绝病毒扩散，同时以物化处理单元代替二级生物处理，可使出水悬浮物（SS）、化学需氧量（$COD_{Cr}$）指标达标。在超磁处理单元，污水中大部分悬浮有机物和微生物胞体等在此阶段被有效去除。沉降下来的污泥经过磁种回收设备后进入污泥处理设备，连同其他工艺单元积蓄的污泥进行污泥脱水消毒处理。在平板陶瓷膜超滤单元，难去除的有害物质和细菌进一步被截留，最后通过紫外线消毒后出水进入现有院区污水站，经处理达标后排放。

该工艺在保障各处理单元具有足够水力停留时间的基础上，采用三级消毒加物化处理法，整体流程安全环保、运行稳定可靠，处理效果受环境条件影响小，可确保去除传染性病菌、病毒。

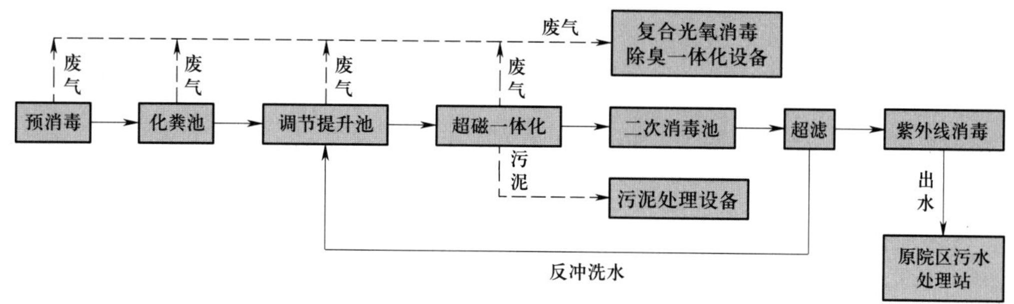


图 2-10　医疗设施污水处理工艺流程图

## 即学即用

1. 废水处理的目的是什么？

2. 生活废水和工业废水的处理方法有什么区别？

3. 废水处理方法中的物理处理法、化学处理法和生物处理法的应用场景是什么？

# 2.4　水资源保护利用

## 一、水体污染原位修复

### 1. 水体污染原位修复的定义

水体污染原位修复是指基于环境学和生态学原理，采用环境工程、生态工程（尤其是生态水工学）、景观工程等相关工程技术，在原有水体中，通过人工或自然措施，对原有水体进行就地处理，使受损的水体在结构、功能、景观等方面得到优化并恢复到人们所期望的人水和谐的理想状态。

### 2. 水体污染原位修复的方法

根据采用的方法和技术不同，水体污染原位修复可分为物理修复、化学修复、生物修复、生态修复和复合修复等；按修复的空间位置不同，可分为原位修复、异位修复和旁路修复；按修复或恢复的着重点不同，可分为以水质改善为重点的水环境修复或以水量改善为重点的水资源调配。

（1）物理修复方法

物理修复方法的工作原理是很简单，通常采用一些机械或者阻隔建筑，并利用基本的物理原理对水体进行处理，以达到减少污染物数量的目的，通常不改变污染物的形态。如针对水体中的大型漂浮物和一些悬浮物，采用打捞船进行人工或者机械打捞；针对外来污染源，修建阻隔建筑对污染物进行截断等。物理修复方法效果明显、见效快，不会给水体带来二次污染，但是没有改变污染物的形态，不能从根本上解决污染问题，只是可以起到一定的缓解作用。

（2）化学修复方法

化学修复方法利用化学反应去除水中的杂质，它的处理对象主要是污水中无机的或有机的（难以生物降解的）溶解物质或胶体物质。化学修复技术的突出特点在于见效快、方法简单、易操作。

（3）生物修复方法

生物修复方法是指利用生物的代谢去修复受污染的环境，并使有毒有害物质的浓度降低或完全消除的方法。相较于传统的物理、化学修复，水体原位生物修复充分利用了生物代谢的强大功能对环境中的污染物进行彻底降解，更经济适用，对环境影响小，不产生二次污染。按照水体类型不同，可把水体原位生物修复分为地下水生物修复、湖泊生物修复、河流生物修复和海洋生物修复。而按照所利用的生物种类，可以分为微生物修复、植物修复和动物修复。

## 二、生态修复技术

### 1. 生态修复的定义

生态修复是在生态学原理的指导下，以生物修复为基础，结合各种物理修复、化学修复以及工程技术措施，通过优化组合，使之达到最佳效果和最低耗费的一种综合环境污染修复方法。

### 2. 生态修复的主要技术

（1）生态型混凝土技术

1）应用场景。多用于河道、湖泊、海洋沿岸等护堤的绿化、美化。

2）技术原理。利用多孔混凝土空隙部位的透气、透水性能，渗透动植物所需营养，使植物根系生长，以种植小草、低的灌木等植物，进而构建小型生态环境。

3）分类。生态型混凝土根据用途可分为植物相容型生态混凝土、海洋生物相容型生态混凝土、淡水生物相容型生态混凝土以及水质净化混凝土等。

4）技能要点

①坡面整治。清除坡表面的杂草、落叶枯枝、浮土浮石等。对于明显存在危岩的凸出易脱落部位，进行击落；对于明显凹进的地段，进行填补，然后用高压风、水将其冲洗干净，最后用砂浆将其填平。

②土工网和锚钉的铺设安装。采用电锤垂直于坡面钻孔，击入锚钉。网片与坡面保持一定的距离，否则用垫块支撑。

③混凝土基材制备。混凝土基材由砂壤土、水泥、有机质、混凝土绿化添加剂混合组成。

④混凝土喷植与养护。从坡面由上至下进行喷护，先基层后表层进行喷植。喷植结束后，注意日常给植物浇（洒）水工作。养护中需要防治苗木病虫害的发生，对可能出现的病虫害要进行病理分析，有针对性采取治理措施。

（2）湖滨带生态修复技术

1）应用场景。湖泊流域中水域与陆地相邻生态系统间的过渡地带。

2）技术原理。首先，应用生态学中生物互利共生、生态位和生物群落的环境功能等原理，优化设计湖滨带群落结构，充分发挥植物、微生物互利共生适应环境的能力和对污染物质的协同净化能力，减少入湖污染负荷；其次，利用湖滨带的湿度和厌氧梯度变化，建立起由陆生植被带、沼生植被带、漂浮植被带和沉水植被带所构成的湖滨带植被带梯度，构成由好氧、兼性好氧和厌氧微生物所构成的湖滨带微生物带梯度，从而构造一个健康的湖滨带生态系统。

3）分类。考虑湖滨带类型，可分为缓坡型湖滨带和陡坡型湖滨带。缓坡型湖滨带包括滩地型、农田型、房基型、鱼塘型、堤防型、码头型等；陡坡型湖滨带包括山地型、路基型、房基型等。

4）技能要点

①基底形貌修整。主要包括侵占物拆除、地形平整和重建。拆除侵占湖滨带的鱼塘、房屋等构筑物；根据水生生物生存要求因地制宜地对地形进行整理；再塑原有基底，重建湖滨带生态环境。

②基底底质调整。包括淤泥清除、污染底泥覆盖、部分换土等，以满足水生生物生长、栖息要求，同时也减缓湖滨污染底泥在风浪作用下再悬浮，防止其影响植被恢复。乔草带一般无须调整底质的物理化学特性；挺水植物恢复区可适当清理污染底泥及腐殖质堆积区，或采取覆盖、部分换土的方法进行土质调整；沉水植物恢复区应清除淤泥，加强植物根系固着能力；针对清水型植物恢复区，应清除污染底泥，以维持良好水质和底质。

③生物种群的选择。恢复初期，选择合适的修复模式，筛选较大的生态耐受范围及较宽生态位的先锋植物种类，以适应初期的生境，补充缺失植物带，初步构建水生植物序列；恢复中期，湖滨带物种多样性不高，植物配置以填补空白生态位为主，对群落结构进行优化，使原有群落逐渐稳定；恢复后期，应充分考虑湖滨动植物整体生态系统的健康性、稳定性，全面恢复水鸟、鱼类、底栖动物、水生植物等高级生态系统，保育和维护湖滨带生物多样性。

（3）人工湿地技术

1）应用场景。对进入湖泊的大量污水以及湖泊富营养水体进行净化。

2）技术原理。利用天然湿地净化污水的原理人为建设生态工程，人工将石、砂、土壤、煤渣等材料按一定的比例组成基质，并栽种经过选择的水生、湿生植物，组成类似于自然湿地状态的工程化湿地状态系统。

3）分类。人工湿地的核心技术是潜流式湿地，一般由两级湿地串联、处理单元并联组成。潜流式人工合成湿地的形式分为垂直流潜流式人工湿地和水平流潜流式人工湿地，利用湿地中不同流态特点净化进水。

4）技能要点

①植物选择。植物根系发达；适合当地环境，优先选择本土植物；耐污能力强，去污效果好；具有抗冻、抗病虫害能力；有一定的经济价值；容易管理；有

一定的美化景观效果。

②植物种植。根据工程所要考虑的要素及植物选择原则，可确定湿地的植物种类，然后寻找苗源及种植。湿地植物的种植最关键的问题是选择适当的繁殖体及种植时间。在温带，最适宜的种植季节应是秋季植物冬眠后到第二年 1/3 的生长季节过去之前这段时间，对于以块茎或者根茎（如繁殖体的湿生植物）来说，秋冬季（如温带，则冬眠后）种植是最适宜的。在种植方法上，可视湿地及繁殖体的实际情况，采用穴植、沟植、面植等方法，种植密度一般为每平方米 3～4 株。为了防止设计中选择的湿地植物不能耐受实际运行条件，需要考虑补充种植，以保证所需的覆盖率。植物种植时，应搭建操作架或铺设踏板，严禁直接踩踏人工湿地。应保持介质湿润，介质表面不得有流动水体：植物生长初期，应保持池内一定水深，逐渐增大污水负荷使其驯化。

③系统的启动。在启动阶段，人工湿地在插种芦苇等植物后就要充水，将水位控制在地面以下 25 毫米处。按设计流量运行 3 个月后，将水位降低到距湿地床底 0.2 米处运行，以促进芦苇等植物的根系向床体深处发展，待根系深入到床底生长后，可再将水位调节到地表以下 0.2 米处，开始正常运行。

④人工湿地的维护。主要包括人工湿地的运行管理性设施管理、湿地管理与人工湿地基质的维护。其中，运行管理性设施管理主要是预防人为损毁，以及将生活杂物倾入到人工湿地的管理；湿地管理主要是对人工湿地植物的维护，包括植物管理、修枝剪叶、成熟收割、施肥与病虫害防治、水质管理；人工湿地基质的维护包括基质防堵清淤和对来水预处理调整。

（4）氧化塘技术

1）应用场景。氧化塘技术在治理湖泊富营养化方面应用广泛，在实际应用中可以将氧化塘改造为前置库，截留进入湖泊的农业面源废水。

2）技术原理。污水在塘内停留一定时间，经过塘内微生物与藻类的共同作用，将污水中复杂的有机物质分解成简单的无机物质，从而使污水水质得到改善。氧化塘利用自净能力净化去除污染水体中有机污染物、耗氧物质（BOD、COD）、氮、磷等营养物质及病菌和病毒等，它具有运行管理费用低、操作管理简单、除污染效率高等优点，也可以建立生物塘生态系统种植水生植物、养殖水生动物，走资源化路线。

3）分类。氧化塘分为好氧氧化塘、兼性氧化塘、厌氧氧化塘和曝气氧化塘四种。好氧氧化塘，深度较浅，全部塘水都呈好氧状态，由好氧微生物起净化污水作用；兼性氧化塘，塘水较深，藻类光合作用旺盛，溶解氧比较充足，呈好氧状态，在深处的塘水溶解氧不足，由兼性微生物起净化作用，沉淀污泥于塘底进行厌氧发酵；厌氧氧化塘，塘深在 2 米以上，整个塘水都呈厌氧状态，净化速度很慢，污水停留时间长；曝气氧化塘，塘深在 2 米以上，其特征是在塘水表面安装浮筒式曝气器，全部塘水都保持好氧状态，生化需氧量负荷较高，停留时间较短。

4）技能要点

①选址必须符合城镇总体规划的要求，应以近期为主、远期扩建为原则。应因地制宜利用废旧河道、池塘、沟谷、沼泽、湿地、荒地、盐碱地、滩涂等闲置土地。应选在城镇水源下游，并宜在夏季最小风频的上风侧，与居民住宅的距离应符合卫生防护距离的要求。

②生物塘系统可由多塘组成，或分级串联或同级并联。

③好氧氧化塘、兼性氧化塘、厌氧氧化塘、曝气氧化塘应按生化需氧量表面负荷确定。

（5）生物浮床技术

1）应用场景。针对富营养化的水质，通常用于生态修复城市、农村的水体污染，也用于建设城市湿地景区等。

2）技术原理。在富营养化水体的水面上，以水生植物为主体，以高分子材料或无机非金属材料等为载体和基质，通过植物根部的吸收、吸附作用和植物、浮床及微生物的协同作用，消减水体中含氮、磷等的有机物质，净化水体，并通过收获植物体的形式，将吸附积累在植物根系表面及植物体内的污染物移出水体，降低水体的富营养化程度，从而达到净化水质的目的。

3）分类。根据功能分为消浪型、水质净化型和提供栖息地型三类；根据是否与水接触分为湿式和干式两种。

4）技能要点

①根据池塘、湖泊等水体的面积，计算出生物浮床的覆盖面积；一般生物浮

床面积为 2～4 平方米，根据生物浮床大小计算需要的浮床数量。

②安装浮床体。床体主要采用聚苯乙烯泡沫板或模块化装置，开植入孔，以便放入浮床植物；选用的浮床植物一定要有根茎，用海绵等浮床基质包裹植物部分根茎，但不要包裹得太严，让植物一部分根茎露出，以利于吸收水分和水体中的氮、磷等营养物质，然后将植物放到泡沫板植入孔中即可。

③浮床植物的选择。水生植物是生态浮床的主体。针对不同地区，选择不同的植物种类，所选择的植物既要容易获得和培育，又要具有良好的净化水质效果。选择的浮床植物须根系发达、繁殖能力强、生长快、生物量大，这样可为水体中有益微生物提供大量的附着面积，从而提高水体净化的效果。除此之外，选择浮床植物还要考虑经济性和观赏性，使之既能创造经济价值，又能美化环境。常见的浮床植物有空心菜、黑麦草、美人蕉、香菇草、水芹菜、睡莲、细叶莎草、水葱、凤眼莲、水葵、芦苇、菖蒲、碎米莎草、丁香、紫芋、鸢尾、香蒲、荻等。

④日常管理。生物浮床放入水体后，要加强日常管理工作。适时收割和打捞水生植物，做到既不让其疯长，又保持相对旺盛，既能有效移除植物从水体中吸收的氮、磷等“肥分”，又不污染水体，以此维持良性循环。每天观察浮床植物的生长情况，发现有枯萎、死亡的植物，要及时补栽。记录天气、温度、湿度、pH 值等情况，探索适宜浮床植物生长的最佳环境条件；定期监测水质指标，发现异常情况及时采取措施；重视浮床植物病虫害的防治，早发现，早治疗。

### 典型案例：某河道水体污染生态修复案例

基本情况：某河道水体污染严重，有机污染物和氮、磷超标，水体呈季节性黑臭，为劣Ⅴ类水质，水体自净能力基本丧失，严重影响周边居民生活和自然环境。

治理措施：按照“控源截污、内源治理；活水循环、清水补给、水质净化、生态修复”的原则，确定了垃圾清理、近岸净化、原位修复、植物修复以及推流曝气的技术路线。

1. 垃圾漂浮物清理

对水面漂浮物，以及河段岸边和河底的生活垃圾、建筑垃圾进行清理。

2. 近岸净化

对排入河道的污水和部分污染的河水用设备进行净化（膜生物反应器），使设备的出水中基本不含微生物和其他悬浮物，并作为补充水返回水体，无须引水。

3. 原位修复

采用水体原位修复设备，设备基本原理是通过曝气供氧以及微生物作用对黑臭水体中的污染物进行吸附、氧化和分解，使污染水体得到净化，如图 2–11 所示。

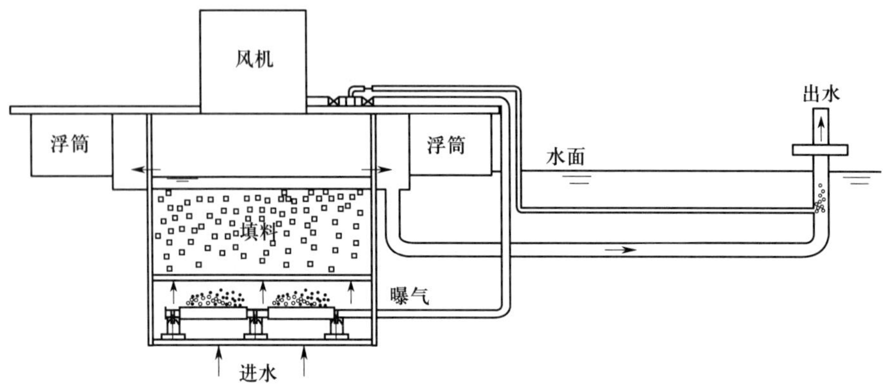


图 2–11　水体原位修复设备基本原理

4. 水生植物修复

由于该河段有部分浅滩，因此，可种植既能净化水质又可作为景观的水生植物，如香蒲、再力花、芦苇以及美人蕉等。

5. 推流曝气

采用人工推流曝气措施，安装推流曝气机使水体由静变动，既有利于水体的净化又可对水体进行增氧，提高水体溶解氧的浓度，有利于增强水体的自净能力，污染物质氧化加快，改善水生生物的生存环境。

治理效果：治理完成后，经过 4 多个月的运行，河段水质逐渐变好，水质由劣Ⅴ类水质改善为Ⅳ类水质。

## 即学即用

1. 水体污染原位修复的主要方法有哪些？

2. 氧化塘技术的应用场景是什么？

3. 人工湿地中的潜流式湿地的组成与分类是什么？

# 第 3 章 土地资源节约与保护利用

学习目标

1. 掌握土地资源基本知识、法律法规，并能用于实践。
2. 了解土地资源节用方法，能基本评估土地资源是否得到合理利用。
3. 了解土壤污染现状与生态修复方法，能依据土壤污染类型，选用最常用有效的土壤污染修复技术与方法。

## 3.1 土地资源概述

### 一、土地资源基本知识

#### 1. 土地的定义

土地是由地球陆地部分一定高度和深度范围内的岩石、矿藏、土壤、水文、大气和植被等要素构成的自然综合体。狭义土地仅指陆地部分；广义土地则指除陆地部分外，还包括光、热、空气、海洋等。

#### 2. 土地相关术语

（1）农用地

农用地指《土地利用现状分类》（GB/T 21010—2017）中的 01 耕地（0101 水田、

0102 水浇地、0103 旱地）、02 园地（0201 果园、0202 茶园）和 04 草地（0401 天然牧草地、0403 人工牧草地）。

（2）建设用地

建设用地指建造建筑物、构筑物的土地，包括城乡住宅和公共设施用地、工矿用地、交通水利设施用地、旅游用地、军事设施用地等。

（3）未利用地

未利用地指农用地和建设用地以外的土地。

（4）土壤

土壤指位于陆地表层能够生长植物的疏松多孔物质层及其相关自然地理要素的综合体。土壤可为植物提供生长所需的矿物质、有机物质、水分、空气和微生物等，是农业生产的基本资料和资源。

（5）土壤污染

土壤污染指因人为因素导致某种物质进入陆地表层土壤，引起土壤化学、物理、生物等方面特性的改变，影响土壤功能和有效利用，危害公众健康或者破坏生态环境的现象，如用生活污水、工业污水或已被污染的河水灌溉农田；堆放的垃圾和工业废渣经雨水使有害物质渗入地下；烟尘中的有害物质自然降落或随雨水降落污染地表；施用含铅、汞、砷、有机氯等农药和化肥，使有毒物质残留土壤中。土壤污染后会通过粮食、蔬菜瓜果等间接影响人类的健康。

**知识拓展：全国土地日（每年 6 月 25 日）**

1986 年 6 月 25 日，第六届全国人民代表大会常务委员会第十六次会议通过并颁布了《中华人民共和国土地管理法》。为纪念土地管理法的颁布，1991 年国务院第 83 次常务会议决定，从 1991 年起，把每年的 6 月 25 日确定为全国土地日。这是国务院确定的第一个全国纪念宣传日。中国也是世界上第一个为保护土地而设立专门纪念日的国家。

### 3. 土地资源分类

（1）按地形分

土地资源按地形可分为高原、山地、丘陵、平原、盆地。这种分类展示了土地利用的自然基础。山地宜发展林牧业，平原、盆地宜发展耕作业。

（2）按土地用途分

土地资源按用途可分为已利用土地（农用地、建设用地等）和未利用地。

### 4. 土地的重要性

土地具有三个最关键的功能：一是作为生产要素（是指土地作为生态系统中一个重要的要素，是支持人类生存所需的物质产品的基础）；二是作为承载空间（是指人类活动需要土地的存在，没有土地及地上或地下空间，人类几乎无法开展经济的、社会的、文化的各种活动）；三是决定财富分配（是指人类利用土地所获得的直接或间接的收益的分配，它与土地产权、规制、市场等制度的设计有关，这些制度决定了土地利用价值的大小和分配的结构）。

### 5. 土地的现状

（1）土地资源概况

我国陆地面积约 960 万平方千米。我国陆地的山地多、平原少，利用难度大的戈壁、沙漠、冰川、永久冻土、石山、裸地等占到了 28%。我国总耕地面积大约占世界耕地面积的 7%，农业用地只占土地总面积的 56%，低于世界 66% 的平均水平。人均耕地只有 0.1 公顷，是世界人均耕地面积的 1/4。造成我国土地资源短缺的主要原因除人多地少外，还包括三个方面，一是我国耕地资源分布不均，如东南部湿润区和半湿润区的平原盆地及低缓丘陵地，占了全国耕地的大半；草地主要分布在北方半干旱的高原和山地以及青藏高原地区；林地主要分布在东北、西南、东南。二是污水灌溉和大面积使用农药、化肥等原因，导致了耕地污染、地力退化等问题。三是由于近年来的工业化、城市化，占用了大量的耕地，造成耕地面积减少。面对中国快速增长的人口和相对较少的土地，加快土地利用由粗放型向集约型转变，特别是城市土地，显得尤为紧迫。

（2）各类土地占比

根据第三次全国国土调查数据，全国耕地 12 786.19 万公顷，园地 2 017.16 万公顷，林地 28 412.59 万公顷，草地 26 453.01 万公顷，湿地 2 346.93 万公顷，城镇村及工矿用地 3 530.64 万公顷，交通运输用地 955.31 万公顷，水域及水利设施用地 3 628.79 万公顷。

（3）土壤污染状况

2005 年 4 月至 2013 年 12 月，我国开展了首次全国土壤污染状况调查，调查点位覆盖全部耕地和部分林地、草地、未利用地及建设用地，调查结果以《全国土壤污染状况调查公报》的形式呈现，2014 年 4 月 17 日正式发布。据《全国土壤污染状况调查公报》显示，我国土壤污染总的超标率为 16.1%，其中轻微、轻度、中度和重度污染点位比例分别为 11.2%、2.3%、1.5% 和 1.1%。重污染企业用地超标率高达 36.3%。土壤污染物类型以无机型为主（如重金属、酸、碱、盐类、放射性物质等），有机型次之（如有机农药、化肥、酚类、石油、城市污水、病原菌、污泥等），复合型污染比重较小。南方污染重于北方，长三角、珠三角、东北老工业基地部分区域污染较重，西南、中南地区重金属超标，镉、汞、砷、铅 4 种无机污染物从西北到东南、从东北到西南逐渐升高。

## 二、土地资源法律法规

### 1. 法律法规体系

目前，我国已形成以《土地管理法》和《土壤污染防治法》为核心，以《土地管理法实施条例》《基本农田保护条例》《节约集约利用土地规定》等行政法规及大量地方性法规和行政规章为补充的土地资源保护法律法规体系。明确了土地资源保护的内容包括对土地资源数量的保护、防治土地资源污染的环境保护、维护土地的生产潜力和提高土地资源生产力的地力保护，土地资源保护的目的是要达到对土地资源的可持续利用；确立了以公有制为基础（包括全民所有制和集体所有制两种形式），以耕地保护和节约集约用地为主线，以用途管制、土地征收、国有土地有偿使用为主要内容的中国特色土地资源保护法律制度。

### 2. 法律法规要点

（1）土地用途管制

《土地管理法》规定，国家编制土地利用总体规划，规定土地用途，将土地分为农用地、建设用地和未利用地。严格限制农用地转为建设用地，控制建设用地总量，对耕地实行特殊保护。

土地用途管制的实现手段包括五个方面：一是土地利用总体规划；二是农用地转用审批；三是征地审批；四是不动产登记；五是土地监督检查。

国有土地有偿使用制度：国有土地使用权的有偿使用方式包括出让、租赁、作价出资或者入股等。国有土地使用权出让最高年限为：居住用地 70 年，工业用地、教科文卫体用地、综合或其他用地 50 年，商业旅游娱乐用地 40 年。

（2）严格保护耕地

《土地管理法》规定，国家保护耕地，严格控制耕地转为非耕地。非农业建设必须节约使用土地，可以利用荒地的，不得占用耕地；可以利用劣地的，不得占用好地。禁止占用耕地建窑、建坟或者擅自在耕地上建房、挖砂、采石、采矿、取土等。禁止占用基本农田发展林果业和挖塘养鱼。禁止任何单位和个人闲置、荒芜耕地。

（3）节约集约用地

《土地管理法》规定十分珍惜、合理利用土地和切实保护耕地是我国的基本国策，并对在国土空间规划、耕地保护、建设用地、土地督察等工作中贯彻节约集约用地理念提出了明确要求，《土地管理法实施条例》细化了节约集约用地有关规定。

（4）土壤污染防治

《土壤污染防治法》规定生产、使用、储存、运输、回收、处置、排放有毒有害物质的单位和个人，应当采取有效措施，防止有毒有害物质渗漏、流失、扬散，避免土壤受到污染。

《土壤污染防治法》特别强化了土壤污染风险管控制度，将农用地划分为优先保护类、安全利用类和严格管控类，鼓励采取调整种植结构、退耕还林还草、退耕还湿、轮作休耕、轮牧休牧等风险管控措施，对建设用地，建立了土壤污染风险管控和修复名录制度。

**典型案例：非法占用农用地案**

基本案情：2012 年、2013 年及 2017 年 4—5 月间，被告单位福州市源顺石材

有限公司（以下简称源顺公司）、被告人黄恒游未经林业主管部门审批，擅自在闽侯县鸿尾乡大模村“际岭”山场占用林地138.51亩，用作超范围采矿、石料加工区等。福建省闽侯县人民法院一审认为，被告单位源顺公司、被告人黄恒游未经审批占用农用地138.51亩，其行为已构成非法占用农用地罪。鉴于被告单位、被告人黄恒游有自首情节，积极进行生态修复，依法从轻处罚。以非法占用农用地罪判处被告单位源顺公司罚金40万元，判处被告人黄恒游有期徒刑二年九个月，缓刑四年，并处罚金20万元；责令被告人黄恒游在闽江湿地公园的闽江水资源生态保护司法示范点进行异地公益修复，种植指定规格的特色苗木150棵。案发后，源顺公司根据司法机关的要求向闽侯县南屿镇镇政府缴纳生态修复款62.33万元，聘请专家编制了矿区及周边生态环境恢复治理方案，并依方案开展相应生态修复工作。

典型意义：本案系非法占用农用地的刑事案件。林地、耕地等农用地是重要的土地资源。本案中，被告未经审批擅自占用林地堆放矿石渣土，对农用地用途及其周边生态环境造成破坏。人民法院在审理本案中，注重惩治犯罪和生态环境治理修复的有机结合，将生态环境修复义务的履行纳入量刑情节，有效融合了生态司法的警示教育、环境治理和法治宣传等诸多功能，取得了良好的法律效果和社会效果。

### 即学即用

1. 造成土壤污染的原因有哪些？

2. 土地具有哪三个最关键的功能？

3. 土地用途管制的实现手段有哪些？

## 3.2　土地资源保护与节用

### 一、土地保护的原则与内容

土地保护，是人类根据自身的生存与发展对土地资源的需求，保存土地资源，恢复和改善土地资源的物质生产能力，防治土地资源的环境污染，使土地资源能够持续地利用所采取的措施和行动。

土地保护的三项基本原则：保护耕地、节约用地原则，强化计划管理、实行总量控制原则，依法保护土地原则。

土地保护的内容包括土地数量保护（对土地资源的保护）、耕地质量保护与提升（防治耕地退化、污染，加强损毁农田改良和修复力度等）、土壤污染防治（防止土壤污染、进行土壤环境整治与污染土壤修复）。

## 二、节约集约用地

### 1. 节约集约用地制度

节约集约利用土地，是指通过规模引导、布局优化、标准控制、市场配置、盘活利用等手段，达到节约土地、减量用地、提升用地强度、促进低效废弃地再利用、优化土地利用结构和布局、提高土地利用效率的各项行为与活动。《土地管理法实施条例》在节约集约用地上主要明确了以下内容：

（1）国土空间规划方面

国土空间规划应当细化落实国家发展规划提出的国土空间开发保护要求，统筹布局农业、生态、城镇等功能空间，划定落实永久基本农田、生态保护红线和城镇开发边界。国土空间规划应当包括国土空间开发保护格局和规划用地布局、结构、用途管制要求等内容，明确耕地保有量、建设用地规模、禁止开垦的范围等要求，统筹基础设施和公共设施用地布局，综合利用地上地下空间，合理确定并严格控制新增建设用地规模，提高土地节约集约利用水平，保障土地的可持续利用。

（2）耕地保护方面

禁止任何单位和个人在国土空间规划确定的禁止开垦的范围内从事土地开发活动。国家对耕地实行特殊保护，严守耕地保护红线，严格控制耕地转为林地、草地、园地等其他农用地，并建立耕地保护补偿制度。非农业建设必须节约使用土地，可以利用荒地的，不得占用耕地，可以利用劣地的，不得占用好地。县级人民政府应当制定土地整理方案，促进耕地保护和土地节约集约利用。耕地应当优先用于粮食和棉、油、糖、蔬菜等农产品生产。

（3）建设用地和宅基地方面

应当符合国土空间规划、土地利用年度计划和用途管制以及节约资源、保护

生态环境的要求，优先使用存量建设用地，提高建设用地使用效率。从事土地开发利用活动，应当采取有效措施，防止、减少土壤污染，并确保建设用地符合土壤环境质量要求。各级人民政府应当引导城镇低效用地再开发，落实建设用地标准控制制度，开展节约集约用地评价，推广应用节地技术和节地模式。农村居民点布局和建设用地规模应当遵循节约集约、因地制宜的原则合理规划。

（4）土地监督检查、法律责任方面

明确了国家自然资源督察机构根据授权对省、自治区、直辖市人民政府以及国务院确定的城市人民政府下列土地利用和土地管理情况进行督察：耕地保护情况；土地节约集约利用情况；国土空间规划编制和实施情况；国家有关土地管理重大决策落实情况；土地管理法律、行政法规执行情况；其他土地利用和土地管理情况；提高了违法行为的处罚力度。

### 2. 土地集约利用方法

土地集约利用指土地投入产出的关系，在土地上的投入少获得产出高就说明土地集约利用效益好。我国在土地集约利用中的“三集中”指通过资源整合，实行集约用地的方法，即工业企业向园区集中、农民向城镇集中、农业用地向规模经营集中。

（1）工业企业向园区集中

对各级开发区的产业导向进行合理划分和布局，以改变过去乡镇工业发展中出现的“分散生产、村村冒烟”的状况。工业的相对集中布局可以带来产业的集聚，相关的公共服务设施用地的节约、工业污染物的集中处置，以及企业间优势互补可以降低生产成本，形成竞争优势。

（2）农民向城镇集中

农民向城镇或新型社区集中居住，换房进城进镇，或就地集中居住，由此来改变农村居民的用地零散无序的状况。农民向城镇集中，既提升了农民的生活品质又提高了土地的利用效率。

（3）农业用地向规模经营集中

农业用地向适度规模经营集中，鼓励农户间规范流转，组建土地股份合作社，以促进农业生产向适度集中、适当规模的现代农业发展。

## 三、严控耕地转为非耕地

2015年5月，习近平总书记就做好耕地保护和农村土地流转工作作出重要指示，指出："耕地是我国最为宝贵的资源。我国人多地少的基本国情，决定了我们必须把关系十几亿人吃饭大事的耕地保护好，绝不能有闪失。要实行最严格的耕地保护制度，依法依规做好耕地占补平衡，规范有序推进农村土地流转，像保护大熊猫一样保护耕地。"2021年2月21日发布的中央一号文件《中共中央 国务院关于全面推进乡村振兴 加快农业农村现代化的意见》要求，采取"长牙齿"的措施，落实最严格的耕地保护制度，坚决遏制耕地"非农化"、防止"非粮化"。

国家实行永久基本农田保护制度。永久基本农田，指为保障国家粮食安全和重要农产品供给，实施永久特殊保护的耕地：经国务院农业农村主管部门或者县级以上地方人民政府批准确定的粮、棉、油、糖等重要农产品生产基地内的耕地；有良好的水利与水土保持设施的耕地，正在实施改造计划以及可以改造的中、低产田和已建成的高标准农田；蔬菜生产基地；农业科研、教学试验田；国务院规定应当划为永久基本农田的其他耕地。

2021年9月1日起施行的《土地管理法实施条例》第十二条规定：国家对耕地实行特殊保护，严守耕地保护红线，严格控制耕地转为林地、草地、园地等其他农用地，并建立耕地保护补偿制度。禁止占用耕地建窑、建坟或者擅自在耕地上建房、挖砂、采石、采矿、取土等。禁止占用永久基本农田发展林果业和挖塘养鱼。按照国家有关规定需要将耕地转为林地、草地、园地等其他农用地的，应当优先使用难以长期稳定利用的耕地。

### 典型案例：高架桥下建停车库节地模式

2022年1月28日，自然资源部办公厅印发了《节地技术和节地模式推荐目录（第三批）》，公布了共6种类型、23个典型案例。其中，案例六涉及高架桥下建停车库，具体内容如下。

案例六　高架桥下建停车库节地模式

摘要：该项目响应建设集约化停车设施的政策，充分利用桥下高差和桥面宽度的桥下空间，建设停车楼。图3-1、图3-2为停车楼效果图与停车楼实景图。





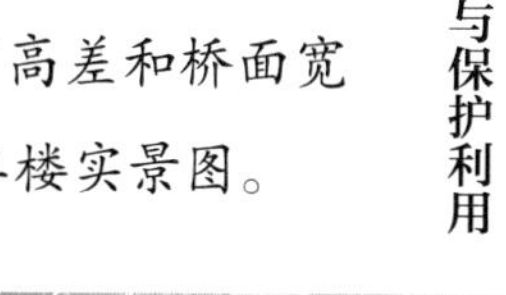

图 3–1　停车楼效果图

图 3–2　停车楼实景图

节地效果：有效解决商圈“停车难”问题。停车楼无须新增供地，节约土地 23.4 亩，节约土地购置费 7 000 万元～9 000 万元。

1. 项目概况

项目现有停车位不足，周边无适宜单独建设停车楼（库）的土地。利用高架桥距地面 20 米的高差以及路面宽 72 米的条件，在桥下设计建设一栋 4 层的停车楼，总建筑面积 3.78 万平方米，停车位 1 018 个（其中室内 1 008 个，室外 10 个）。这种将大型停车楼与高架桥连为一体同时设计、同时施工的模式，即为“停车＋道路”（“P+L”）模式。

2. 主要做法

利用重庆山地地形的自然形态，将停车楼与桥梁采用“P+L”的合建模式，将车库连接道与城市道路辅道相衔接的方式消除安全隐患。主要采用了以下技术：一是采用普通钢混框架结构，承载力大，代替了单独设置的桥梁墩柱、箱梁等结构体；二是装设了静音设备，减少了停车噪声对周边居民的影响；三是车库顶板直接铺装道路，方便了高架桥的施工建设。

3. 节地效果

节约了商圈周边紧缺的土地资源，节约了建设成本，缩短了土地开发周期。

## 即学即用

1. 什么是土地保护的三项基本原则？土地保护的内容有哪些？

2. 土地集约利用的方法有哪几种？

3.《土地管理法实施条例》中有哪些禁止占用耕地、永久基本农田的行为？

# 3.3 土壤污染与生态修复

## 一、土壤污染及危害

### 1. 土壤污染

（1）土壤污染源

土壤污染源分为自然污染源和人为污染源。

1）自然污染源也叫天然污染源，是指自然环境自行向外排放有害物质或产生有害影响的自然物体，如活动的火山、腐烂发酵的生物体、风化的金属矿体等。

2）人为污染源是指人类社会活动所产生的污染环境的污染物发生源。主要有来自于农业、工业、生活、交通等的污染源，如工业和城市的废水和固体废物、农药和化肥、牲畜排泄物、生物残体及大气沉降物；污水灌溉或污泥作为肥料使用，使土壤受到重金属、无机盐、有机物和病原体的污染；工业及城市固体废弃物任意堆放，其中有害物的淋溶、释放，也可导致土壤及地下水的污染；现代农业大量使用农药和化肥，造成土壤污染；高速公路两侧土壤的铅污染（公路两侧50米范围是铅污染最严重的地区）等。

（2）土壤污染物分类

1）化学污染物。化学污染物主要是无机污染物和有机污染物。无机污染物包括汞、镉、铅、砷等重金属，以及过量的氮、磷植物营养元素以及氧化物、硫化物和氟化物等。有机污染物包括各种化学农药、农膜、除草剂、洗涤剂、石油及其裂解产物，以及酚类等其他各类有机合成产物。

2）物理污染物。物理污染物主要是来自工厂、矿山的固体废弃物，如尾矿、废石、粉煤灰和工业垃圾等。

3）生物污染物。生物污染物主要是带有各种致病菌的城市垃圾和由卫生设施排出的废水、废物等。畜禽粪便的随意堆放以及污水灌溉，其中的寄生虫、病原菌和病毒，如肠道细菌、炭疽杆菌、肠寄生虫、结核杆菌等均可引起土壤污染。

4）放射性污染物。放射性污染物主要存在于核原料开采和大气层核爆炸地区，以 90 锶和 137 铯等在土壤中生存期长的放射性元素为主。

另外，根据污染物存在的状态，分为单一污染、复合污染及混合污染；根据污染物来源，分为农业物资（化肥、农药、农膜等）污染、工业三废（废水、废渣、废气）污染及城市生活废物（污水、固废、烟 / 尾气、废旧电池等）污染；根据污染场地（所），分为农田、矿区、工业区、老城区及填埋区等污染场区。

（3）土壤污染的特点

1）土壤污染具有隐蔽性和滞后性。污染以后不容易被发现，污染通过生物富集或食物链传递而具有滞后性。例如，发生在日本的由于镉污染造成的“痛痛病”事件在经历了几十年后才被人们所认识。

2）土壤污染具有累积性和地域性。污染物在土壤中的迁移能力比在大气和水体中都要弱，这使得污染物难以扩散和稀释。因此，各种污染物容易在土壤中不断积累而超标。我国西北地区的土壤环境好，而在工业密集的中南地区，工矿企业周边农区、污水灌区土壤污染严重，且以重金属污染为主。

3）土壤污染具有不可逆转性和长期性。许多污染物的转化作用是不可逆的，土壤污染的治理是一个长期的过程。

4）土壤污染具有难以治理的特性。因为土壤污染物的来源多样化，甚至有的土壤受到多种污染物的混合污染。

## 2. 土壤污染的危害

（1）对植物的影响

土壤污染会引起植物的吸收和代谢失调，影响农作物的生长发育而减产，造成严重的经济损失。据《河南商报》2011 年 4 月 2 日报道称，全国每年因重金属污染而减产粮食 1 200 万吨，另外被重金属污染的粮食每年也多达 1 200 万吨，直接经济损失超过 200 亿元。而这些粮食足以每年多养活 4 000 多万人，如图 3–3 所示。我国城市近郊土壤多数都受到了污染，其粮食、蔬菜、水果中镉、铬、砷、铅等重金属含量超标或接近临界值。土壤污染除影响食物的卫生品质外，也明显地影响到农作物的其他品质，如蔬菜的味道变差，易烂，甚至出现难闻的异味；农产品的储藏品质和加工品质不能满足深加工的要求等。

A12 \ 中国 \ 2011年4月2日 星期六

1200万吨！
重金属年污染粮食可养活珠三角
重金属渗入土壤后可残留数十年 电池行业是污染祸首

重金属污染中国10%耕地

珠三角40%农用地重金属超标

电池行业成重金属污染祸首

图3-3 2011年4月2日《河南商报》A12版相关报道

（2）对土壤生物的影响

重金属污染会破坏微生物种群，降低微生物活性。抑制微生物生长，进而影响土壤质量。

（3）对人体健康的影响

土壤会使污染物在植（作）物体中积累，并通过食物链富集到人体和动物体中，一些毒性大的污染物，如汞、镉等富集到作物果实中，人或牲畜食用后会发生中毒。还有病原体污染，包括寄生虫、传染性细菌和致病病毒等，可以把疾病直接传染给人，对人体健康的危害更为严重。另外，土壤被放射性物质污染后，通过放射性衰变，能产生 α、β、γ 射线，这些射线能穿透人体组织，使机体的一些组织细胞死亡，使受害者头昏、乏力、白细胞减少或增多、发生癌变等。这也是当前癌症多发的主要原因之一。

（4）对其他环境介质的影响

含重金属浓度较高的污染表土容易在风力和水力的作用下分别进入到大气和水体中，导致大气污染、地表水污染、地下水污染和生态系统退化等其他次生生态环境问题。

**典型案例："毒大米"与"镉麦"事件**

据《半月谈》2021年1月第1期报道，四川省又现镉超标大米。四川省德阳市下辖的绵竹市、什邡市等地化工企业集中，耕地镉污染严重，多年前镉大米曾经给德阳人民留下过“痛痛病”的痛苦回忆。德阳市作为全国四大磷矿生产基地之一，耕地污染严重。此前，发生在广东省韶关市、江西省九江市、湖南省益阳市、河南省新乡市等地的非法生产销售“镉米、镉麦”事件，也多与当地工矿企业生产导致流域性或区域性土壤污染有关。

河南省新乡市的“镉麦”事件：新乡市是中国小麦的主产区，当地宣称中国四分之一的小麦产自新乡。“新乡小麦”还获得了国家地理标志保护。同时，新乡市还被称为“中国电池工业之都”。据《科技日报》2017年6月报道，河南省新乡市部分地区收获的麦子存在数倍到十几倍的超标镉，2016年在新乡市发现的部分“镉麦”的最高镉含量超过国家标准的34.1倍，虽然当地已经关停了数百家“小散乱污”企业，电池生产已全面由高污染的镍镉电池转变为更环保的锂电池，但是在过去几十年时间里，当地电池产业的“粗放式”发展遗留了大量重金属污染问题，并通过水和大气进入土壤，其中就有镉。

案例剖析：镉是一种重金属，它通过工业废水排入土壤，从而在农作物中残留。人体摄入镉之后，会破坏肾脏的过滤、重吸收功能，最后导致肾衰竭。同时，在镉的干扰下，钙、磷等构成骨骼的有益物质，会被错误地过滤掉，会导致骨软化和骨质疏松。除了肾脏功能外，镉还会损伤身体其他机能，比如呼吸系统、神经系统、生殖系统……镉还是公认的强致癌物，可能诱发各类癌症；我国对农作物中镉限量的标准为：稻谷、糙米、大米为0.2毫克/千克，其余谷物及其制品为0.1毫克/千克。

土壤的清洁与否直接决定着食物食品的安全。要从源头上避免农作物镉污染，就要从严格规范企业生产做起。针对镉污染，停止在被污染的土地上种植粮食，改为种植其他非食用作物是目前唯一可行的办法。

## 二、土壤保护与污染防治

土壤污染的防治重点在防，防是根本、是目标；治是手段，是污染发生后的补救措施。

### 1. 土壤污染的防范

防范就是要控制土壤的污染源，具体的措施有：一是控制和消除工业三废的排放；二是合理使用化肥农药，包括科学施肥和配方施肥，使用无毒无害的农药；三是制定科学的土壤环境质量标准，2018 年我国颁布了《土壤环境质量 农用地土壤污染风险管控标准（试行）》（GB 15618—2018）、建设用地的质量标准按照《土壤环境质量 建设用地土壤污染风险管控标准（试行）》（GB 36600—2018）；四是建立监测系统网络，及时了解土壤环境质量，对发生的土壤污染状况采取措施。

### 2. 土壤污染通用修复技术

治理主要是对污染土壤的修复，可以分为物理修复技术、化学修复技术、生物修复技术和联合修复技术。

（1）物理修复技术

物理修复技术就是通过物理技术和手段，将污染物从土壤中去除或分离出来，使土壤恢复利用价值。

1）应用场景。物理修复技术多应用于有机污染土壤治理中，在无机污染治理中也常常得到应用。

2）技术原理。由于污染物与土壤之间物理性质（熔点、沸点、硬度、导电性、导热性、延展性、溶解性、密度等）的差异，借助物理手段将污染物从土壤中去除或分离。

3）技术分类。一般的土壤物理修复法主要有以下几种。

①直接换土法。用未受污染的土壤替换掉污染的土壤。这种方法直接高效，但造价高，适用于修复后利用价值很高的土壤，如景区花园、科研场所土壤等。

②热化法修复。通过直接加热、水蒸气加热、红外线加热、微波辐射加热等方式将土壤加热到一定的温度，让土壤中可挥发性的污染物迅速气化，再将这些可挥发性污染物收集，就可以降低土壤中污染物的浓度。热化法能耗高，要求土壤渗透性高，适用于可挥发性好的土壤污染物。一般只用于快速修复土壤，如医院、池塘、花园、科研单位的土壤。

③玻璃化修复方法。通过高温高压将土壤中污染物塑化成玻璃态，再通过一定的物理方法分离玻璃态物质。

④电极驱动修复法。对淤泥这类湿度较高的污染土壤，插入惰性石墨电极，通入直流电，使土壤中的重金属在外加电场的作用下发生定向移动，集中在一极，

再通过以上三种方法继续修复。

4）技能要点

①启动污染物识别流程。通过观察、调研确定土壤中污染物的类型，判定能否通过一种或多种修复技术达到土壤修复的目标。

②技术应用基础和前期准备。确定关键工艺参数，包括小试、中试试验，相似案例的对比分析等；确定实施工艺、方案；确定技术实施和监测的材料、设备装置、仪器、能源、水资源、实施空间等。

③主要实施过程。按工艺流程分步骤实施。

④运行维护和监测。保证设备装置正常运行，做好安全防护和二次污染控制。

（2）化学修复技术

化学修复技术是指向土壤中加入化学物质，通过化学反应去除土壤中的污染物或降低土壤中污染物的生物有效性或毒性的技术。

1）应用场景。主要应用于重金属污染土壤治理。

2）技术原理。通过加入化学试剂对重金属的吸附、氧化还原、拮抗或沉淀作用，降低重金属的生物有效性。

3）技术分类。化学修复常采用的方法有淋溶、钝化、阻控、土壤性能改良等，虽然效率较高，但可能产生二次污染。

淋溶技术是通过向污染土壤中注入淋溶剂，将污染物从土壤中溶解出来，然后转移至溶液中进一步处理。

钝化技术（基于重金属土壤化学行为的改良措施）是通过向污染土壤中添加重金属钝化剂来降低重金属在土壤中的溶解性、迁移能力和生物有效性。

阻控技术是利用硅、锰、锌等微量元素与重金属之间的竞争拮抗关系，不仅能有效抑制作物对重金属的吸收与转运，也能提供大量的营养元素，保证植物正常生长。

4）技能要点

①启动污染物识别流程。通过观察、调研确定土壤中污染物的类型，判定能

否通过化学修复技术达到土壤修复的目标。化学修复可用于修复严重污染的场地或污染源区域，对于污染物浓度较低的轻度污染区域，该技术并不经济。

②技术应用基础和前期准备。确定关键的经济有效的改良剂；确定关键工艺参数（pH 值、温度、加入顺序、加入待处理污染区域的面积、加入试剂的输送速率、修复目标值及地下含水层的特性等因素），包括小试、中试试验、相似案例的对比分析等；确定实施工艺、方案。

③主要实施过程。按工艺流程分步骤实施。

④运行维护和监测。保证设备装置正常运行，做好安全防护和二次污染控制。

（3）生物修复技术

生物修复技术是利用生物特有的分解或利用有毒有害物质的能力，去除或削减土壤中污染物的技术。

1）应用场景。主要应用于重金属污染和可分解有机物的土壤治理。

2）技术原理。是指通过生物富集作用或微生物的作用清除土壤和水体中的污染物，或是使污染物无害化的过程。它包括自然的和人为控制条件下的污染物降解或无害化过程。

3）技术分类。常用的有植物修复、动物修复、微生物修复，如利用超富集植物的重金属累积作用、微生物的代谢过程使重金属发生沉淀、转移、吸收、氧化还原等。生物修复成本较低，但修复周期较长。如图 3–4 所示为生物修复原理图。

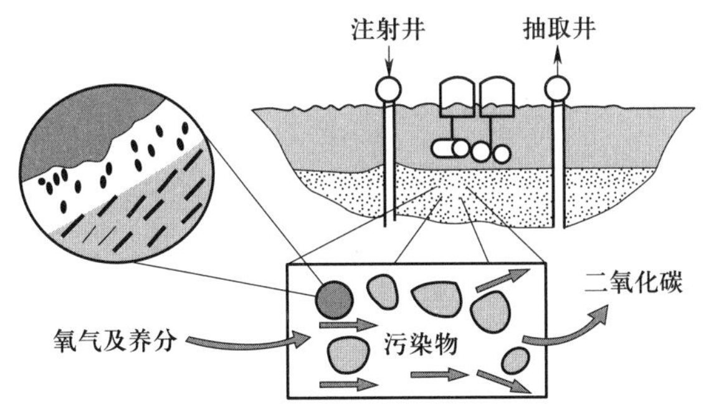


图 3–4　生物修复原理图

4）技能要点

①启动污染物识别流程。通过观察、调研确定土壤中污染物的类型，判定能

否通过生物修复技术达到土壤修复的目标。生物修复的修复周期较长，通常需要几年，因此要确定场地土壤结构是否符合生物修复技术要求。

②技术应用基础和前期准备。确定表层几米以下存在水位高度、饱和土壤、和低渗透性的土壤；确认污染物浓度范围与污染类型，高浓度重金属、高氯化有机物、长链碳氢化合物，可能对微生物有毒；需要控制场地的温度、pH 值、营养元素量等使之符合微生物的生存环境条件；确定实施工艺、方案。

③主要实施过程。按工艺流程分步骤实施。

④运行维护和监测。保证设备装置的正常运行，做好安全防护。

（4）联合修复技术

联合修复技术是应用两种或两种以上修复方法，如微生物（如细菌、真菌）—植物、动物（如蚯蚓）—植物、动物（如线虫）—微生物等联合修复的技术。联合修复可以克服单一修复的局限性，实现对多种污染物混合污染土壤的修复并兼顾质量与效率。

1）应用微生物—植物对污染土壤进行联合修复。多氯联苯（PCBs）是一种典型的持久性有机污染物，能通过食物链富集、放大对动物和人体造成的危害。例如，可通过接种根瘤菌、菌根真菌对多氯联苯污染土壤进行修复。

2）重金属—有机物复合污染是当今土壤污染中最普遍的一种。应用化学—生物联合修复技术可对重金属—有机物复合污染的土壤进行高效修复。受医用药品污染的农业耕地、菜园等含有农药、油类、有机洗涤剂、多环芳烃、重金属等，以有毒有机物污染为主。大部分的有机物可以通过光分解、热分解、化学分解、生物降解被去除。可以先采取微生物降解修复，加入表面活性剂或螯合剂，通过微生物的氨化、硝化、固氮及纤维素分解作用等生化过程去除污染土壤中可降解的农药、石油和其他有机污染物；对污染土壤中的重金属（能引起微生物生物量下降，微生物不能直接把它降解）和一些微生物难以降解的物质，如油类、有机溶剂、多环芳烃（如萘）、五氯苯酚（PCP）、一些农药及非水溶态氯化物（如三氯乙烯）等污染物，可以用原位氧化修复，通过添加化学氧化剂与污染物产生氧化反应，达到使污染物降低或转化为低毒、低移动性产物，从而降低土壤中的污染物浓度。

3）物理—化学联合修复技术，用环己烷和乙醇将污染土壤中的多环芳烃提出来，再进行光催化降解。利用催化—热脱附联合技术或微波热解—活性炭吸附技术可修复多氯联苯污染的土壤，可用光调节的二氧化钛催化修复农药污染土壤。

### 典型案例：上海某绿化地修复工程

土壤改良是一种对于污染土壤通过添加土壤改良剂和绿化种植，并采用土壤修复技术及其工程措施实施修复的方式。这种修复方式具有高效、廉价、安全、绿色的特点且修复效果好。

1. 项目概况

某厂区内的绿化区域土壤受到了严重污染，经调查取样，该区域土壤碱性偏高、有机质含量较低以及土壤板结问题严重，需要对该区域污染土壤进行治理修复。修复目标为《绿化种植土壤》（CJ/T 340—2011）的三级指标，即土壤 pH 值为 5.5～8.3，电导率为 0.15～1.2 毫西门子 / 厘米，有机质含量大于 1.2%。

2. 关键工艺及施工流程

土壤改良技术关键在于根据土壤的物化特性、污染类型选择相应的改良剂。土壤改良剂能有效降低污染物的水溶性、扩散性和生物有效性，减轻其对土壤环境的危害，同时还能调节土壤结构，增加土壤肥力效果。将脱硫石膏、醋渣等酸性材料以及木质素有机物按照一定比例配制成土壤改良剂，采用专业土壤筛分破碎设备对绿化土壤实施修复。种植具有修复作用且在工业场地适宜生长的绿化植物，如女贞、夹竹桃、美人蕉和红花酢浆草等绿色植物，在美化环境的同时，对绿化土壤实施植物修复，延长修复效果。

3. 土壤修复过程

施工准备→土壤挖掘、短驳与堆存→土壤预处→现场施工。

在土壤处理区，将污染土壤堆成 50～100 厘米高的土堆，添加土壤改良剂，将改良剂与污染土壤进行充分混匀，需要混合搅拌 3～5 次。然后，对土壤 pH 值、有机质含量、含水率以及土壤全盐量等指标进行多次检测，直至达到修复目标。

4. 环境恢复、验收及结论

种植绿化—验收监测— 结果分析。

在修复土壤上种植物。对土壤进行监测验收，其 pH 值由 8.87 降到 7.94，电导率由 0.30 毫西门子 / 厘米升到 0.63 毫西门子 / 厘米，有机质含量由 0.93% 升到 1.25%。

5. 结论

通过引入土壤修复和土壤改良的技术原理，采用“生物堆—土壤改良—植物修复”组合工艺技术，对受损绿化土壤实施修复。该修复方式不仅可以促进绿化改善，起到很好的绿化景观效果，对现场周围环境干扰较小，还能实现“边生产边修复”，可为其他同类工程项目的实施提供借鉴和参考。经委托专业机构监测，结论是总体修复效果良好。

## 3. 建设用地土壤污染修复技术

建设用地土壤污染修复技术主要有工程措施与非工程措施两大类。

（1）工程措施

工程措施包括原位修复、异位修复和异位处置等。如图 3–5 所示为几种常用土壤污染修复方法示意图。

污染场地修复的工作内容包括污染土壤评估、修复技术选择与方案制定、施工管理与运行、后续监测与修复效果评价四个部分。

1）污染土壤评估。主要依托《场地环境调查技术导则》（HJ 25.1—2014）、《场地环境监测技术导则》（HJ 25.2—2014）和《污染场地风险评估技术导则》（HJ 25.3—2014）进行污染场地资料收集与调查、现场踏勘、布点与采样、样品检测与分析和风险评估。

2）修复技术选择与方案制定。按照《污染场地土壤修复技术导则》（HJ 25.4—2014），主要从筛选的技术方法以及治理试验的小试、中试试验结果找到适合的技术方法和重要的工艺参数。

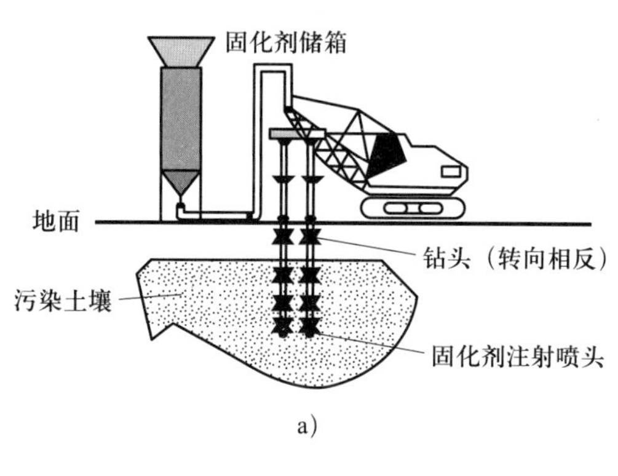


a）

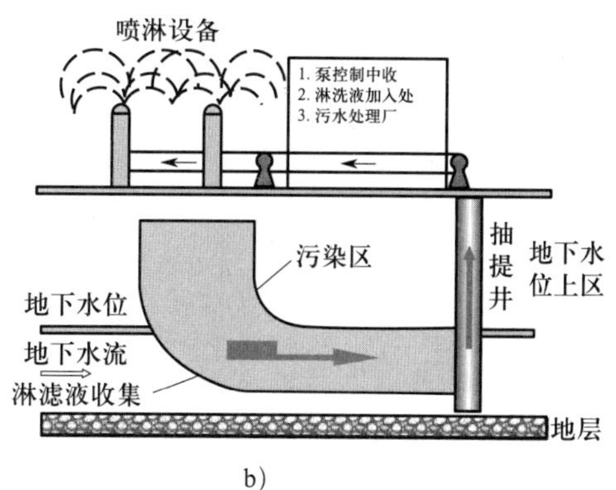


b）

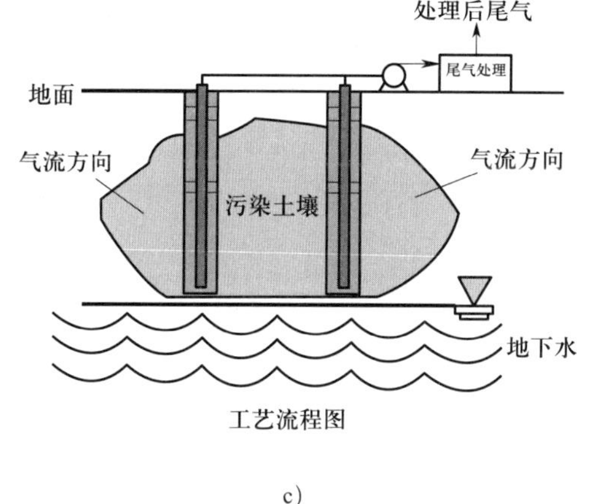


c）

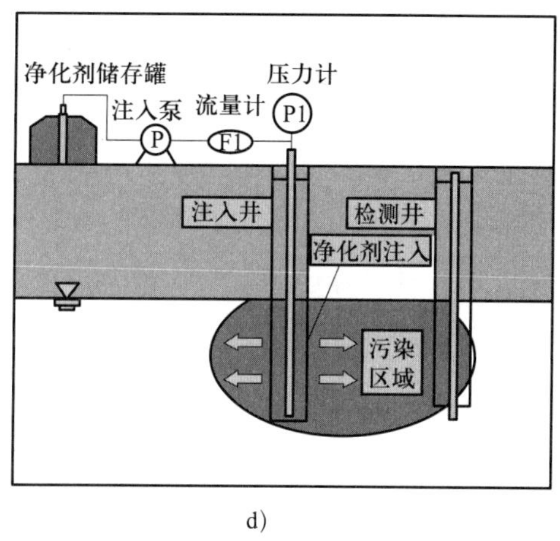


d）

图 3-5　几种常用土壤污染修复方法示意图

a）原位固化 / 稳定化土壤技术操作示意图　b）原位化学淋洗工艺流程图　c）气象抽提　d）化学氧化

3）施工管理与运行。主要包括详细修复方案制定、修复工程设计与施工、修复工程运行与维护和污染土壤清理。

4）后续监测与修复效果评价。修复效果达到《土壤环境质量　建设用地土壤污染风险管控标准（试行）》（GB 36600—2018）有关要求。

（2）非工程措施

非工程措施包括污染隔离、用地方式变更、污染受体防护和自然修复。

建设用地土壤污染治理与修复影响因素较多，要从土层深度、污染物特性、水文条件、土壤性质、废物产生及处置等各方面综合考虑来制定修复方案。

## 典型案例：污染土壤治理及改良

1. 项目简介

湖南省永州市“零陵区智慧农业综合体项目”要求对项目区域重金属污染的530亩土地进行治理。

2. 修复方法

为物理修复与微生物钝化修复技术相结合的联合修复。土壤修复剂按500千克/亩的量进行修复，生物修复液按500毫升/亩的量进行投入。通过施撒土壤改良剂，辅助深耕细耙、土壤消毒、增施有机肥等方式，增加土壤有机质、氮磷钾含量，提升土壤肥力和耕地质量。每亩施植物性有机肥1.5吨，有机质含量450～500克/千克；施动物性有机肥0.5吨，有机质含量150～250克/千克，加速土壤熟化；土壤改良剂按350千克/亩的量进行改良。

3. 治理任务与治理方案

（1）治理任务

土壤重金属治理与修复，土壤酸度调节，土壤改良。

（2）治理方案

采用深耕翻匀的物理修复技术和微生物修复技术等修复土壤，使土壤中污染物浓度符合土壤修复目标值，从而降低重金属含量及其活性和改善土壤物化生环境以提升土壤质量。具体技术流程如图3-6所示。

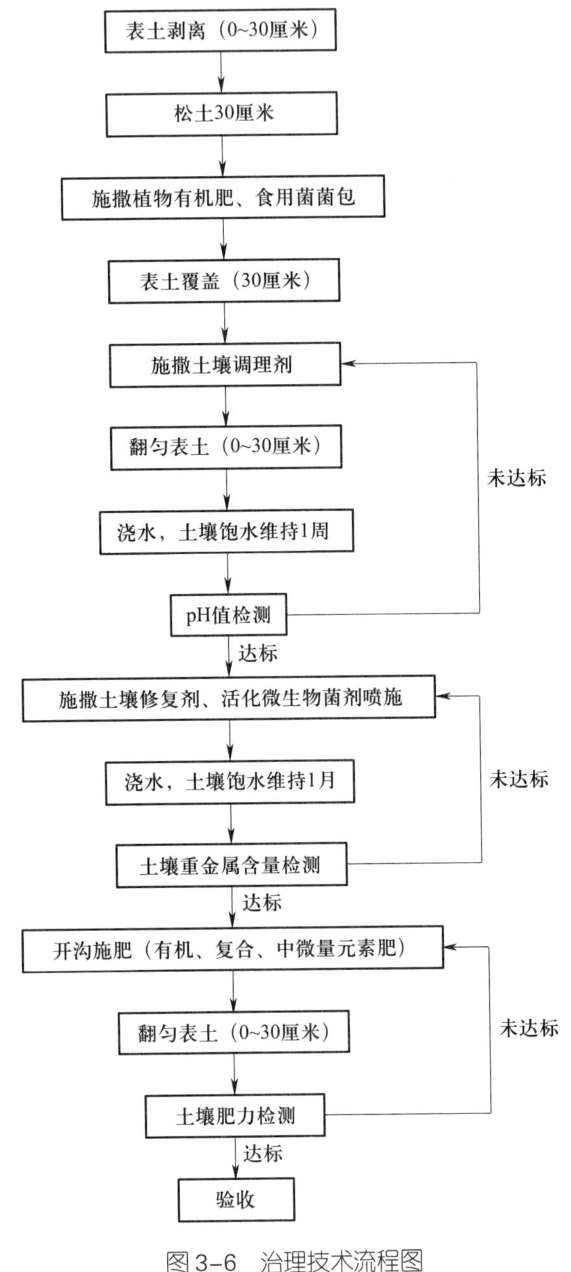


图3-6　治理技术流程图

4. 治理成果评价及结论

治理后，区域内所有地块的土壤重金属含量指标全面下降到风险筛选值以下。区域内土壤 pH 值在 5.7～6.2，治理目标基本达成。项目区域内土壤养分等级达到国家土壤养分含量分级标准的三级标准，超过治理目标值的四级要求，达到治理目标。

项目开发后形成的新增耕地，综合等级 8.4 级，属于国家自然等，高于全国平均水平。

## 即学即用

1. 造成土壤污染的人为污染源有哪些?

2. 物理修复技术的应用场景与技能要点是什么?

3. 建设用地土壤污染修复措施主要有哪几类?

# 能源资源节约与保护利用

**学习目标**

1. 了解能源资源相关基本知识、法律法规，并能用于实践。
2. 掌握化石能源在生产、生活中的节约与高效利用的基本方法。
3. 了解新能源替代化石能源的意义，能依据需要选用新能源技术与方法。
4. 掌握最常用的电能节约与高效利用的技术与方法。

## 4.1 能源资源概述

### 一、能源资源基本知识

#### 1. 能源的定义与术语

（1）定义

《节约能源法》中所称能源，是指煤炭、石油、天然气、生物质能和电力、热力以及其他直接或者通过加工、转换而取得有用能的各种资源。

（2）术语

《节约能源法》中所称节约能源（以下简称节能），是指加强用能管理，采取技术上可行、经济上合理以及环境和社会可以承受的措施，从能源生产到消费的各个环节，降低消耗、减少损失和污染物排放、制止浪费，从而有效、合理利用能源。

### 2. 能源的分类与特性

（1）能源的多样性

1）能源按其来源可分为以下几种。

①来自地球外部天体的能源（主要是太阳能）。辐射能、风能、水能、波浪能、海流能、生物能和矿物能源（煤炭、石油、天然气等化石燃料）等都是由太阳能转换来的。

②地球本身蕴藏的能量，如原子核能、地热能等。

③地球和其他天体相互作用而产生的能量，如潮汐能。

2）能源按其形成方式可分为以下几种。

①一次能源（也称初级能源、天然能源），是指自然界以天然形式存在的能源，如太阳能、风能、水能、生物质能、海洋能和煤炭、石油、天然气、油页岩等化石燃料，以及地热能、核能、潮汐能。为便于输送、使用及环境保护需要，常将一次能源加工或转换为二次能源。

②二次能源（也称次级能源、人工能源），是指由一次能源经加工转换而成的其他形式和种类的能源，如焦炭、煤气、电力、蒸汽、氢能、乙醇，以及汽油、煤油、柴油、重油等。二次能源具有输送、使用方便，清洁等优点。

3）能源按其使用后是否污染环境可分为：污染型能源和清洁型能源。污染型能源有煤炭、石油等，清洁型能源有水力、电力、太阳能、风能以及核能等。

4）能源按其使用情况可分为以下几种。

①常规能源，是指已被人类利用多年，现仍在大量使用的能源，如一次能源（煤炭、石油、天然气和水能、生物能等）和二次能源（包括光能、电能、热能和机械能）。

②新能源，也称非常规能源，是指传统化石能源之外，尚在积极研究开发中的各种能源形式，如太阳能、风能、地热能、海洋能、生物质能、氢能和核聚变能等。其特点为：分布广、资源丰富，可循环再生，绿色环保。随着开发利用技术的进步，新能源有望得到大规模开发利用并将逐步替代传统化石能源，成为未来世界可持续能源体系的重要基础。

5）能源按其能否在自然界循环再生可分为以下几种。

①再生能源，是指自然界生态循环中能不断再生，并有规律地得到补充，不会枯竭的一次能源，包括太阳能、水能、风能、生物质能、海洋能和地热能等。

②非再生能源，是指自然界经亿万年形成的，随着人类不断开采而枯竭的，短期内无法复生的一次能源，包括煤炭、石油、天然气等化石燃料和核燃料。

6）能源按其理化性质可分为辐射能（直接太阳辐射）、运动能（水力、潮汐、风力、波浪等）、生物能（木材、油脂等）、化学能（煤、石油、天然气等）、原子能（铀、钚、锂）、传导能（地热、温泉等）。

世界能源委员会（WEC）推荐的能源类型分为：固体燃料、液体燃料、气体燃料、水能、电能、太阳能、生物质能、风能、核能、海洋能和地热能。

我们可以从能源的不同分类感知到能源的多样性。

（2）能源的转化性

由于电力传输、使用方便，我们通常把化石燃料或原子能转化为电力来使用。下面以火力发电为例，来看看化学能是如何转化为电能的，如图 4–1 所示。

1）化石能源燃烧产生热能，热能被锅炉中的水吸收并形成热蒸汽。

2）热蒸汽推动汽轮机旋转转化为机械能。

3）汽轮机转子带动发电机转动切割磁场产生电能。

由此可知，不同能源之间可以在能量守恒的前提下进行相互转化。

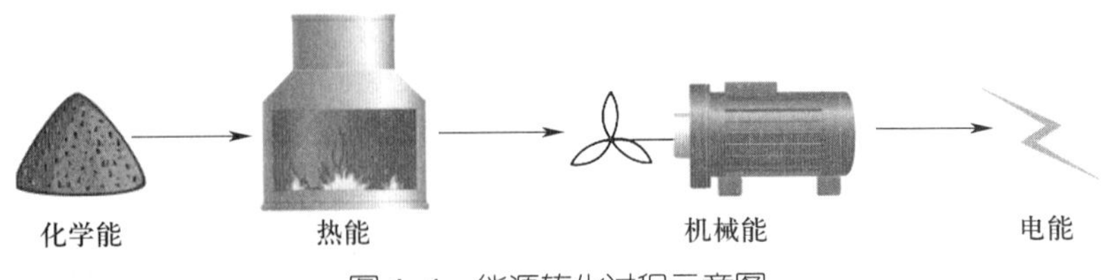

图 4–1　能源转化过程示意图

类似地，风力发电把动能转化为电能；水力发电把势能转化为电能；太阳能发电把太阳能转化为电能；电池把化学能转化为电能。反之，电能也能转化成各种能量，如电灯把电能转化为热能、光能；热水器、电饭锅、电暖片把电能转化为热能；电扇、洗衣机等把电能转化为动能。

（3）能源的不均匀性

地球上任何一种能源都有明显的地区差异，存在分布的不均匀性。如我国的青海、甘肃有丰富的太阳能；80% 煤炭在北方（其中 64% 煤炭在华北地区），10% 在西南，江南 8 省只占 2%；98% 石油在北方；60% 天然气在四川。

（4）能源的双重性

各种能源都有它的优势和不足。例如，化石能源是促使经济发展的重要资源，同时又是造成环境污染的主要来源。

### 3. 能源的特点与污染现状

（1）能源资源特点

我国能源资源的特点是，种类丰富、以煤为主、油气较少。煤炭资源丰富，储量居世界第二；石油、天然气相对短缺，依赖进口；可再生能源充沛，但开发程度有待进一步提升。

（2）能源污染现状

由于我国大气污染物中最主要的三种污染物二氧化硫、氮氧化物、烟（粉）尘等颗粒物均是由化石燃料燃烧产生的，所以我们可以从空气质量指标来了解能源污染的排放情况。从生态环境部 2021 年公布的数据可知，我国 339 个地级及以上城市中，空气质量达标城市从 2015 年的 73 个上升至 218 个，优良天数比例达到 87.5%。由此可知，我国由能源排放引起的空气污染已经得到显著改善。

## 二、能源资源法律法规

### 1. 法律体系

我国已初步建立了能源资源管理法律体系，由《宪法》和《环境保护法》中的相关条款，以及《节约能源法》《可再生能源法》《循环经济促进法》《清洁生产促进法》《煤炭法》《石油天然气管道保护法》《电力法》《核安全法》等法律及其配套行政法规、大量地方性法规和行政规章构成。

《宪法》中“国家厉行节约，反对浪费”“国家保护和改善生活环境和生态环境，防治污染和其他公害”“加强宏观调控”等规定，为国家推行节能减排提供了立法依据。《环境保护法》提出国家要采取有利于节约和循环利用资源的经济、技术政策和措施，倡导公民采取低碳、节俭的生活方式。《节约能源法》明确了节能管理部门、固定资产投资项目审批或核准机关、节能产品监督部门、各用能单位的法律责任。此外，《电力法》《煤炭法》等也有涉及能源节约和合理利用的规定。

### 2. 相关制度与标准

（1）《节约能源法》

该法规定实行节能目标责任制和节能考核评价制度；实行固定资产投资项目节能评估和审查制度。此外，还有落后高耗能产品、设备和生产工艺淘汰制度、能效标识管理制度、节能产品认证制度、分类节能规制制度等。

（2）《建筑节能与可再生能源利用通用规范》（GB 55015—2021）

该标准是为执行国家有关节约能源、保护生态环境、应对气候变化的法律、法规，落实碳达峰、碳中和决策部署，提高能源资源利用效率，推动可再生能源利用，降低建筑碳排放，营造良好的建筑室内环境，满足经济社会高质量发展的需要而制定的。

（3）《工业园区循环经济评价规范》（GB/T 33567—2017）

该规范规定了工业园区循环经济评价的要求和循环经济指数计算方法，对改善园区资源能源利用效率，提高园区资源产出率和循环利用率，降低工业园区环境负荷具有重要意义。

### 即学即用

1. 能源资源是如何进行分类的？国家为什么要推行节能减排？

2. 为什么说人类所需的绝大部分能量都直接或间接地来自太阳？

3. 请简要描述我国的能源资源储量、消耗及主要污染物排放量情况。

# 4.2 绿色低碳新能源应用

## 一、太阳能应用

### 1. 太阳能利用方法

（1）太阳能直接用来加热

如图 4–2 所示为太阳能热水器，吸热管出水口在水箱上部，吸热管进水口与水箱下部相连，阳光照射到吸热管对冷水进行循环加热。

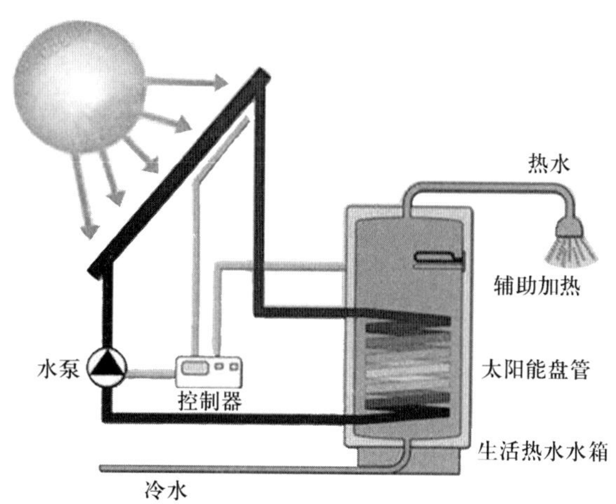


图 4–2 太阳能热水器示意图

（2）太阳能转化为电能

如图 4–3 所示为太阳能发电系统中光伏板发电原理，将多块光伏板相连组成阵列，光伏板在阳光照射下产生的直流电，通过逆变器转化为交流电，再经升压变压器升压后输送至电网，通过电网输电线路将电能传输到用电端。

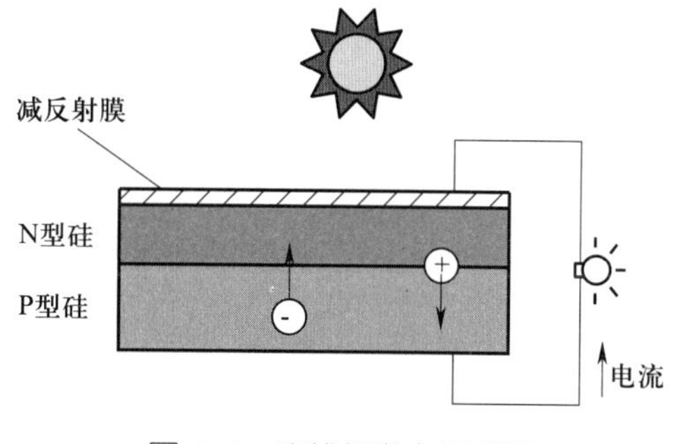


图 4–3 光伏板发电原理图

### 2. 太阳能优缺点

太阳能的优点包括安装灵活、绿色环保、运行可靠、维护成本低。太阳能的缺点包括发电量不稳定，受季节、天气影响，占地多、受地域影响大。

### 3.“光伏 +”综合利用模式

“光伏 +”模式，即光伏发电同其他领域相结合，如农业、畜牧业等行业占有大量土地，在这些土地上建光伏电站，既不影响原行业，又可利用光伏发电。

**典型案例：光伏 + 智能温室大棚**

背景介绍：某县拥有蔬菜大棚 26 个，占地超过 18 000 平方米，近年来由于只采用传统种植方法，产量利润与应用现代农业技术的种植户有较大差异，亟待改进。

解决办法：针对该县蔬菜大棚不具备供电条件的现状，为提升产量利润，决定建设“光伏 + 智能温室大棚”，用光伏发电设备实现就地供电。即在大棚顶端建设光伏发电设施，将发电的光伏组件置于大棚顶端，所发电能直接用于现代农业种养设施的用电。

实施效果：“光伏 + 智能温室大棚”，在实施中除“智能温控系统，通过传感器实施准确监控大棚温度外”，还将“菜鱼共生”立体循环养殖技术应用在了智能温室大棚建设中，将鱼的排泄物等转化成蔬菜肥料，并实现了水的净化。改造后，农产品品质和产量得到大幅提升，蔬菜产量超过 400 万千克，鱼虾产量超过 370 万千克。每年可发电约 1 200 万度，与燃煤发电厂相比每年减排二氧化碳约 1.15 万吨、氮氧化物约 169.33 吨、二氧化硫 316.25 吨。

## 二、风能应用

### 1. 风能利用方法

（1）风能可以转化为机械能

当风吹向桨叶时，桨叶上产生气动力驱动风轮转动，风轮再通过联动装置驱动其他机械设施，如利用风车进行抽水、磨粉等。

（2）风能也可以转化为电能

首先由风轮得到恒定转速，再通过升速器驱动发电机构均匀转动，进而将机械能转变为电能，如图 4–4 所示。

图 4-4 风力发电

风机驱动跟风力大小有着直接的关系，那么风力资源较少的地区可否利用风能发电呢？这个问题可以使用低风速技术解决，通过变桨距控制策略、优化叶片的气动外形、机组轻量化等一系列技术手段，可大幅提高机组性能，实现低风速下利用风能。

### 2. 风能优缺点

风能的优点包括绿色环保，无有害气体排放；占地面积小，风机底部区域可以用于其他生产目的；运维成本低，且风机可用时长和可靠性也在不断提升。风能的缺点包括不稳定，受到季节、天气、昼夜交替等影响；产生噪声污染；对野生动物构成威胁，导致鸟类和蝙蝠死亡率升高。

## 三、氢能应用

### 1. 制氢方法

（1）化石燃料（天然气）制氢

该方法是一种传统的制氢方法，会排放二氧化碳（$CO_2$）。

（2）甲醇重整制氢

该方法其原料来源广、工艺成熟，投资低、无污染。

（3）工业副产品制氢

该方法是从焦化工业副产物焦炉煤气中提取纯氢气。

（4）电解水制氢

该方法技术成熟、方法简单、效率高，但成本也高。

## 典型案例：风电光伏制氢

由于电解水制氢需要大量的电能，同时风电和光伏发电由于波动大无法得到有效消纳，于是风电和光伏发电配套制氢就成为了应用方向，利用风能和太阳能充盈时的余电水解并压缩氢气，可显著降低电解水的制氢成本，如图 4–5 所示。

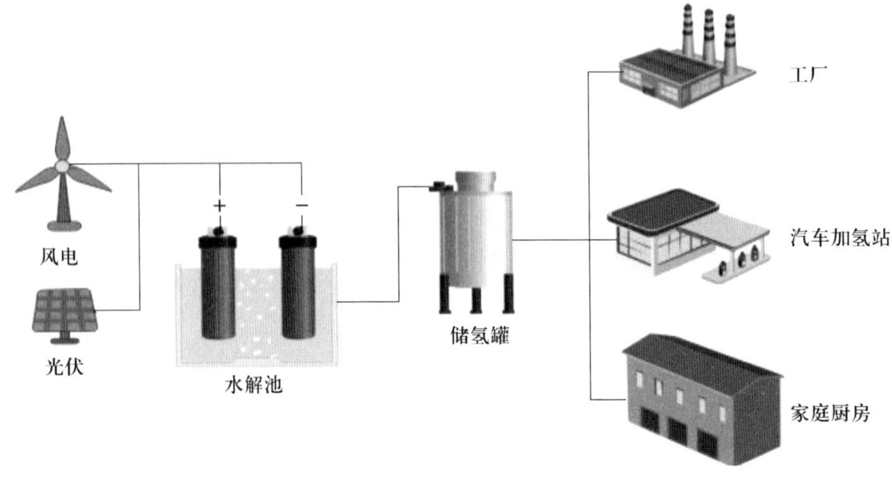


图 4–5　风电光伏制氢

### 2. 氢能利用方法

（1）氢能通过燃烧产热

制氢装置通过电解水的方式产生氢气。由于氢的热值很高，可以直接作为燃料，在炼钢、化工、水泥等工业中被广泛应用。

（2）氢能可以进行发电

氢燃料电池发电工作原理如图 4–6 所示。水和氢气输入负极，经催化剂催化，氢气分解成氢离子和电子，由于质子交换膜仅能通过质子，故分解产生的氢离子经交换膜来到正极，电子则由负极通过一根导线进入阴极，此时压缩后的氧气同时进入阴极，经催化后同电子、氢离子结合成水，形成反应的闭环，此时电子从负极流向正极，便可以产生源源不断的电流。

### 3. 氢能优缺点

氢能具有很多优点，包括易于点燃，热值高；没有毒性，燃烧产物是水，清洁环保，可以循环利用；氢可以利用气液固等多种形式进行储存。氢能也存在一

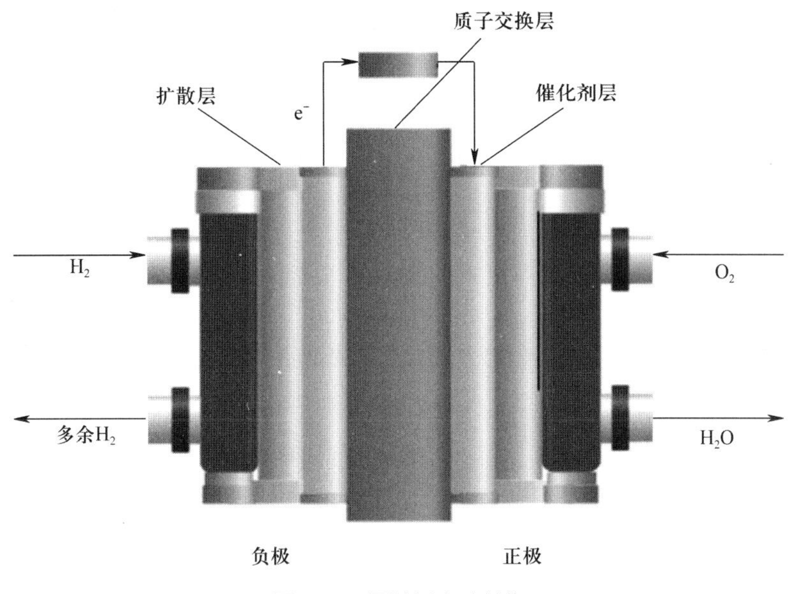


图 4-6　氢燃料电池结构

些不足，包括电解水需要大量的电能，而且反应所需催化剂价格昂贵；氢气属于易燃易爆气体，高压储存时会存在一些安全问题。

### 典型案例：海上风电制氢

背景介绍：沿海某地离岸 90 千米处修建有一海上风电场，装机容量为 800 兆瓦。发出的风电经由海上高压直流输电系统送至岸上进行消纳，海上电缆的损耗超过 5%，且风电波动性较大，岸上电网存在较大的消纳压力，亟待改进。

解决办法：利用海上风能制氢技术，将波动的风能转化为易储存的氢能，并且对氢能进行直接利用，不仅避免了风电大规模并网的风险，也可以实现离岸电能的高效输送。

实施效果：将风电、制氢、储氢结合形成一个综合海上风电制氢站，底部修建导管，上部平台装设电解设备，用于生产绿色氢气并通过管道外送。当陆地上有氢气需求时，将海上平台制造的氢气直接通过管道输送到陆地上；当需求较小时，将氢气储存于海底盐穴里，等能源需求大时再送出。利用海上输气管道，传输损耗可降低到 0.1% 以下。

小知识：盐穴是盐矿开采后留下的矿洞，体积巨大且密封良好。利用水溶开采方式在地下较厚的盐层或盐丘中采矿后会形成地下洞穴，高温高压下的盐具有将裂缝自动愈合的特点，一段时间后地下盐穴就成了很好的密封储存库，所以，盐穴可以安全、高效和可靠地长时间储存大量能量，可用于储存石油、天然气以及氢气等。

## 四、生物能应用

### 1. 生物能利用方式

对于生物能的应用，主要是以生物残留物或其发酵产物作为燃料，其中又可以分为直接燃烧、热化学转换、生物化学转换三个大类。

（1）直接燃烧方式

直接燃烧就是通过燃烧直接对废弃木柴的生物能进行利用，如烧柴灶。

（2）热化学转换方式

是在一定条件下，将生物质原料气化、液化或者碳化，形成可以直接燃烧的燃料，如农林废弃物气化发电、生物质颗粒碳化燃料等。

（3）生物化学转换方式

生物化学转换是利用厌氧发酵制取甲烷等燃料。例如，沼气制取：将秸秆、粪便等废料聚集在沼气池（见图 4–7）中，保持封闭，利用厌氧菌对废料中的有机物进行分解并产生沼气。沼气是一种以甲烷为主要成分的可燃性混合气体。在农村秸秆燃烧引起空气污染，牲畜粪便难以处理，而生物能技术正好一举两得。沼气热值较高，相比于氢气等可燃气体更不易爆炸，相对安全系数更高。

图 4–7　沼气池

### 2. 生物能优缺点

生物能的优点包括：我国农业发达，提供了大量廉价燃料；生物质是可再生能源，取之不尽、用之不竭；将垃圾等难以处理的有机物转化为燃料，实现废物利用。生物能的缺点包括：生物能发电补贴力度相比光伏发电较低，燃料成本升高；废料、垃圾处理不当会带来恶臭、水体污染等污染问题。

**典型案例：鸡粪发电厂**

背景介绍：养鸡为某县支柱产业，全县养殖肉鸡数量超过 4 000 万只，每天产生的鸡粪超过 2 000 吨，虽然将鸡粪用于农业肥料可以消耗一部分，但如此庞大数量的鸡粪处理仍然是一个问题，亟待新方法。

解决办法：因鸡粪成分中 25% 以上为有机物，非常适合采用生物化学转换或热化学转换的方式进行利用，由于该县鸡粪供应量充足，适合建立鸡粪发电厂。在处理废料的同时，还可提供县内的电力供应。剩余的鸡粪仍可以作为肥料进行开发，实现农业循环生态系统。

实施效果：通过建立鸡粪发电厂，将鸡粪和秸秆等有机物混合当作燃料燃烧发电，该发电厂每天可消耗鸡粪超过 400 吨，年消耗量在 80 万吨以上，年发电量达 1 亿多度。另外，剩余的鸡粪用于鱼类养殖，以及药材种植培育，实现了生物质能的多方面利用。

## 即学即用

1. 列举出其他可以利用“光伏 +”模式的场景。

2. 列举出我国当前主要的风力发电场。

3. 列举出氢能在交通领域有哪些应用方法。

4. 调研所在城市的垃圾处理厂处理模式，是否有生物发电功能？

# 4.3 能源资源节约与高效利用

## 一、能源节用原则

### 1. 可再生能源代替

可再生能源代替即尽量选择用其他可再生能源代替传统化石能源，该方法在4.2 有所介绍。

### 2. 保护资源、合理开采

对于石油、煤等化石能源来说，利于开发且储量大的油田、矿山数量极为有限，我们应当加强现代化能源资源基地的建设，采用智能化、集中化技术，高效有序地对资源进行绿色开采。

### 3. 高效使用、综合开发

很显然，通过技术升级减少损耗，使单位数量的资源产出更高的能量、更多的产品，这样可以最直观地节约能源资源。

### 4. 能量和资源的回收

能量和资源的回收即使用能源时，应对其产出的能量或衍生物进行回收利用，进一步提升能源使用效率，并且做到绿色环保。

## 二、化石能源生产节约利用

基于能源节用原则，可以在多个环节内有效节约化石能源资源。

### 1. 化石能源合理开采

（1）煤炭开采

煤炭开采区会释放大量瓦斯，而瓦斯也是一种燃料，所以，煤炭资源可以和瓦斯资源进行联合开采。在煤矿开采之前，可以从煤层中抽采瓦斯，有效采集瓦斯资源的同时又减小了煤矿的安全隐患；如果不具备在煤矿开采之前抽采瓦斯的条件，那么可以首先进行一部分的煤矿开采，煤层的压力随之降低，大量瓦斯释放到采空区内，此时再将瓦斯从采空区内抽采出去。

（2）石油开采

以前我国油田主要采用注水开采的方式，造成了油田的高含水状态，并且油水不相溶形成的毛细作用力导致岩石缝隙中的原油很难被驱动，亟需采用新的方法。例如，应用二氧化碳驱油技术，即把二氧化碳注入油层中以提高油田采油率的技术，原理如图 4–8 所示。二氧化碳溶于油后，原油体积膨胀、黏度降低，残余油更易被抽出；油水界面的张力下降，附在岩石上的原油更易洗掉，从而顺利地驱向生产井；油水黏度比得到改善，提高了水驱效率。

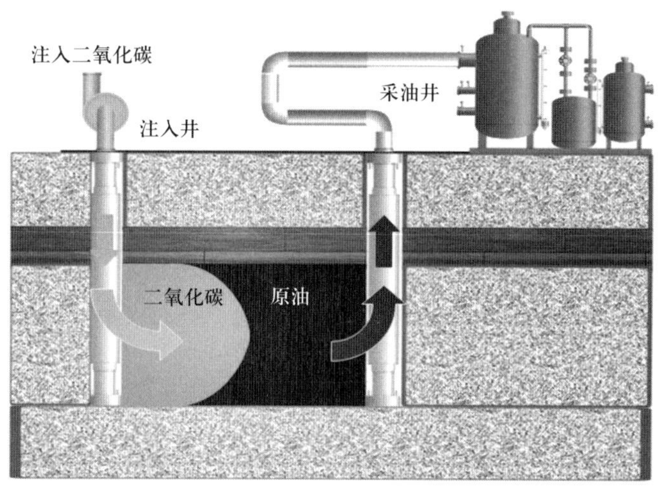


图 4–8　二氧化碳驱油技术工作原理图

二氧化碳驱油技术不仅提高了油田的产油率，还实现了对二氧化碳的封存处理，能有效助力我国实现碳中和目标。

### 2. 化石能源高效使用

（1）煤炭

煤炭被称为化工原料之母，除了直接做燃料外，还可制油、天然气、乙二醇等特殊化学品等。应用煤炭分质分级梯级利用技术，可实现煤的综合高效使用。低阶煤热值较低，杂质多，燃烧过程中会产生大量污染物，我国半数以上产煤均为低阶煤，所以，低阶煤的开发利用越来越受到重视。2022 年 1 月 29 日，国家发展改革委、国家能源局发布《关于印发〈“十四五”现代能源体系规划〉的通知》（发改能源〔2022〕210 号），明确提出“推进煤炭分质分级梯级利用”。

煤炭分质分级利用后可生成煤气、焦油、半焦三种物质，煤中的硫分降低至50%，同时获得气、液、固三种形式的煤炭能源。在此基础上，进一步加工生产其他产品，从而实现低阶煤资源的最大化利用。煤炭分级利用简单流程如图4–9所示。

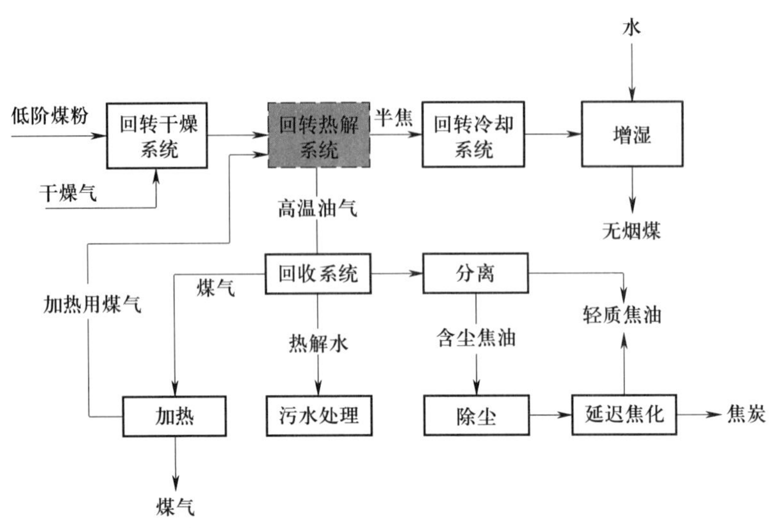


图4–9　煤炭分级利用简单流程图

（2）石油

要实现石油的综合高效使用，需要对劣质原油进行高效加工，其中加氢裂化是比较典型的方法，即在劣质原油中加入氢，劣质原油在催化剂的作用下将转化为汽油、柴油、煤油等高品位的轻质油。此外，还应大幅弱化石油的燃烧属性，利用新能源汽车等新能源取代交通用油方式，把更多的石油用于化工用品开发，如通过石油催化裂解生产烯烃/芳烃等。

### 3. 化石能源能量回收

工业耗能占据了我国能源消耗总量的七成以上，工业生产中化石能源燃烧产生大量热量，但超过一半的耗能以各种形式的余热被直接废弃，不仅大大降低了化石能源资源的使用效率，也加剧了城市的热污染问题。对余热进行有效的二次利用，是对现有能源资源的保护和再利用，工业余热分类见表4–1。

烟气余热分布广泛，潜力巨大，是余热回收的重要研究方向。以烟气余热回收为例，带有余热的烟气通过烟气入口进入烟气换热器中，并通过热传递加热进入烟气换热器的冷水，冷水升温形成取暖热水后进入主泵站，再与空气进行热传递，从而实现取暖的作用。如图4–10所示为烟气余热回收工作原理图。

表 4-1　工业余热分类

| 余热来源 | 定义及特点 |
|---|---|
| 烟气 | 多为各种锅炉燃烧产生，余热量大，广泛存在于各工业行业中 |
| 冷却剂 | 工业生产中由于存在气冷、水冷、油冷等冷却方式，冷却剂含有余热 |
| 废气、废水 | 工业生产中产生的蒸气或凝结水含的余热 |
| 化学反应 | 化工行业内化学反应产热 |
| 高温产品或炉渣 | 煤炭行业中的焦炭、石化行业中的油气产品所自带的热量 |
| 可燃废气废料 | 工业生产中产生的可以燃烧的废气、废液、废渣 |

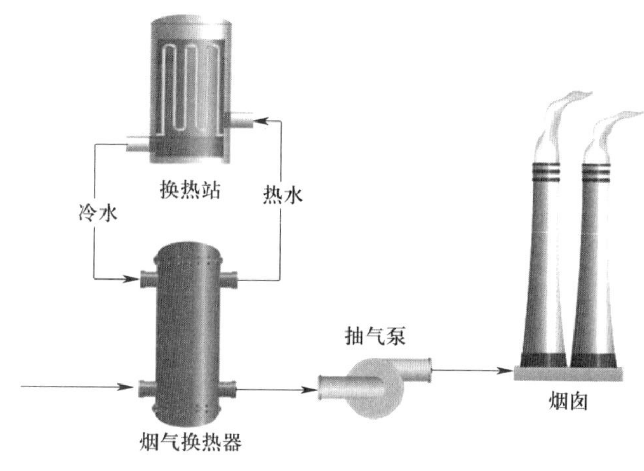


图 4-10　烟气余热回收工作原理图

## 三、化石能源生活节约利用

日常生活中可从以下几方面节约能源：一是选择公共交通低碳出行；二是正确选择和使用化石能源耗能设备；三是通过碳足迹计算，规范行为，减少碳排放量。

### 1. 低碳出行

要形成绿色交通发展新格局，个人选用公交低碳出行，就是对绿色交通建设的最大支持，下面介绍几种低碳出行方式。

（1）选择绿色环保的交通方式

根据路程远近，选择步行、骑行或公交、高铁等出行方式。路程 1 千米以内步行、3 千米以内骑行、5 千米以内选择公交；5 ~ 40 千米可选择公交、地铁，充分利用换乘站、综合换乘枢纽以及 TOD（即在大型综合换乘枢纽的基础上构建商业中心和生活社区，如图 4–11 所示）等；40 千米以上的城际出行，可选择火车、高铁、动车等，尽量少选燃油汽车或飞机。

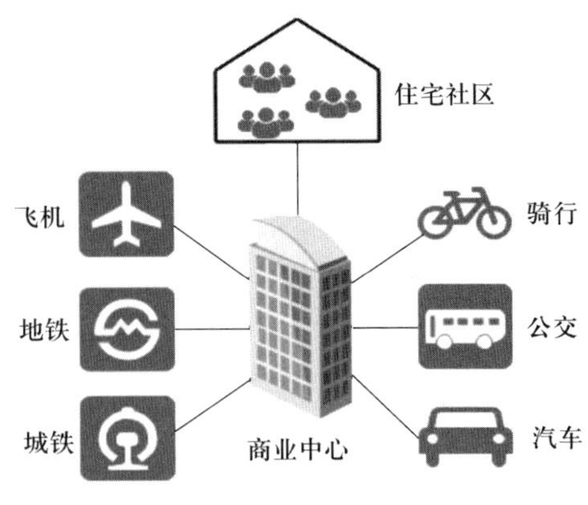

图 4–11　TOD 示意图

（2）优化私家车出行方式

私家车尽量选择新能源车。如果是燃油汽车，应注意节油驾驶，做到避免急停急起，轻踩刹车、轻踩油门使汽车匀速行驶；自动挡汽车在长下坡或者塞车等低速行车情况下应挂 L 挡；夏天开空调前先开窗开门通风散热；高速行驶时，不开车窗；每日检测胎压；不要长时间怠速，驻车时应及时熄火。

（3）低碳差旅

外出时，除交通低碳环保以外，还应携带环保用具、住低碳酒店做到不用塑料袋；不用一次性牙膏、牙刷、浴帽等；选择有节水、节电及垃圾回收措施的低碳酒店。

### 2. 正确选择家用耗能设备

通过能效标识，选择高效、节能的耗能设备，如燃气热水器、燃气灶、壁挂炉、冰箱等。如图 4–12 所示为中国能效标识。

图 4–12　中国能效标识

对于不同类型的耗能产品，其能效标识的具体内容各有不同，我们可通过能效等级快速判断产品的节能水平。一般情况下，能效等级分为三级或者五级，等级数越小，产品节能效果越好，超过能效标识最大等级的产品不允许生产和销售。由于一级能效的产品价格较高，因此，对于五级能效标准的产品而言，二三级能效的产品性价比最高。

### 3. 碳足迹的计算方法

当前主流的碳足迹计算方法主要是过程分析

法。其步骤如下：

第一步，建立产品的制造流程图，图中应包含产品从原材料处理，到产品制造，最后成品运输的整个过程，以及每个环节所需要的原料及活动。如图 4–13 所示为某聚氯乙烯（PVC）产品制造流程。

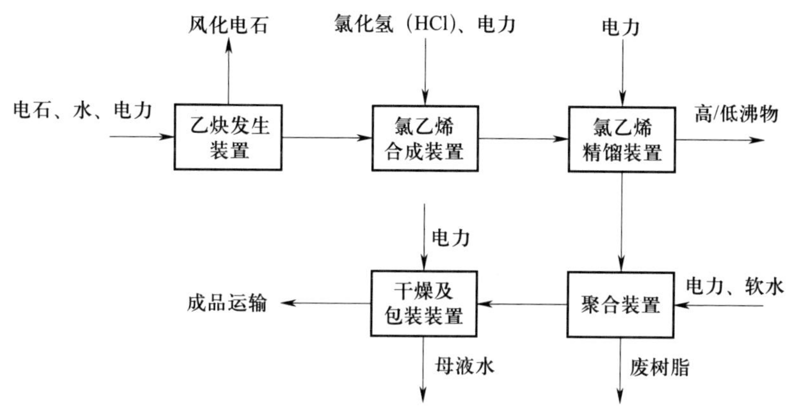


图 4–13　聚氯乙烯（PVC）产品制造流程图

第二步，限定计算边界。在产品制造过程中不是所有活动和原料都要进入碳足迹计算，所以要确定产品碳足迹计算边界。界定原则是要包含生产、使用、处理过程中直接和间接产生的碳排放，如图 4–13 所示的电力、氯化氢（HCl）、成品运输等。

第三步，收集边界内活动与原料的数据，主要分为活动水平数据和物质排放因子两类。活动水平数据表示每种活动中能源或原料的消耗量，应由实测得到；物质排放因子表示单位能源或原料下产生的二氧化碳量，可以在中国碳核算数据库等专业网站进行查询。

第四步，利用公式 $E=\sum_{i=1}^{n} Q_i \times C_i$ 计算碳足迹，其中 $E$ 为产品碳足迹，$Q_i$ 为活动水平数据，$C_i$ 为物质排放因子，$n$ 为边界内活动和原料的种类数。

除上述的碳足迹计算方法外，还有一些与碳相关的研究机构开发了碳足迹计算器，如图 4–14 所示为中国科学院大气物理研究所碳足迹研究小组开发的碳足迹计算器。可以扫二维码或进入网站，在界面内的选项选择自己的真实情况，就可以得到个人的碳足迹数据了。

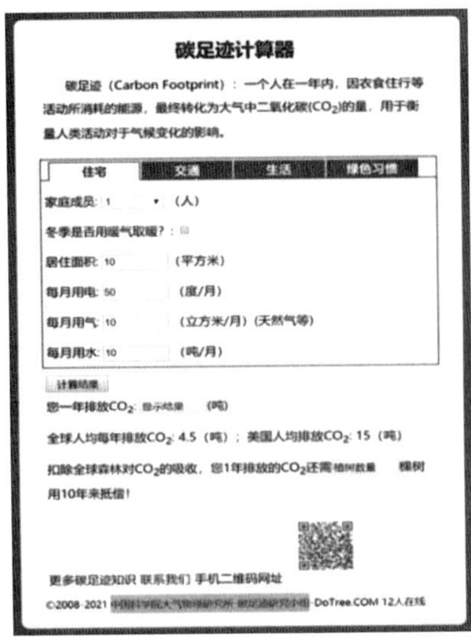

图 4–14　中国科学院大气物理研究所开发的碳足迹计算器

## 四、电能节约利用

化石燃料被开采出后，有的直接作为燃料，有的则通过发电设备转化为了二次能源——电能。截至 2021 年，我国火力发电量占全国发电总量的 70% 左右，所以，节省电能也就是间接节约了化石燃料。

### 1. 电能生产节约利用

（1）输配电节能技术

1）高压输电。在相同条件下，输电电压越高，线路损耗越少。超过 ± 800 千伏的直流电和 1 000 千伏的交流电称为特高压，我国的特高压技术居于世界领先地位。

2）无功补偿。可降低线路损耗。一种是将电容器串联在线路上，多应用于高电压远距离输电；另一种是将电容器并联接入电网，多应用于用户设备侧。

3）谐波抑制。可降低设备损耗。无源滤波器由电感和电容串并联组成，结构简单，可靠性高；有源滤波器则是一种动态抑制谐波和补充无功的电子装置。

4）分布式发电。是指直接接入配电网的或分布在用户附近的小容量发电系统的集合，系统里包括电池、小型柴油机、小型风光储甚至是新能源汽车等。分布式电源与负荷直接相邻，减少了线路损耗；系统间彼此相对独立，不易扩大事故范围；参与的设备数量较少，容量较小，方便启停以实现自动控制。

（2）峰谷电价差的应用

电能不易大量储存，当用电负荷小时，大量的电能被浪费掉；当用电负荷大时，产出的电无法覆盖负荷需求。为了减少用电量随时间的波动，国家用峰谷电价的经济手段来调配用电量，这样企业会主动在谷段用电，尽量不在峰段用电。例如，冷冻企业通过调整蓄冷设备的用电时段（谷段制冷，峰段停用），可节约成本；也可在谷段进行储能，在峰段进行使用或反向售电至电网，如抽水蓄能、压缩空气储能、超级电容器、锂电池以及水解制氢气储能等。

## 2. 电能生活节约利用

（1）正确选择家电的能效等级

家电的能效等级选择方法同“正确选择家用耗能设备”所述。

（2）空气源热泵使用

除传统空调以外，可以选择节能高效的空气源热泵产品。空气源热泵技术工作过程如图 4–15 所示。

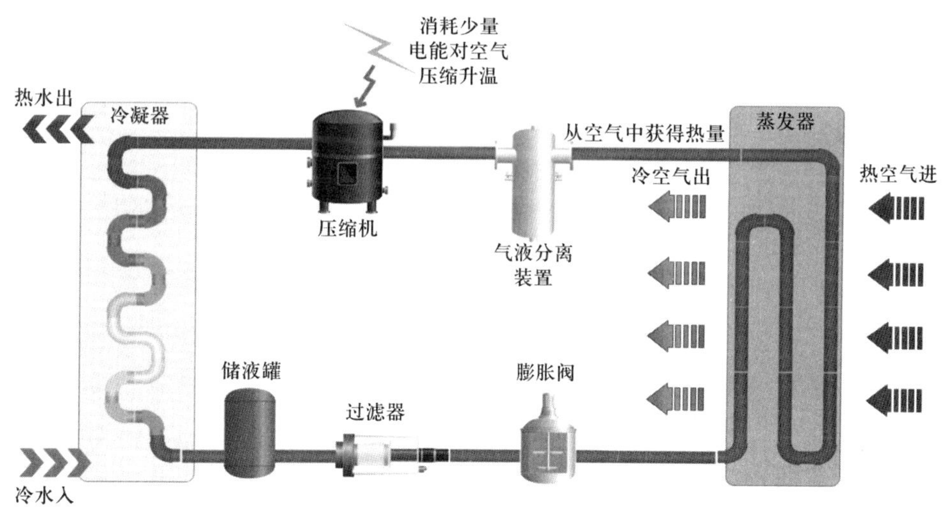


图 4–15　空气源热泵技术工作过程

散热片在空气中吸收热量，压缩机启动，将循环系统中的低温低压冷媒压缩为高温高压冷媒并排出；高温高压冷媒进入冷凝器后同里边的冷水进行热交换，热水再由冷凝器排出，以供取暖使用；热交换后的冷媒进入压力较低的膨胀阀，此时冷媒在低压下蒸发吸热，并进入蒸发器吸收外界的热空气，达到制冷的效果。

空气源热泵适用温度范围广，一年四季均可使用，可以不受天气的影响持续进行加热；运行成本低，仅需耗费压缩机使用的电能，可以节省近七成的能源。

2022 年北京冬奥会中，国家冰雪运动训练科研基地就采用了空气能为场馆供暖，每年可实现 100 余吨二氧化碳减排，预计每年节省 180 万度电。

（3）新能源汽车选用与使用

新能源汽车在 8 年 15 万千米的质保期内，正确使用可有效延长电池的使用寿命，将电池衰减可控制在 20% 左右，提升电动车的续航能力。

1）正确选用。新能源汽车的选用主要从电池、电动机、控制器及生产厂家的实力这几方面来考虑，其中，电池对车的性能影响最大。目前，新能源汽车装配的锂电池类型主要为磷酸铁锂电池和三元锂电池，其主要指标比对如下：一是电池能量密度，三元锂电池（240 瓦时 / 千克）＞磷酸铁锂电池（140 瓦时 / 千克）；二是安全性，磷酸铁锂电池＞三元锂电池；三是使用寿命，磷酸铁锂电池（10 年）＞三元锂电池（6 年）；四是低温性能，三元锂电池（下限 −30 ℃，里程衰减 15%）＞磷酸铁锂电池（下限 −20 ℃，里程衰减 40%）；五是成本，三元锂电池 > 磷酸铁锂电池。综上所述，南方地区可选磷酸铁锂电池的电动车，安全及性价比高；北方地区可选三元锂电池的电动车，低温性能更好。

2）合理使用

①少快充，多慢充。电池的充电原理是在外部电能的作用下将锂离子从电芯正极迁移到电芯负极。快充与慢充会使锂离子的迁移速度不同，特别是低温快充，会降低电池使用寿命。用交流慢充桩慢充，可有效延长电池使用寿命。

②浅充浅放。因为电池循环次数是从完全放电到完全充满算一个循环，其间可多次充电，所以，电池循环次数不等于充电次数。锂电池的一个重要特性就是深度放电的程度越小，使用寿命越长。所以，尽量浅充浅放，电池电量在 50% ~ 80% 时充电效果最佳，可延长电池使用寿命。

③使用存放避免高低温环境。较高、较低的温度下使用与存放都会加剧电池的损坏，导致锂电池的使用寿命缩短。

④避免深度馈电。当新能源汽车长时间停放时，应定期对电池进行充电补电，

否则，馈电时间拖得越长，电池的损坏就越严重。

⑤定期检查。一些电池、电动机、控制器的问题需要专业仪器定期检查，如续航里程骤降，就可能是由于锂电池出现故障导致，需及时处理。

⑥合理驾驶。冬季行车启动后应低速行驶 3 ~ 5 分钟，或给电池预热，让电池处于合适的工作温度；减少激烈驾驶，以免影响电池使用寿命；正确设置能量回收，能量回收是电动车特有的功能，平均可以增加 12% ~ 20% 的续航。是否开启能量回收模式，与刹车的频率密切相关，城市拥堵路段、多红绿灯路段、地形多变的山地都适合进行能量回收，高速公路上行驶时，很少进行刹车，可不用能量回收。

### 典型案例：川渝地区高温极端天气节能应急方案

2022 年 8 月开始，我国 26 个城市最高气温冲破 40 ℃。川渝多地最高气温破同期纪录，其中，重庆市北碚区最高气温达 45 ℃，创历史新高，全市多达 66 条河流断流；涪陵、南川、江津、巴南等多个区连续出现山火；四川省简阳市最高气温历史极值被刷新 9 次。国家连续发布高温预警 41 天、红色高温预警 12 天；高温影响的国土面积达 450 万平方千米；218 个观测站点突破高温历史极值。

8 月川渝地区因严重的电力缺口，出现了工商业用户大范围停电和部分居民家中停电的情况。以四川为例，由于其电力 80% 来自水电，在 2022 年极端高温及历史同期最少的降水量、最高的电力负荷三者叠加的情况下，造成了四川全省电能严重短缺。其空调用电负荷超过了总负荷的 40%，全省用电峰值超过 6 500 万千瓦，同比增长 25%。为保障生活用电，川渝地区电力部门采取了一系列的应对措施。

1. 对工商业用户实施错峰用电措施

白天工厂停工停产，晚上生产，当电力缺口仍不能缩小时，全天暂停工厂生产，优先保障民用电和商业用电。

2. 对商业用电进行限制

例如，重庆某商场（包括公寓楼）实行阶段性停电，A、B、C 区实施分时段停电，在非停电时段，也要满足能耗减半使用要求。此外，早上营业后推迟一个小时开中央空调，歇业前一个小时关中央空调；下午三点到五点半期间，采取关停至少一半空调或者有序关停 30 分钟至一个小时，将温度调高到 28 ℃以压减负

荷；其余时间顾客少的时候尽量把负荷压到最低。当电力缺口仍不能缩小时，就调整商场营业时间，让电于民。

3. 如果形势仍然严峻，就对住户进行户内分时分段停电，停电时间在 30～45 分钟，尽量减少对居民生活的影响。

## 即学即用

1. 制定两个从上海市南京路至重庆市朝天门的公共交通方案，并比较碳排放值。

2. 根据实际需求，挑选一款市面上符合节能减排要求的燃气热水器。

3. 用碳足迹计算器，计算自己当前能源使用习惯下的碳足迹，提出改进方案。

# 矿产及生物资源节用与保护

**学习目标**

1. 了解矿产及生物资源基本知识、相关法律法规，并能用于实践。
2. 了解矿产资源绿色开采技术，知道最常用的节用与保护技术与方法。
3. 了解生物资源利用与保护知识，能选用最常用有效利用生物资源的技术与方法。

## 5.1 矿产及生物资源概述

### 一、矿产及生物资源基本知识

#### 1. 矿产及生物资源的定义与术语

（1）定义

矿产资源又名矿物资源，是指由地质作用形成的，存在于地壳内部、埋藏于地下或露于地表，具有开发利用价值的，呈固态、液态和气态的自然资源。





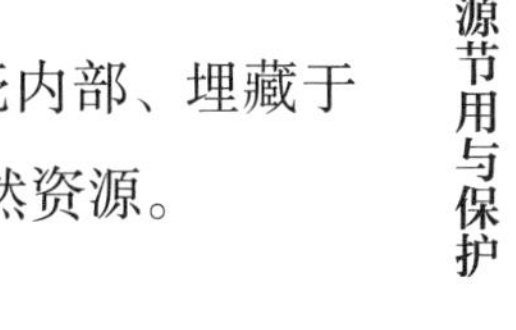

生物资源是对人类具有实际或潜在用途或价值的遗传资源、生物体或其部分、生物群体或生态系统中任何其他生物组成部分。

（2）术语

1）矿产资源开发利用“三率”指标。“三率”指标是指矿山开采回采率、选矿回收率和综合利用率等三项指标，是评价矿山企业开发利用矿产资源效果的主要指标。

2）生物多样性。生物来源主要包括陆地、海洋和其他水生生态系统及其所构成的生态综合体。生物多样性包括遗传（基因）多样性、物种多样性、生态系统多样性三个层次。

### 2. 矿产资源的特性与分类

（1）矿产资源特性

现在，人类已经发现了约 3 000 种矿物。矿产资源具有以下特性。

1）耗竭性（或叫不可再生性、可枯竭性）。矿产资源是经亿万年的地质变化形成的，所以，必须节约使用矿产资源，以实现人类社会的可持续发展。

2）隐蔽性、分布不均衡性和可变化性。由于大多矿产资源埋藏于地下，其成矿原理具有复杂性和特殊性，因此，许多矿产资源在地壳中的分布有局部集中的现象，某一个区域富含矿产资源，而另一个区域却没有矿产资源。

（2）矿产资源分类

矿产资源可按物质形态、用途及特性等进行分类，见表 5-1。

**表 5-1 矿产资源分类表**

| 分类方式 | 分类名称 |
| --- | --- |
| 按物质形态分 | 1. 固态矿产（如煤矿、铀矿、铁矿）<br>2. 液态矿产（如石油、地下水）<br>3. 气态矿产（如天然气） |
| 固态矿产按用途分 | 1. 能源矿产（如煤矿、铀矿）<br>2. 非能源矿产（如铜矿、铁矿） |
| 能源矿产按其形态分 | 1. 固态矿产（如煤炭、铀矿）<br>2. 液态矿产（如石油）<br>3. 气态矿产（如天然气） |

续表

| 分类方式 | 分类名称 |
|---|---|
| 非能源矿产按特性分 | 1. 金属矿产（如铜矿、铁矿）<br>2. 非金属矿产（如磷、金刚石、石灰石、花岗岩、大理岩、水晶、黏土等） |
| 金属矿产 | 1. 黑色金属（铁、锰、铬、钒、钛）<br>2. 有色金属（铜、铅、锌、镍、钴、钨、锡、钼、铋、锑）<br>3. 轻金属（铝、镁）<br>4. 贵金属（金、银、铂）<br>5. 放射性金属（铀、钍、镭）<br>6. 稀有金属（铌、钽、锂、铍、锆、镱、铯、锶）<br>7. 分散金属（锗、镓、铊、镉、铟、镝、铼、铪） |

### 3. 生物资源特点与分类

（1）生物资源的特点

生物资源是具有生命的有机体，是生物长期进化的产物，包括森林、草地、湿地等，它具有与其他资源不同的特性。

1）系统性。生物个体离不开种群，种群离不开群落，群落离不开生态系统。各生物物种间相互联系、相互制约，从而达到一个自然平衡，若明显改变生态系统内任何一种生物的个体数量都可能影响生态系统的稳定，如人类为获取棕榈油（冰淇淋、饼干、牙膏等都含棕榈油），砍伐热带雨林，种植棕榈树，引发水土流失，破坏了野生动物的栖息地，影响了整个生态系统，导致一些物种濒危。

2）再生性。生物资源的再生具有一定的周期性。以植物为例，有一年、二年和多年生植物，乔木的更新时间可达几十年，甚至上百年。当资源消耗的速度超过资源再生速度时，就会破坏生物体循环往复、自我恢复的能力，即失去其再生性。

3）地域性。生物资源有明显的地域性。并非所有生物都能在任何地方生长发育，同一种生物资源在不同地区，其资源的数量和质量也有差异，如“橘生淮南则为橘，生于淮北则为枳”，橘子和枳都属于同种基因生物，但生长地不同成了不同的品种，二者食用品质有明显差异。因此，对生物资源的利用要因地制宜。

4）周期性。生物资源的数量和质量存在周期性变化的特点。例如，“秋分谷子割不得，寒露谷子养不得”，秋分时，谷子看似成熟，但不能急于收割，因为此时谷粒不饱满；寒露时，谷物已熟透，正是收割的好时候，如果不收，谷粒就会自然脱落。因此，对生物资源的利用要因时制宜。

5）有限性。生物资源在数量上是有限的。尽管生物资源有再生能力，但其再生能力是有限的，若人类过度消耗生物资源，当种群个体少于一定量时，就会失去遗传基因无法再生，会导致该物种的灭绝。例如，20 世纪的禾花雀被当做害鸟捕杀，全球禾花雀的野外种群数量骤降了 95%，目前，禾花雀已被列为濒危物种。

（2）生物资源的分类

按照生态功能差异，生物资源可分为植物资源、动物资源和微生物资源。在植物资源中又可以群落的生态外貌特征划分为森林资源、草原资源、荒漠资源和沼泽资源等。按照生态类型差异，生物资源可分为森林生物资源、草原生物资源、沙漠生物资源、湿地生物资源、海洋生物资源、内陆水域生物资源。按照人类利用方式，生物资源可分为食用类生物资源、药用类生物资源、工业生物资源、农业生物资源、环境类生物资源、观赏生物资源、实验动物资源、天敌生物资源、种质（遗传）资源等。

**知识拓展：国际生物多样性日**

《生物多样性公约》缔约方第一次会议 1994 年 11 月在巴哈马召开，会议建议将 12 月 29 日（即公约生效日）定为“国际生物多样性日”。1994 年 12 月 29 日，联合国大会 49/119 号决议案宣布从 1995 年起，将每年的 12 月 29 日确定为“国际生物多样性日”。2001 年 5 月 17 日，根据第 55 届联合国大会第 201 号决议，国际生物多样性日改为每年 5 月 22 日。

## 二、矿产及生物资源现状

### 1. 矿产资源现状

在世界经济中 95% 以上的能源、80% 以上的工业原料和 70% 以上的农业生产资料，来自于矿产资源。矿产资源不仅是经济发展的基础，也是国家安全的保障。

中国是矿产资源大国，也是矿业大国，目前，已发现矿产 173 种，能源矿产 13 种，金属矿产 59 种，非金属矿产 95 种，水气矿产 6 种。探明资源储量的 162 种，品种较为齐全，勘查开发体系完整，主要矿产品储量丰富。已查明的矿产资源总量和煤炭、铁、铜、铝、钒、钼、钨、锡、锑、稀土、锶、萤石等20多种矿产的查明储量居世界前列。中国原油和天然气产量分别居世界第7位和第6位，原煤、钒、铅、锌、钼、钨、锡、锑、金、稀土、菱镁矿、石膏、石墨、重晶石、萤石等开采量连续多年居世界第一。

同时，中国又是世界矿产资源消费的第一大国，中国有30种矿产消费量位居世界第一，5种矿产消费量位居世界第二，5种矿产消费量位居世界第三位到第六位，只有钨、稀土等少数矿种能满足国内需求，石油、富铁矿、铜矿、铬铁矿、铝、富锰、钾盐等相对贫乏，甚至严重短缺，无法满足我国经济发展的需要。所以，中国矿产资源的现状是“总量丰富，人均资源保有量少”。

近年来，我国矿产资源节约与综合利用水平得到了显著提升。例如，有色金属选矿回收达到了较高水平；尾矿利用和再生金属利用量快速增长；贫赤铁矿、褐铁矿、菱铁矿等复杂难处理铁矿选矿技术处于世界领先水平；尾矿排放量呈下降趋势，综合利用率逐年提高；煤炭行业矿山煤矸石综合利用成效明显，煤系共伴生资源综合利用率不断提高。

我国的废旧金属约有100亿吨，若对其回收利用，可有效减少原矿资源的消耗并减少污染。《“十四五”原材料工业发展规划》提出了积极利用“城市矿产”发展循环经济。完善再生资源相关标准和政策，畅通废旧金属进口渠道，支持企业建立废旧金属回收基地和产业集聚区，实现再生资源对原生矿产的有效补充。

### 2. 生物资源现状

中国是世界上生物资源最丰富的国家之一，并且具有种类丰富、生态系统多样、特有种类繁多和开发历史悠久等特点。近年来，中国在生物多样性保护领域开展了一系列卓有成效的工作，包括秉持人与自然和谐共生理念、提高生物多样性保护成效、提升生物多样性治理能力、深化全球生物多样性保护合作等方面，但中国的生物多样性仍存在以下几方面的威胁。

（1）生境退化

当排污排废、损害植被等造成生态环境破坏时，会导致许多物种的栖息地减少；当生态系统受到威胁时，会造成湿地退化；当海洋受污染时，会造成海洋物种及其栖息地不断丧失，海洋渔业资源减少。

（2）过度开发

根据联合国粮食和农业组织的估计，全球超过 70% 的鱼类已经完全开发或濒临枯竭；人类对木材和木制品的需求，导致大面积的树林消失；人口的激增，导致开采生物资源的速度已超越资源的可再生速度；由于对野生物种的非法采伐、捕杀，有些生物已经灭绝或成为濒危物种。

（3）环境污染

环境污染直接阻碍生物个体的生长发育，使生物种群丧失生存或繁衍能力，进而导致生物多样性减少、栖息地环境恶化、生物间相互关系改变，破坏整个生态系统的结构和功能；人类活动导致全球变暖，自然界的动植物可能因无法适应气候的急剧变化而做适应性转移，导致一些物种在原栖息地消失，更有一些对生存环境极其敏感的物种因无法快速适应环境变化而灭绝。

（4）物种入侵

外来入侵物种能够迅速繁殖，淘汰原生物种，对生态、经济及社会均造成损害。外来物种可能经由货物的运输过程，或因人为蓄意释放（如遗弃的宠物或放生仪式），而被引入新的生态系统。截至目前，我国已发现 660 多种外来入侵物种，其中，71 种对我国自然生态系统造成了威胁，每年入侵物种所造成的直接经济损失已经达到 1 183 亿元。

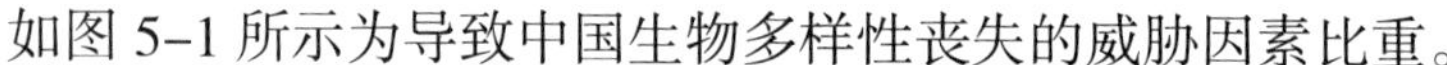
如图 5-1 所示为导致中国生物多样性丧失的威胁因素比重。

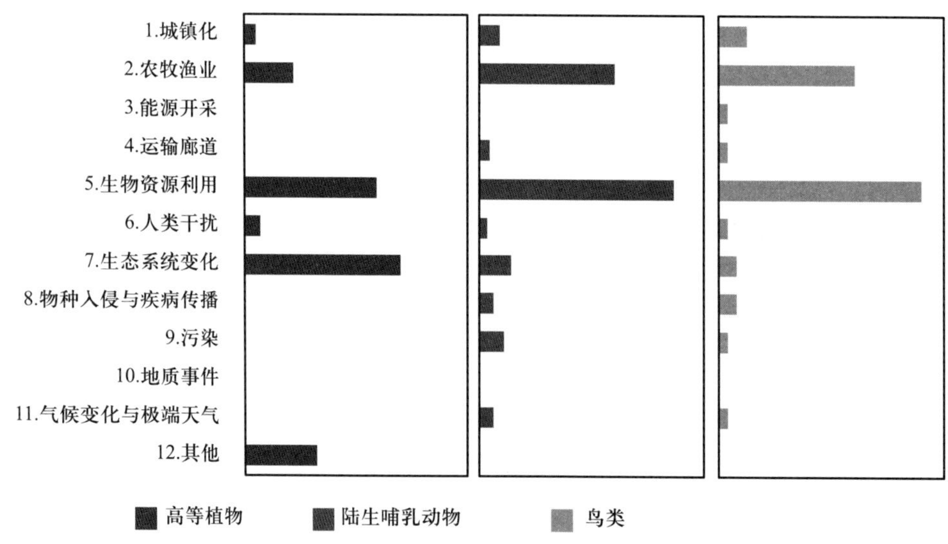


图 5-1　导致中国生物多样性丧失的威胁因素比重

**知识拓展:《生物多样性公约》《中国的生物多样性保护》**

《生物多样性公约》英文名为 Convention on Biological Diversity，缩写 CBD，是一项有法律约束力的多边环境条约。CBD 于 1992 年在联合国环发大会上通过，并于 1993 年生效。CBD 现有缔约方 196 个，我国是最早加入 CBD 的缔约方之一。CBD 有三大目标：保护生物多样性、持久使用生物多样性组成成分、公平合理分享由利用遗传资源而产生的惠益。

2021 年 10 月，国务院新闻办公室发表了《中国的生物多样性保护》白皮书，生物多样性是人类赖以生存和发展的基础，是地球生命共同体的血脉和根基。

白皮书介绍了我国生物多样性保护的政策理念、重要举措和进展成效等。

**即学即用**

1. 搜集生活中常见的矿产和生物资源，了解它们的作用或功能。

2.《“十四五”原材料工业发展规划》积极利用“城市矿产”的意义是什么?

3. 谈谈你对矿产和生物资源保护利用的理解。

# 5.2 矿产资源保护与节用

## 一、矿产资源保护与节用法律法规

### 1. 法律法规

我国已经建立了以《宪法》为基础，以《矿产资源法》为核心法律，以《矿产资源法实施细则》《矿产资源开采登记管理办法》《矿产资源勘查区块登记管理办法》《矿产资源监督管理暂行办法》等为主要配套性行政法规，以《矿产资源保护条例》《矿产资源管理条例》等地方性法规为补充的矿产资源保护法律法规体系。

1986 年,《矿产资源法》的颁布实施标志着中国矿产资源保护步入了有法可依的轨道，确立了矿产资源归国家所有、实行集中统一管理、坚持有偿使用和依法勘查开采等矿产资源保护的基本原则。1996 年,《矿产资源法》通过第一次修正；2009 年,《矿产资源法》通过第二次修正，更加强调国家对矿产资源实行统一规





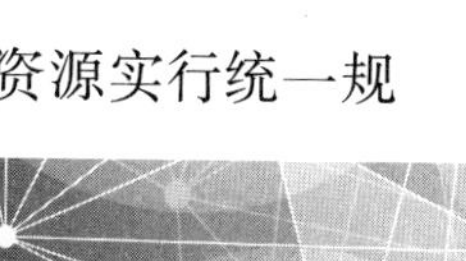

划、有效保护、合理开采、综合利用的基本方针。

### 2. 相关规定

矿产资源的开采对环境及人体造成诸多影响，如占用土地、破坏植被和土地平整性、污染地下水体和地表水体等。为保证合理开发利用矿产资源，突出对矿区生态环境的保护，与此相关的立法内容有：

（1）开采矿产资源，须采取合理的开采顺序、开采方法和选矿工艺；在开采主要矿产的同时，对具有工业价值的共生和伴生矿产应当统一规划，综合开采，综合利用，防止浪费；对暂时不能综合开采或必须同时采出而暂时还不能综合利用的矿产以及含有有用组分的尾矿，应采取有效的保护措施，防止损失破坏。

（2）集体矿山企业和个体采矿应当提高技术水平，提高矿产资源回收率，禁止乱挖滥采，破坏矿产资源；开采矿产资源，必须遵守有关环境保护的法律规定，同时应当节约用地，耕地、草原、林地因采矿受到破坏的，矿山企业应当因地制宜地采取复垦利用、植树种草或者其他利用措施。

（3）勘查、开采矿产资源时，发现具有重大科学文化价值的罕见地质现象以及文化古迹，应当加以保护并及时报告有关部门。

## 二、矿产资源保护与节用

### 1. 矿产资源开采与环境保护

我国是矿业生产与资源消耗大国，由于过去在矿业生产中的野蛮开采，开采者对生态环境的不负责，尾矿、岩石等废弃不用，曾造成过大量资源的浪费与环境污染。我们应推广使用绿色开采技术，以避免在开采中出现以下环境问题。

（1）诱发地质灾害

矿产开采后会使地下变空或地面开挖后使边坡倾斜，使山体、斜坡的稳定性变差，造成地面塌陷、开裂、崩塌和滑坡等。开采留下的废石、废渣堆积在山坡或沟谷之中，极易造成滑坡、崩塌、泥石流等地质灾害。

（2）造成水体污染

矿产开采中产生的废气、废水、废渣等会对矿区的水体造成污染，如生产矿坑水，雨淋废石场后渗流污水，选矿厂洗矿污水会造成矿物污染、酸碱污染、有机物污染、细菌污染和放射性污染等。同时，由于开采造成的矿区塌陷、石岩裂缝，会引起地下水水位下降，破坏水的循环，水利设施原有功能丧失。当有害物质或放射性元素进入地表水、地下水时就会造成水体污染。

（3）引发土壤污染

金属矿废弃物中含有各类重金属，有的还含有放射性物质。废弃物中的重金属或放射性物质会随雨水渗透于土壤中，引发土壤污染。

（4）引发土壤退化

矿产开采使土壤的物理、化学特征或生物特征退化，如露天开采砍伐植物和剥离表土，导致地表沉陷、植被破坏，破坏土壤生态系统和生物的多样性。

（5）造成水土流失

矿产开采造成地表植被破坏，导致水土流失。由于废石弃渣的堆放，会破坏植被的生长，占用的土地受到侵蚀和损坏，土壤变得稀松、石质化、沙质化，造成水土流失并引发滑坡、泥石流等。

（6）危害人体健康

矿区开采中的废弃矿石、废渣、尾矿废石，经长时间风刮日晒和雨水侵蚀，风化分解形成粉状和微细颗粒，一旦起风，就会对矿区大气造成粉尘污染，很容易导致气管炎、肺气肿、肺癌等疾病。酸性水体中大量金属和重金属离子大多来源于金属矿山的废石、尾矿等。当污染水体进入耕地后，不仅对农业生产造成严重影响，而且通过食物链严重威胁人体健康。

### 2. 矿产资源开采保护与节用路径

我国资源开发整体利用率不高的主要原因之一是富矿少、贫矿多。难选、难采、难冶炼的矿多，易选、易采、易冶炼的矿少，这是客观原因。矿产资源的保护与节用路径为：

（1）进一步健全环境保护与治理的法规体系。

（2）限制或禁止不合理的乱采滥挖，防止矿产资源的损失、浪费或破坏。

（3）合理开发利用矿产资源，优化资源配置，实现矿产资源的最优耗竭。

（4）加大对矿山科技进步的投资，提高矿产资源开发的科学技术水平。

（5）严格执行矿山地质环境评估制度。

（6）建立矿山生态环境信息系统。

矿产资源开采节用的关键是提高资源利用率，提高资源利用率主要靠技术进步和制度创新。实践证明，对矿产资源规模开发、集约利用是提高资源利用率的有效途径。

2021 年，自然资源部发布了《关于粉石英等矿产资源合理开发利用“三率”最低指标要求（试行）的公告》，明确粉石英、地热、二氧化碳气等 36 种矿产资源合理开发利用开采回采率、选矿回收率和综合利用率指标要求。累计完成了 124 种矿产资源“三率”最低指标的制订工作，实现了在产矿山所涉及矿种全覆盖，使矿产资源的开采节用有了评价标准。

### 3. 绿色开采技术应用

为避免在开采中出现上述的环境与资源浪费问题，我们应采用绿色开采技术，优化废弃物处理，降低资源浪费，减少开采对环境的破坏。绿色开采技术主要有以下几种。

（1）节水开采技术应用

准确分析矿层周围的地质水文，避免地表下沉、地下水泄漏，防止造成水污染。对水源使用进行综合规划，保护水生环境，确保单一水源的不同用途，提升循环利用率，减少用水量的过度消耗。节水技术应用不仅提高了资源的利用效率，还减少了污染。

（2）充填开采技术应用

由于开采过程中不可避免地会对周围的土壤和结构造成破坏，如不及时补充恢复，极易造成坍塌，对采矿区安全产生影响。如果实施回填，由于材料使用量大，回填又会增加投资。将开采中产生的废弃物填入开采空隙中，可有效消除和减少矿区的下沉与塌陷。

（3）煤、气联合开采

可以有效防止污染，变废为宝。采煤过程中会产生大量的气体，一些是有毒的，如果不能有效处理，就会造成大气污染，若能有效利用可作为燃气来源。例如，在开采煤矿时，若对煤与气同时进行开采，在采煤前，将瓦斯气进行预排放，然后进行矿区的采煤，通过煤、气分离，既提升了伴生资源的利用效率，又防止了开采中的瓦斯污染，实现了高效的能源综合开采和回收利用。

（4）矸石处理技术应用

在开采煤矿过程中，会产生很多其他矿物衍生物，一些固体废物往往还会排放有害有毒气体及粉尘扬灰，对环境和空气造成污染。例如，数量巨大的矸石，由于含有一定的可燃物质，可能发生燃烧而产生有毒气体。现在煤矸石的利用与处理主要有井上与井下两种技术。

1）煤矸石井上综合利用技术应用。煤矸石是产出量最大的工业固废之一，煤矸石堆存会占用大量土地，同时造成自燃，污染大气和地下水。但它又是可利用的资源，可将煤矸石用于发电、铺路、生产建材原料、化工原料、农业应用等。

2）煤矸石井下充填处理技术是实现煤矿绿色开采的关键技术之一。主要是以综合机械化固体充填采煤技术与胶结充填采煤技术为核心的“三下”采煤技术，通过密实充填，既减少了煤矿固体废弃物地面排放，又避免了开采沉陷，提高资源回收率，达到安全开采和保护矿区生态环境的目的。

## 知识拓展：“三下”采煤技术

“三下”采煤技术，是指在建筑物下、水体下和铁路下采煤的技术。

1. 建筑物下采煤技术

在建筑物下采煤，必须按开采设计并利用地表移动和变形参数资料进行地表移动和变形预计，掌握地面建筑物的现状，预测破坏程度。依据采煤层上的不同建筑物，采取不同的开采技术措施，如全柱式开采、条带开采或矸石充填等方法。

2. 水体下采煤技术

在水体下采煤，须评估开采后受影响的采区和矿井涌水量是否超过其排水能力。安全煤岩柱应按采煤层上覆水体的不同类型进行留设，并确定开采的上限标高。

3. 铁路下采煤技术

在铁路下采煤的前提是不能影响列车的安全运行和采煤的安全。

（5）综合治理技术应用

在开采矿产资源时，可综合应用上述绿色开采技术，并结合应用绿色环保的采矿隔离技术（可减少矿井渗水，将用于开采的水源与生活用水分开，减少和消除对水源的破坏与污染，实现废水和矿物材料的再利用），以及污水阻水技术或截流关闭流入地下水（以保持水资源的独立性，使水源得到净化并进行水资源的再利用）。

### 即学即用

1. 绿色开采技术是如何避免在开采中出现环境污染的？

2. 什么是矸石处理技术？

3. 矿产资源开采中是如何提高资源利用率的？

# 5.3　生物资源保护和利用

## 一、生物资源保护法律法规

### 1. 法律法规

中国自 1992 年签署《生物多样性公约》起，已经完成了从利用优先到保护优先、从重要物种保护到生物多样性保护的转型，形成了具有中国特色的生物资源保护法律法规体系。

中国形成了从《宪法》《环境保护法》、专门性生物保护法律到各级地方性法规的生物保护法律法规体系，先后制定、修订了一系列生物保护相关法律，包括《环境保护法》《野生动物保护法》《海洋环境保护法》《森林法》《草原法》《畜牧法》《种子法》《生物安全法》《长江保护法》以及《进出境动植物检疫法》等；相关行政法规包括《自然保护区条例》《野生植物保护条例》《农业转基因生物安全管理条例》《濒危野生动植物进出口管理条例》和《野生药材资源保护管理条例》，以及以国家公园为主体的自然保护地体系、国家重点保护野生动物名录、濒危动物红皮书等部门规章。这些法律法规覆盖了野生动植物和生态系统保护、生物遗传资源保护、生物安全等领域，为生物多样性保护与可持续利用提供了坚实的法律保障。

### 2. 主要规定

在野生动植物和生态系统保护领域，我国确立了野生动植物资源的国家所有权，对珍贵、濒危动植物实行重点保护，对野生动植物的生长环境划定自然保护区域；《全国人大常委会关于全面禁止非法野生动物交易 革除滥食野生动物陋习 切实保障人民群众生命健康安全的决定》的出台，明确立法全面禁食野生动物，严厉打击非法野生动物交易；我国率先在国际上提出和实施生态保护红线制度，《环境保护法》规定，国家在重点生态功能区、生态环境敏感区和脆弱区等区域划定生态保护红线，并实行严格保护。

在生物遗传资源保护领域，《生物安全法》规定国家对涉及生物安全的重要生物资源数据等制定、公布名录或者清单，并动态调整；国家开展生物资源调查，制定重要生物资源申报登记办法；重要生物资源的采猎需要获得分类许可，并且其流转和出口等交易活动也要采取审批制度。

在生物安全领域，我国形成了由基础性、综合性、系统性的《生物安全法》为统领，《农业转基因生物安全管理条例》《基因工程安全管理办法》《农业转基因生物安全评价管理办法》等专门性法规和规章为基石的法律法规体系。针对外来物种入侵，国家制定外来入侵物种名录和管理办法，规定任何个人和单位未经批准，不得擅自引进、释放或者丢弃外来物种；确立了进境检疫检验制度，对进境动植物进行风险分析、风险评估和风险管理，以控制外来物种带来的病虫害。针对转基因生物安全，规定从事转基因生物的封闭利用、田间试验、投放市场及后续进出口和包装等所有环节的行动，均须经过风险评估并且审查许可后方可进行。针对生物技术安全，禁止从事危及公众健康、损害生物资源、破坏生态系统和生物多样性等危害生物安全的生物技术研究、开发与应用活动。

## 二、生物资源多样性保护

随着人类对生物资源的无节制开发和利用，目前，全球物种灭绝速度比过去高出 100 ~ 1 000 倍。面对物种加速灭绝的局面，中国坚持尊重自然、保护优先，在社会发展中优先考虑生物多样性保护，科学配置自然和人工保护修复措施，对重要生态系统、生物物种及遗传资源实施有效保护，为应对全球生物多样性挑战

贡献了中国智慧和中国方案。

### 1. 濒危物种拯救工程

一个关键物种的灭绝可能破坏当地的食物链，并可能最终导致整个生态系统的崩解。对于那些由于物种自身的原因或受到人类活动或自然灾害的影响，而导致其野生种群在不久的将来面临灭绝的概率很高的物种，我国正在采取系统的濒危物种拯救工程。

（1）技术原理

1）就地保护。就地保护是在野生动植物原来的栖息地对其实施有效保护的策略。对有价值的自然生态系统和野生生物及其栖息地予以保护，以保持生态系统内生物的繁衍与进化，维持系统内的物质能量流动与生态过程。其原理是把包含保护对象在内的一定面积的陆地或水体划分出来，进行保护和管理；保护的对象主要包括有代表性的自然生态系统和珍稀濒危动植物的天然集中分布区等。

2）迁地保护。迁地保护是指通过引种、扩繁等手段将濒危野生动植物从原生地移到条件良好的人工可控环境或适宜的生态环境来实施保护的方式。一些物种因适宜的生存条件已不复存在，因此，种群数量极其稀少，以致难以寻找到配偶，需要将其转移到可以管控的半自然环境，进行特殊的保护和管理。

（2）实施要点

1）就地保护。近年来，我国积极推动建立以国家公园为主体、自然保护区为基础、各类自然公园为补充的自然保护地体系。我国将自然保护地按生态价值和保护强度高低依次划分为国家公园、自然保护区、自然公园三类，并确立国家公园的主体地位。最高层级的是国家公园，保护的是我国自然生态系统中最重要、自然景观最独特、自然遗产最精华、生物多样性最富集的特定陆域或海域；自然保护区属于中间层级，保护的是典型的自然生态系统、珍稀濒危野生动植物种的天然集中分布区、有特殊意义的自然遗迹的区域；自然公园位于第三层级，如一些风景名胜区、森林公园、地质公园、海洋公园、湿地公园等。

**典型案例：国家森林公园设立**

2021 年，我国第一批 5 个国家公园——三江源国家公园、大熊猫国家公园、东北虎豹国家公园、海南热带雨林国家公园、武夷山国家公园正式设立。国家公园强调生态系统的完整性、原真性保护，可有效破解栖息地碎片化问题。例如，大熊猫国家公园将原分属73个自然保护地、13个局域种群的大熊猫栖息地连成一片，极大地缓解了大熊猫种群交流限制的问题；海南热带雨林国家公园通过整合20个自然保护地、打通自然保护地之间的生态廊道，极大改善了珍稀濒危植物野生苏铁类植物群落的生境。这些成效显著的就地保护措施，对我国构建自然保护地体系发挥了示范和引领作用。截至2021年10月18日，我国已建立自然保护地近万处，占地约为陆域国土面积的18%，71%的国家重点保护野生动植物物种得到有效保护。

2）迁地保护。我国建立了植物园、野生动物救护繁育基地及种质资源库等较为完备的迁地保护体系。对珍稀濒危野生动物进行抢救性保护，主要通过人工繁育扩大种群。对增殖后的濒危动物种群，采取两种方法扩大种群：一是选择繁殖基群（亲本群）继续在圈养基地繁殖后代，增加濒危动物的数量基数；二是将新繁殖群（子代群）放归自然（原分布栖息地或适合它们栖息的其他地区），以扩大该濒危动物的野外数量。

### 典型案例：珍稀濒危野生动物抢救性保护

对于曾经在野外消失的濒危动物麋鹿，我国在北京南海子、江苏大丰、湖北石首分别建立了三大迁地保护地，如今，繁育总数已突破8 000只。针对德保苏铁、华盖木、百山祖冷杉等120种极小种群野生植物，我国开展抢救性保护，在其原生境附近建立与原生境相似的专业性苗圃、保护区育苗基地、植物园等保护居群，定植人工繁育苗木，并进行监测，其中，112种我国特有的珍稀濒危野生植物已实现野外回归。

### 知识拓展：中国部分局部灭绝、野生灭绝动物物种

世界自然保护联盟（IUCN）将物种划分为灭绝、野外灭绝、极危、濒危、易危、近危、无危7个等级。评估显示，超过8 400种野生动植物处于极度濒危状态，近30 000种被评估为濒危或易危。表5–2为中国部分局部灭绝、野生灭绝的动物物种。

**表 5-2　中国部分局部灭绝、野生灭绝的动物物种**

| 中文名 | 学名 | 英文名 | 濒危等级 |
| --- | --- | --- | --- |
| 双角犀 | Dicerorhinus sumatrensis | Sumatran Rhinoceros | 区域灭绝 RE |
| 爪哇犀 | Rhinoceros sondaicus | Javan Rhinoceros | 区域灭绝 RE |
| 大独角犀 | Rhinoceros unicornis | Indian Rhinoceros | 区域灭绝 RE |
| 野马 | Equus przewal skli | Przewalski' s Horse | 野外灭绝 EW |
| 驯鹿 | Rangifer tarandus | Reindeer | 野外灭绝 EW |
| 大额牛 | Bos frontalis | Gayal | 野外灭绝 EW |
| 爪哇野牛 | Bos javanicus | Banteng | 野外灭绝 EW |
| 野水牛 | Bubalus arnee | Asian Buffalo | 野外灭绝 EW |
| 白鳖豚 | Lipotes vexillifer | Baiji | 灭绝 EX |

### 2. 种质资源保护技术

种质资源又称遗传资源，种质是指生物体亲代传递给子代的遗传物质，它往往存在于特定品种之中，如古老的地方品种、新培育的推广品种、重要的遗传材料及野生近缘植物，都属于种质资源的范围。美国利用中国的野生大豆种质资源育成抗病大豆品种，拯救了美国的大豆产业；新西兰利用中国的中华野生猕猴桃种质资源培育出了主导国际市场的猕猴桃产业，这两个例子足以证明一个物种甚至可以左右一个国家的经济命脉，因此，种质资源被视为国家的战略资源。种质资源保护是指在天然或人工创造的适宜环境条件下，使种质保持生命力或遗传性的技术。

（1）技术原理

种质资源保护主要有就地保护和迁地保护两大策略。就地保护除了保存种质资源实体外，也保留了其原生境和栖息地及伴生物种，并持续发挥生态系统的服务功能，理论上是最佳的保护策略。

迁地保护作为就地保护的有效补充，同样发挥着重要作用。传统的迁地保护方法，如植物园、动物园、种质圃等，在保存稀有等位基因的有效性和增加物种的遗传多样性方面具有挑战，且维护成本较高。通过低温干燥技术建立的种质库对种质资源进行保藏，被认为是当今性价比最高的迁地保护策略。

（2）技能要点

1）干燥密封保存。对于农作物种子，常采用常温条件下在密封容器中加适量干燥剂进行保存的方法。干燥剂可用生石灰、氯化钙、硅胶等，一般种子与干燥剂的比例以 1∶2 为宜，硅胶比例可适当提高。

2）低温保存。将种质材料干燥后进行密封包装，然后置于低温条件（如冷库、冰箱）下保存。这是一种低温不控湿度的方法，特别注意存放种质的容器要严格密封，防止吸湿。

3）异地保存。将潮湿地区的种质转移到干燥、低温地区保存。我国青海、新疆等地气候干燥寒冷，青海西宁常年平均气温为 6.0 ℃，平均相对湿度为 53.9%，7 月至 9 月的相对湿度在 65% 左右，相当于一个天然低温干燥库。

4）种质库保存。种质库库内有控湿设备，是目前保存种质资源较为理想的条件。按贮藏期可分为短期库、中期库和长期库三种。

短期库中的种质资源用纸袋或布袋包装，一般可存放 5 年左右。短期库保存的种质资源作为临时应用材料，供鉴定、研究和分发。

中期库中的种质资源用防潮材料包装并密封，可保存 15 年以上。中期库保存的种质资源主要用于分发材料。

长期库中的种质资源用铝盒或铝箔塑胶密封包装，或真空密封，贮藏期可达 50 ~ 100 年。长期库贮藏，一般不作分发用，即当分发材料用完时可用作繁殖材料提取，所以也叫基础库。

5）复份异地保存。因为全部种质资源集中一处保存有很大危险性，因此，可将部分种质资源放置于异地进行复份保存，此种保存法称复份异地保存。

6）自然保护区保存。即原地保存，对于野生种质资源是最好的方式。保留其原有生态环境，使它们不致随自然栖息地的消失而灭绝。

7）种质资源圃保存。对于多年生植物，如果树、茶树、水生蔬菜等，可采取田间保存活植株和无性繁殖的方式来保存种质。

8）试管苗保存。无性繁殖作物难以采其种子保存，可采用试管苗方式保存，又称分生组织保存。其方法是将植株茎类取下后接种在有分化培养基的试管中，在适宜温度和光照下生根、长茎。然后，将之转入含生长培养基的试管中，待种苗长到10厘米左右时，即可置低温下保存。一般经半年至一年后，取下试管茎类，放入新试管中，如无法继续保存，每半年转管一次，如此可无限期保存下去。

9）超低温保存。在 –80 ℃以下保存种质资源。超低温保存种质资源一般以液态氮为冷源，液态氮中温度为 –196 ℃。在如此低温下，原生质、细胞、组织、器官或种子代谢过程基本停止并处于“生机暂停”状态，大大减少或停止了与代谢有关的裂变，从而为“无限期”保存创造了条件。

10）超干种子的贮藏。对那些能够达到超干（种子含水量低于5%）状态而无害的种子进行密封包装，常温保存，以节省能源。

### 3. 新品种育种

育种是通过创造遗传变异，改良遗传特性，以培育优良动植物新品种的技术。育种技术随着科技进步不断发展，经过最初的诱变育种、单倍体育种、多倍体育种、杂交育种，逐步发展到现在的基因工程（转基因）育种、细胞工程育种等。

（1）技术原理

1）诱变育种。诱变育种是指利用物理方法（如X射线、γ射线、紫外线、激光等）或化学方法（如亚硝酸、硫酸二乙酯、秋水仙素等）来处理生物，诱导动植物的遗传特性发生变异，再从变异群体中选择符合某种要求的单株/个体，进而培育成新的品种或种质的育种方法。

2）单倍体育种。单倍体育种是指利用植物组织培养技术（如花药离体培养等）诱导产生单倍体植株，再通过某种手段（如用秋水仙素处理）使染色体组加倍，从而得到二倍体植株。

3）多倍体育种。多倍体是指由受精卵发育而来并且体细胞中含有三个或三个以上染色体组的个体。多倍体育种是指利用人工诱变或自然变异等方式，通过细胞染色体组加倍而获得多倍体育种材料，用以选育符合需要的优良品种。

4）杂交育种。杂交育种是将父母本杂交，再对杂交后代进行筛选，获得具有父母本优良性状且不带有父母本中不良性状的新品种。

5）基因工程育种。基因工程技术又叫转基因技术，指利用现代生物技术，在体外将分离到的或合成的目的基因，通过与质粒、病毒等载体重组连接，然后将其导入不含该基因的受体细胞，使受体细胞产生新的基因产物或获得新的遗传特性，从而改善生物原有的性状或赋予其新的优良性状。

（2）技能要点

1）诱变育种。诱变育种所处理的生物材料必须是正在进行细胞分裂的细胞、组织、器官或生物体，处理的时期是细胞分裂的间期，处理后的生物材料经选择、培育，可在较短时间内获得优良变异新品种，如图 5–2 所示为诱变育种流程图。

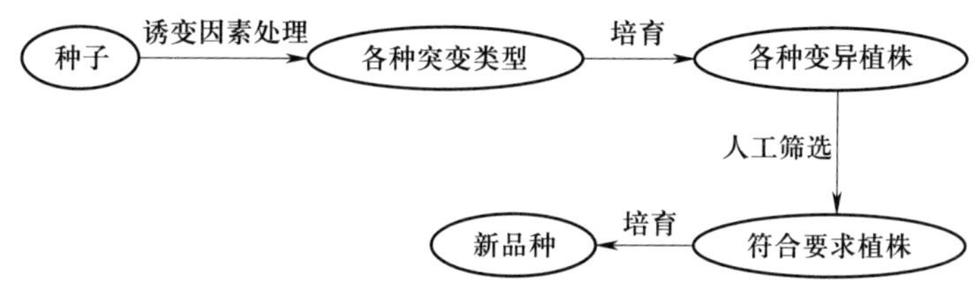


图 5–2　诱变育种流程图

2）单倍体育种。在自然界中，能够进行有性生殖的植物多为二倍体（即含有两个染色体组，生物学表达为 2n），想要培育出单倍体（n），就必须要使染色体变异。首先，选择具有优良性状的亲本进行杂交，杂交后得到子一代；取子一代的花粉进行组织培养（花药离体培养技术），花粉中含精子（n）；将离体的组织或细胞经过脱分化形成愈伤组织或者胚状体，再添加生长激素和细胞分裂素进行再分化，使其发育成单倍体植株幼苗（n），或者人工诱变产生单倍体植株；在幼苗中加入秋水仙素，秋水仙素能抑制细胞有丝分裂，使细胞不能形成两个子细胞，但不影响染色体的复制，从而使染色体数目加倍，得到的就是可以产生后代的纯合二倍体植株；再将幼苗进行移栽，选育出优良的新品种，如图 5–3 所示为单倍体育种流程图。

3）多倍体育种。无籽西瓜就是人工诱导多倍体育种的典型例子。普通西瓜是二倍体植物，利用秋水仙素等化学试剂诱导其幼苗，原来的二倍体西瓜植株细胞染色体会变成四倍体，四倍体西瓜植株能正常开花结果；使用四倍体西瓜植株做母本（开花时去雄）、二倍体西瓜植株做父本（取其花粉授于四倍体雌蕊上）进行杂交，就会得到三倍体西瓜种子；三倍体西瓜种子在发育的过程中，因为染色

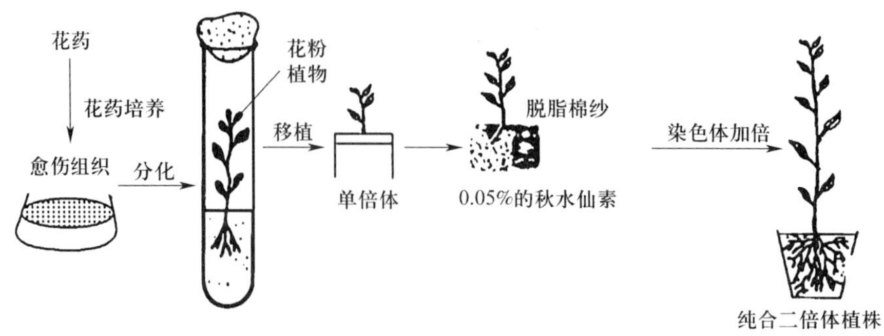


图 5-3　单倍体育种流程图

体组数是奇数，在减数分裂时发生联会紊乱的现象，导致减数分裂无法正常进行，所以不能形成种子；三倍体西瓜开花后是不会立即结果的，需要把普通二倍体西瓜植株的成熟花粉授给三倍体西瓜植株，以刺激三倍体西瓜的子房发育成为果实，由于三倍体西瓜的胚珠不能发育成种子，因此长成无籽西瓜，如图 5-4 所示为以无籽西瓜育种为例的多倍体育种流程图。

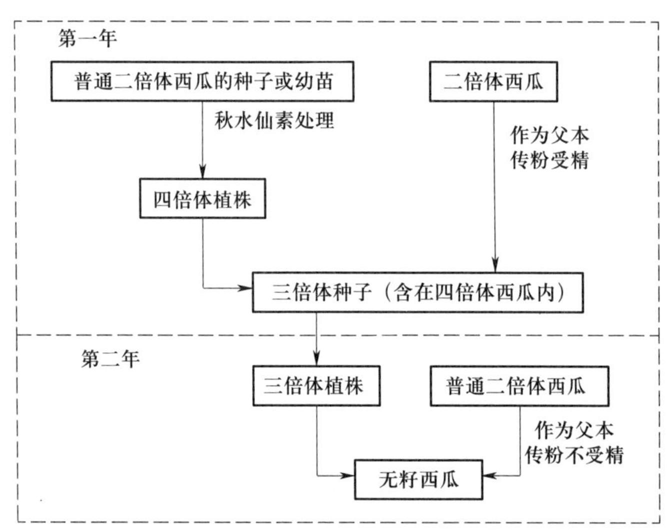


图 5-4　多倍体育种流程图（以无籽西瓜育种为例）

4）杂交育种。用具有相对性状的纯合体作亲本杂交获得子一代（F1 代），子一代自交（动物则用具有相同基因型的雌雄个体杂交）获得子二代（F2 代），从子二代中选择符合要求的表现型个体。如果需要的表现型是隐性性状，育种就此结束；如果需要的表现型是显性性状，则用子二代中选出的个体进行连续自交，直至获得能稳定遗传的类型为止，如图 5-5 所示为杂交育种流程图。

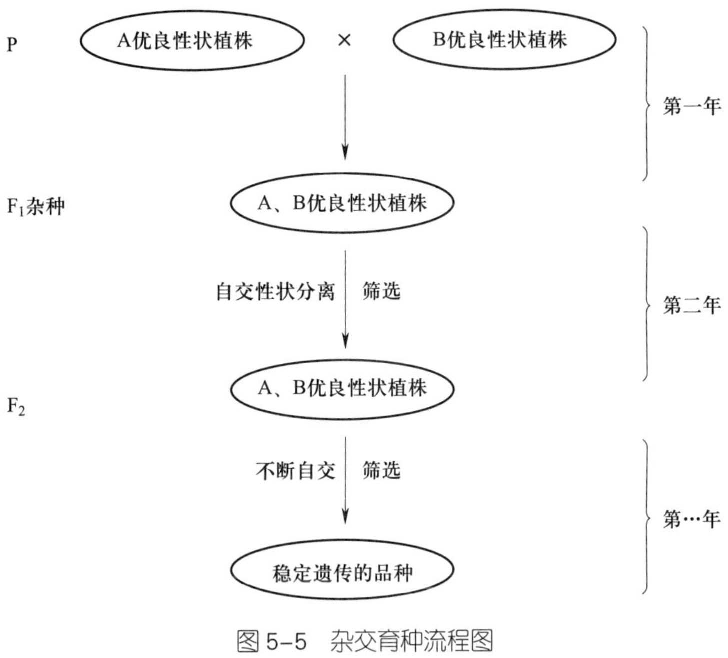


图 5-5　杂交育种流程图

5）基因工程育种

①提取脱氧核糖核酸（DNA）。将保存目标基因的脱氧核糖核酸从生物体中分离出来，并将其转变成线状结构形态。

②基因克隆。将所需的目标基因从全部脱氧核糖核酸中提取出来，并且进行大量复制。

③基因设计和包装。把一些控制目标基因实行功能以及用来筛选目标基因的其他基因与目标基因包装为一个整体。

④转化。将已经包装好的基因整体转入到想要改良的植株细胞中。

⑤回交育种。使用常规育种方法将转基因植株与优良品系杂交，再用其后代反复杂交优良品系，最终可获得高产的转基因品系。

抗虫棉花就是将苏云金芽孢杆菌中的杀虫蛋白基因转移到棉花中，从而能够专一性抑制棉铃虫发生，减少棉铃虫危害，减少农药使用，实现提质增产。目前，我国的转基因大豆、棉花、油菜和玉米已经进入大规模商业化应用阶段，如图 5-6 为转基因抗虫棉花育种流程图。

常见育种方式对比见表 5-3。

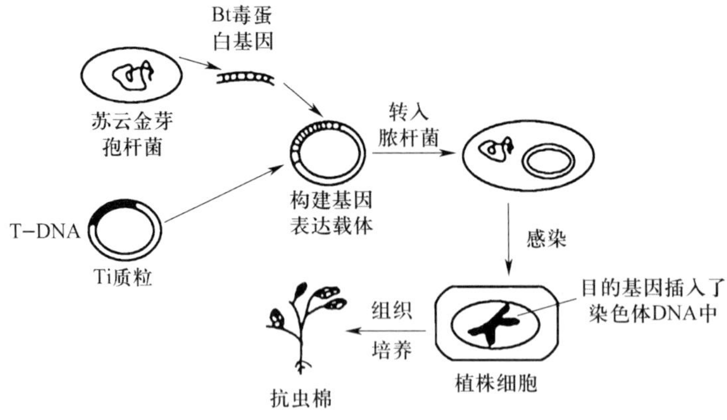


图 5-6　转基因抗虫棉花育种流程图

**表 5-3　常见育种方式对比**

| | 杂交育种 | 诱变育种 | 单倍体育种 | 多倍体育种 | 转基因育种 |
|---|---|---|---|---|---|
| 原理 | 基因重组 | 基因突变 | 染色体变异 | 染色体变异 | 基因重组 |
| 特点 | 产生新的基因型 | 产生新的基因、形状 | 明显缩短育种年限 | 获得植株品质高 | 使生物获得外源基因 |
| 常用方法 | 杂交→自交→选优→自交 | 物理诱变、化学诱变 | 花药离体培养 | 用秋水仙素处理萌发的种子成幼苗 | 把目的基因引入生物体内以培育新品种 |
| 育种程序 | 甲 × 乙<br>↓<br>F1<br>↓<br>F2<br>↓<br>Fn<br>稳定遗传的新品种 | 原品种<br>↓<br>多种变异类型<br>↓<br>新品种 | 原品种<br>↓<br>花药离体培养<br>单倍体植株<br>↓<br>秋水仙素处理<br>纯合可育个体 | 原品种<br>（秋水仙素处理）<br>↓<br>染色体数目<br>加倍的个体 | 提取目的基因<br>↓<br>目的基因与载体结合<br>↓<br>目的基因导入受体细胞<br>↓<br>目的基因的表达、检测和鉴定 |
| 优点 | 育种目的性强，能使不同个体的优良性状集中于一个个体 | 提高变异频率，产生多种多样的新类型；使后代性状稳定，加速育种进程；大幅改良某些性状，增强抗逆性 | 自交后代不发生性状分离，可以明显缩短育种年限 | 植株的器官较大，营养物质含量高 | 育种目的性强，定向改变生物的性状，克服远缘杂交的不亲和性 |
| 缺点 | 育种周期长，育种筛选过程复杂 | 突变具有不确定性，需要处理大量试验材料 | 技术复杂，且需与杂交育种配合 | 发育迟缓，结实率低，难以用于动物 | 技术难度较大，有可能引起生态危机 |
| 实例 | 超级杂交水稻 | 青霉素高产菌种 | 矮秆抗锈病小麦 | 三倍体无籽西瓜 | 抗虫棉 |

**知识拓展：中国独创的生态红线保护制度**

我国构建的自然保护地体系在生物多样性就地保护中发挥了重要作用，并颇有成效，但仍有部分重要生态区域未纳入有效保护范围。在此背景下，中国创立了生态保护红线制度，为有效保护生物多样性、优化国土空间保护格局提供了创新模式，如图 5-7 所示为生态保护红线示意图。

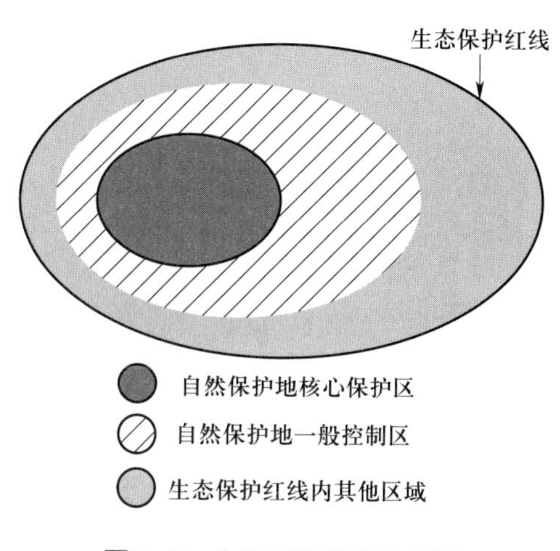


图 5-7　生态保护红线示意图

生态保护红线是指在生态空间范围内具有特殊重要生态功能、必须强制性严格保护的区域，涵盖了生物多样性保护等生态功能重要区域、土地沙化等生态环境敏感脆弱区域及各类自然保护地。初步划定的生态保护红线集中分布于青藏高原、天山山脉、内蒙古高原、大小兴安岭、秦岭、南岭，以及黄河流域、长江流域、海岸带等重要生态安全屏障和区域，涵盖森林、草原、荒漠、湿地、红树林、珊瑚礁及海草床等重要生态系统，覆盖了全国生物多样性分布的关键区域，最大限度地保护了珍稀濒危物种及其栖息地。

## 三、生物资源可持续利用

我国坚持绿色发展、合理利用生物资源，将生物多样性作为可持续发展的基础、目标和手段。推动生产、生活方式绿色转型，鼓励发展生态种植、生态养殖和可持续经营；强化农业、林业、渔业、畜牧业等领域的生物资源可持续利用。

## 1. 绿色食品生产

（1）绿色食品定义

绿色食品是指产自优良生态环境、按照绿色食品标准生产、实行全程质量控制，并获得绿色食品标志使用权的安全、优质食用农产品及相关产品。绿色食品包括农林产品及其加工品、畜禽类、水产类、饮品类和其他产品。我国的绿色食品须经中国绿色食品发展中心认定，并许可使用绿色食品标志，如图 5–8 所示。

图 5–8　绿色食品标志

（2）技术原理

绿色食品生产遵循“全程质量控制”理念，其生产标准体系主要由四部分组成。一是产地环境质量标准，主要对绿色食品产地的空气环境、农田灌溉水质、渔业水质、畜禽养殖用水及土壤环境提出了具体污染物指标限量要求。二是生产过程中的技术标准，既包括全国范围内适用的对生产中投入品的规定，如肥料使用准则、农药使用准则、饲料及饲料添加剂使用准则、食品添加剂使用准则等，也有只适用于地方区域的生产技术规程，即根据各地地理、气候条件和适用作物和产品的差异，针对具体种植养殖对象所制定的生产技术规程。三是绿色食品产品标准，将绿色食品按类别制定相应的感官指标、理化指标和卫生指标要求，作为评价和检测产品的依据。四是绿色食品包装、贮藏运输标准，包括包装通用准则、贮藏运输准则、绿色食品标志使用规范等。

## 2. 绿色农业生产

2017 年 12 月召开的中央农村工作会议指出，要坚持质量兴农、绿色兴农，实施质量兴农战略，加快推进农业由增产导向转向提质导向。绿色农业通过农药、化肥减量，以及对环境无污染或少污染，来实现产品安全、生态安全、资源安全和提高农业综合经济效益的目标。

（1）主要特点

1）安全性。绿色农业种植技术具有安全性，所生产的产品都有无污染的特点，并且符合安全绿色食品标准。首先，种植时减少对农药化肥的使用，做到“减药、节肥”。一是改进化肥施用方法，提高化肥利用率，减少化肥流失量；二是多施用有机肥，用有机肥替代化肥；三是种植绿肥作物，实行绿肥还田；四是种植豆科作物，通过生物固氮增加农田土壤氮素含量；五是施用沼液、沼渣肥田等。其次，用绿色、生态的办法防治农作物病虫草害，少用甚至不用农药，既经济又环保，如实行稻田养蛙、稻田养鸭，推广稻渔综合种养，可起到生物防除病虫草害的目的；在长年种植水稻的田块实行水旱轮作，在稻田田埂四周种植香根草，以及采取灯光诱杀害虫等技术和方法，均可有效防控水稻病虫草害，实现水稻稳产、高产，同时又保护农田生态环境。

2）资源性。绿色农业种植技术有利于保护环境资源，保障农作物能够健康成长。对农业资源的充分利用、绿色利用是实现农业绿色发展、高质量发展和可持续发展的基础与前提。同时，也能够缓解土地资源或水资源紧张的情况，为农业生产发展提供更加有利的条件。一是对耕地资源的充分利用、绿色利用；二是对农业“副产物”的充分利用、绿色利用，如利用作物秸秆资源做饲料、基料、肥料等；三是对农业生产和农村生活产生的“废弃物”进行充分利用、绿色利用。

3）经济性。随着群众的生活水平与环保健康意识的提升，对绿色农产品的需求量也逐渐变大，绿色农业种植户的经济效益也越来越好。在绿色农业发展中，增绿、扩绿、添绿，既环保又能提高经济效益。一是将南方的冬闲田“增绿”，如在稻田种植紫云英、油菜、大麦、小麦、蚕豆、豌豆、马铃薯及各种冬季蔬菜等；二是将占耕地面积 8%～10% 的田埂“扩绿”，在田埂种上豆类及各种蔬菜等，既可提高绿色覆盖率，又可增加农业产出，提高农田经济效益；三是道路和乡村周边“添绿”，可改善农业农村整体生态环境，为发展乡村旅游创造条件。

（2）技能要点

1）农业绿色生产技能要点。农业农村部依据《关于创新体制机制推进农业绿色发展的意见》的有关部署，制订了《农业绿色发展技术导则（2018—2030 年）》，以构建支撑农业绿色发展的技术体系，大力推动生态文明建设和农业绿色发展。导则明确了绿色生产技术推广应用的主要任务。

①耕地质量提升与保育技术应用。主要有机械化深松整地技术、保护性耕作技术、秸秆全量处理利用技术、大田作物生物培肥集成技术、生石灰改良酸性土壤技术、秸秆腐熟还田技术、沼渣沼液综合利用培肥技术、脱硫石膏改良碱土技术、机械化与暗管排碱技术、盐碱地渔农综合利用技术。

②农业控水与雨养旱作技术应用。主要有非充分灌溉优化决策与实施技术、高效输配水技术、水肥一体化自动控制技术、作物精细化地面灌溉技术、设施园艺智能水肥一体化节水减污及水质提升技术、旱作全膜覆盖技术、保护性耕作与节水技术、多年生牧草雨养栽培技术、适雨型立体栽培技术。

③化肥农药减施增效技术应用。主要有高效配方施肥技术、有机养分替代化肥技术、高效快速安全堆肥技术、新型肥料施肥技术、作物有害生物高效低风险绿色防控技术、草原蝗虫监测预警与精准化防控集成技术、土传病虫害全程综合防控技术。

2）家庭绿色蔬菜种植技能要点。利用阳台、楼顶或庭院等闲置空间，用生活中易得的盆栽容器，在家种植栽培蔬果，将废弃的厨余垃圾堆肥成为肥料，其栽培要点如下。

①种类选择。最好以种植期短的蔬菜为主，如叶菜类的莴苣、菠菜、空心菜、小白菜等以及根菜类的樱桃萝卜等。此外，须考虑季节性，如菠菜、筒蒿属于冷凉季节的蔬菜，因此不宜在夏季栽植；苋菜及空心菜则喜高温环境，因此在冬季生长不易且缓慢。

②培育流程。播种方式为撒播、条播及点播，可依蔬菜及种子大小决定采取何种方式，通常较大粒种子如空心菜可用点播，小粒种子可用撒播，细小种子可和沙混合后再播。播种后要覆盖一层栽培介质（以有机培养土、泥炭培养土为佳），然后洒水，以利于发芽，浇水要在早上或傍晚。在本叶 2 ~ 3 片时进行疏苗或移植到不同规格的容器，行株距为 6 ~ 10 厘米。对于蔬菜采收后的栽培介质，可翻松几天后再放些有机质肥料，以方便进行下一期种植。

③虫害防治。由于盆植栽培面积较小，若有害虫侵袭，可用手抓或者在容器四周覆上无纺布及纱网，以减少害虫。若害虫密度高，危害严重，可针对性处理。鳞翅目幼虫，如甜菜叶蛾、番茄叶蛾、小菜蛾，可以黄色粘板、诱虫灯诱杀，生育初期喷施苏力菌 500 倍；黄条叶蚤防治可以黄色粘板诱杀或者叶片喷施苦楝精

（4.5%）1 000 倍；蔬菜采收后将菜地浸水 5 天后再进行翻松，可降低有害昆虫的密度。

### 3. 绿色畜牧养殖

绿色畜牧养殖技术是指在畜禽饲养过程中，减少对生态环境的污染，保证畜禽产品绿色、健康、安全。严控生长激素、抗生素或药物的使用，以及污水污物排放。

（1）技术原理

1）环境要求。养殖场地应远离人口聚居区，设在背坡向阳、有清洁水源的地方。按照环保新标准建设养殖场，场地要划分生活区、养殖区、隔离区、粪污处理区，修建净道及污道。

2）饲养要求。使用符合国家规定的饲料（2020 年 7 月 1 日起我国全面禁止使用促生长药物饲料添加剂）并进行科学配制，合理安排饲喂时间。

3）防疫要求。做好清洁消毒、畜禽的疫苗接种及疾病预防。按照国家规定使用药物，减少药物尤其是激素类、抗生素类药物使用剂量，在养殖过程中增加中草药等安全无残留药物，以提高畜禽免疫力的方针为主。

4）排污要求。对粪便、污水、污物及病死畜禽做好无害化处理。对粪便进行发酵过滤处理，可把粪便用作农田堆肥材料；污水污物须进行净化处理后才能排放到河流或自然界中；病死畜禽尸体必须进行消毒、深埋等处理，杜绝疫病传播。

（2）技能要点

1）利用自然放牧与种养结合方式。通过林木、果树、作物等种植带动畜牧养殖，如稻田养鸭、果园养鸡、果树养猪等。该方式的核心在于将畜禽粪便作为经济作物的堆肥，可减少化肥农药用量，将畜禽粪便变废为宝，既能节约肥料成本又能减少化学物质对环境的污染。

2）挖潜降耗的立体养殖模式。例如，采用鸡粪喂猪、猪粪养殖蚯蚓等来生产蛋白饲料粉，其中的粗蛋白含量可高达 60% 以上，饲喂营养价值高于豆饼，更为重要的是蚯蚓等虫子体内的甲壳素与抗菌肽含量极高，可以大幅度提高家畜的抵抗力。该模式大量节省了饲料与药物投入，使粪便得到循环有效利用，经济效益与环境效益相当明显。

3）以沼气为纽带的综合种养模式。在沼气池厌氧环境中利用微生物转化产生沼气、沼液、沼渣等，形成再生资源，生成有机肥，配合低等生物生产优质蛋白饲料，主要用于生产绿色无公害食品，最终形成“畜牧养殖—果、蔬、草、花卉、蛋白饲料”的综合开发。

4）粪污治理养殖模式。通过使用绿色饲料，降低畜禽粪便中的氮、磷及各种药物残留，减少对环境的影响；建立完整的粪污处理系统，采用节水技术控制污水排放量；利用堆肥技术处理粪污，将粉碎的秸秆作物及牲畜粪便混合后进行发酵处理，转化成有机肥，在堆肥过程中杀死杂草种子与虫卵病菌，消除粪污气味，使粪便循环利用到位。例如，可以将桑蚕养殖与牛羊养殖合为一体，利用桑蚕粪制作饲料，实现桑、蚕、畜牧三者循环利用，如图 5-9 所示为粪污治理养殖模式原理图。

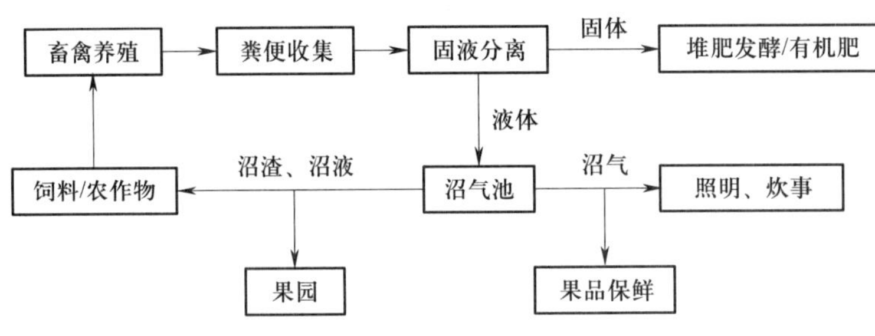

图 5-9　粪污治理养殖模式原理图

## 即学即用

1. 如何评判对野生动植物应该实施就地保护还是迁地保护？

2. 请绘出多倍体育种的流程图。

3. 绿色食品的生产标准体系主要有哪些内容？

# 废气处理与利用

学习目标

1. 了解大气污染基础知识、法律法规，能将废气处理与利用的知识用于实践。
2. 了解生活废气处理及减排途径，能评估减排与处理是否合理有效。
3. 了解并能选用最常用生产废气处理与利用的技术与方法。

## 6.1 废气处理与利用概述

### 一、定义与术语

#### 1. 定义

大气污染是指由于人类活动或自然过程引起某些物质进入大气中，呈现出足够的浓度，达到了足够的时间，并因此危害了人体的舒适、健康和福利或危害了生态环境。

#### 2. 术语

（1）大气和环境空气

大气是指环绕地球的全部空气的总和，环境空气是指人类、植物、动物和建

筑物暴露于其中的室外空气，如图 6–1 所示。前者的范围更大，后者的范围相对较小。本教材主要介绍环境空气的污染与防治，更侧重于和人类关系最紧密的近地层空气，也就是对流层空气。

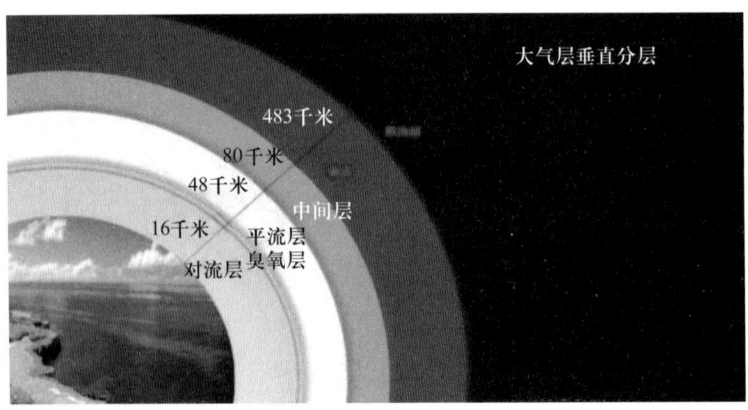


图 6–1　大气层垂直分层示意图

（2）空气质量指数（AQI）

空气质量指数是定量描述空气质量状况的无量纲指数。空气质量指数及相关信息见表 6–1。

**表 6–1　空气质量指数及相关信息**

| 空气质量指数 | 空气质量指数级别 | 空气质量指数类别及表示颜色 | | 对健康影响情况 | 建议采取的措施 |
|---|---|---|---|---|---|
| 0～50 | 一级 | 优 | 绿色 | 空气质量令人满意，基本无空气污染 | 各类人群可正常活动 |
| 51～100 | 二级 | 良 | 黄色 | 空气质量可接受，但某些污染物可能对极少数异常敏感人群健康有较弱影响 | 极少数异常敏感人群应减少户外活动 |
| 101～150 | 三级 | 轻度污染 | 橙色 | 易感人群症状有轻度加剧，健康人群出现刺激症状 | 儿童、老年人及心脏病、呼吸系统疾病患者应减少长时间、高强度的户外锻炼 |
| 151～200 | 四级 | 中度污染 | 红色 | 进一步加剧易感人群症状，可能对健康人群的心脏、呼吸系统有影响 | 儿童、老年人及心脏病、呼吸系统疾病患者应避免长时间、高强度的户外锻炼，一般人群适量减少户外运动 |

续表

| 空气质量指数 | 空气质量指数级别 | 空气质量指数类别及表示颜色 | | 对健康影响情况 | 建议采取的措施 |
|---|---|---|---|---|---|
| 201～300 | 五级 | 重度污染 | 紫色 | 心脏病和呼吸系统疾病患者症状显著加剧，运动耐受力降低，健康人群普遍出现症状 | 儿童、老年人及心脏病、呼吸系统疾病患者应停留在室内，停止户外运动，一般人群减少户外运动 |
| >300 | 六级 | 严重污染 | 褐红色 | 健康人群运动耐受力降低，有明显强烈症状，提前出现某些疾病 | 儿童、老年人和病人应当留在室内，避免体力消耗，一般人群应避免户外运动 |

## 二、大气污染源与污染物

### 1. 大气污染源

大气污染源是指向大气排放足以对环境产生有害影响物质的生产过程、设备、物体或场所等。

大气污染源可分为自然污染源和人为污染源两大类。自然污染源是由于自然原因（如火山爆发、森林火灾、生物腐烂等自然现象）而形成；人为污染源是由于人们从事生产生活活动而形成。在人为污染源中，又分为固定污染源（如烟囱、工业排气筒等）和移动污染源（如汽车、火车、飞机、轮船等）两种。人为污染源比起自然污染源更为常见，主要有如下四种。

（1）工业企业

工业企业是大气污染的主要来源。随着工业的迅速发展，大气污染物的种类和数量日益增多。例如，石化企业排放的硫化氢、二氧化碳、二氧化硫、氮氧化物；有色金属冶炼工业排放的二氧化硫、氮氧化物及含重金属元素的烟尘；磷肥厂排放的氟化物；酸碱盐化工业排出的二氧化硫、氮氧化物、氯化氢及各种酸性气体；钢铁工业在炼铁、炼钢、炼焦过程中排出的粉尘、硫氧化物、氰化物、一氧化碳、硫化氢、酚、苯类、烃类等。

（2）生活炉灶和采暖锅炉

以往民用生活炉灶和采暖锅炉要耗用大量的煤炭，在冬季时往往烟雾弥漫，成为大气污染源。随着“气代煤”“电代煤”改造，大气质量明显好转，清洁取暖





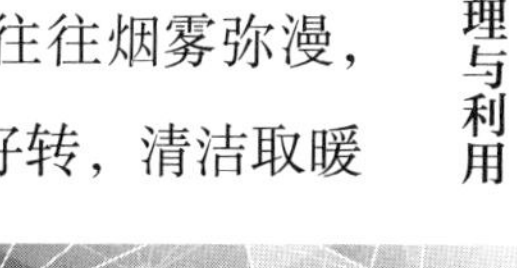

对空气质量改善贡献比例在 30% 左右。

（3）交通运输

汽车排放的污染物就在我们身边，其排放的废气对人体的影响尤为显著。汽车内燃机排出的废气中主要含有一氧化碳、氮氧化物、烃类（碳氢化合物）、含氧有机化合物、硫氧化物和铅化合物等。

（4）农业活动

施用农药时，部分农药会以粉尘等颗粒物形式逸散到大气中，残留或黏附在作物表面的也会挥发，另外秸秆焚烧也会造成大气污染。

### 2. 大气污染物分类

大气污染物指由于人类活动或自然过程排入大气的，并对人和环境产生有害影响的物质。根据大气污染物的存在状态，可将大气污染物分为气溶胶态污染物和气态污染物两种。

（1）气溶胶态污染物

在大气污染中，气溶胶是指固体粒子、液体粒子或它们在气体介质中的悬浮体，直径为 0.002 ~ 100 微米。根据颗粒的大小，将空气动力学当量直径小于 100 微米的颗粒物称为总悬浮颗粒物（TSP）；将空气动力学当量直径小于 10 微米的颗粒物称为可吸入颗粒物（PM10），将空气动力学当量直径小于 2.5 微米的颗粒物称为细微颗粒物（PM2.5）等。

（2）气态污染物

1）硫氧化物。主要是二氧化硫（$SO_2$），它是大气污染物中数量大、影响广的气态污染物。二氧化硫主要来自化石燃烧、硫化物矿石的焙烧及冶炼等热过程。火力发电厂、冶炼厂、硫酸厂、炼油厂及烧煤或油的工业炉窑都会排放二氧化硫烟气。

2）氮氧化物。它是氮和氧的化合物，有一氧化氮（NO）、二氧化氮（$NO_2$）等，是大气污染的主要污染物。一氧化氮在大气中会氧化成二氧化氮。二氧化氮主要来自火力发电厂、各种窑炉、机动车和采油机的排气，其次是硝酸生产、硝化过程、炸药生产及金属表面处理等过程。二氧化氮会形成有毒的光化学烟雾。由燃料燃烧产生的二氧化氮约占 83%。

3）碳氧化物。一氧化碳（CO）和二氧化碳（$CO_2$）是大气污染物中量最大的一类污染物，主要来自燃烧和机动车排气。一氧化碳是一种窒息性气体，由于大气的扩散稀释作用和氧化作用，一般不会造成危害。但在城市采暖季节或十字路口，一氧化碳的浓度有可能达到危害人体健康的水平。二氧化碳虽是无毒气体，但它会产生“温室效应”。

4）有机化合物。包括碳氢化合物、含氧有机物等，它们都是碳的化合物。在气压 101.32 千帕下，沸点在 50～250 ℃的有机物，又称挥发性有机物（VOCs）。

## 三、大气污染与全球环境

由于大气环境遭到破坏造成臭氧层耗竭、温室效应、酸雨三大全球性环境问题。

### 1. 臭氧层耗竭

臭氧层耗竭是指 25 千米高空附近臭氧密集层中臭氧被损耗、破坏而变得稀薄的现象，即臭氧层破坏，如图 6–2 所示。臭氧浓度较高的大气层在 10～50 千米范围，在 25 千米处浓度最高，形成了平均厚度 3 毫米的臭氧层，它能吸收太阳紫外辐射，给地球提供防护紫外线的屏障，并将能量储存在上层大气，起到调节气候的作用。臭氧层的破坏会使过量的紫外线辐射到达地面，造成健康危害，使平流层温度发生变化，导致地球气候异常，影响植物生长、生态平衡等。

### 2. 温室效应

由于二氧化碳温室气体的不断积累，其温室效应导致全球变暖、气候异常、雪盖和冰川面积减少、海平面上升、降水格局变化等，破坏了自然生态系统的平衡，气候灾害事件增多，影响农业和自然生态系统的同时，也影响人类健康，甚至威胁人类的生存，如图 6–3 所示。

图 6–2　臭氧层破坏现象

图 6–3　温室效应导致冰川溶化

### 3. 酸雨

酸性降水是指 pH 值小于 5.6 的雨雪或其他形式的降水。雨、雪等在形成和降落过程中，吸收并溶解了空气中的二氧化硫、氮氧化物等物质，形成了 pH 值低于 5.6 的酸性降水。酸雨主要是人为地向大气中排放大量酸性物质造成的。中国的酸雨主要因大量燃烧含硫量高的煤而形成，多为硫酸雨，少为硝酸雨。此外，各种机动车排放的尾气也是形成酸雨的重要原因。据《2021 年中国生态环境状况公报》显示，我国污染物排放持续下降，生态环境质量明显改善，生态系统稳定性不断增强。2021 年，酸雨区面积约 36.9 万平方千米，比 2020 年下降 1%；其中，较重酸雨区面积占 0.04%，无重酸雨区。

## 四、大气污染危害

大气污染物会对人体健康产生不良影响，细微颗粒物会被吸入肺泡中，几乎全部沉积于肺部而不能呼出，进而进入人体血液循环，危害人体健康；二氧化硫易溶于人体的体液和其他黏性液中，会导致多种疾病；一氧化氮对血红蛋白的亲和力非常强，长时间暴露在 1 ~ 1.5 毫克 / 升的一氧化氮环境中，会引起支气管炎和肺气肿等病变；挥发性有机物对人体健康的影响主要是刺激眼睛和呼吸道，致皮肤过敏，使人产生头痛、咽痛与乏力等症状，而且挥发性有机物中还含有很多致癌物质。

二氧化硫、氮氧化物排入大气，遇水产生酸性物质，随雨水落到地面，形成酸雨或酸雾，对植物、动物、土壤、建筑等均有危害。

大气中的二氧化碳气体会形成“温室效应”，阻止地球热量的散失，使地球的气温升高。预计到 21 世纪中叶，全球气温将升高 1.5 ~ 4.5 ℃。

**知识拓展：雾霾**

雾霾是雾和霾的结合体。雾是由大量悬浮在近地面空气中的微小水滴或冰晶组成的气溶胶系统。霾也称灰霾（烟雾），组成成分包括数百种大气化学颗粒物质。其中，对健康有害的主要是直径小于 10 微米的气溶胶粒子，尤其是细微颗粒物，如矿物颗粒物、海盐、硫酸盐、硝酸盐、有机气溶胶粒子、燃料和汽车尾气等。一般相对湿度小于 80% 时的大气混浊、视野模糊导致的能见度恶化是霾造成的；相对湿度大于 90% 时的大气混浊、视野模糊导致的能见度恶化是雾造成的；相对湿度介于80%～90%之间时的大气混浊、视野模糊导致的能见度恶化是雾和霾的混合物共同造成的，但其主要成分是霾。早晚湿度大时，雾的成分多。白天湿度小时，霾为主。雾是自然天气现象，空气中水汽氤氲，虽然以灰尘作为凝结核，但总体无毒无害；霾的核心物质是悬浮在空气中的烟、灰尘等物质，对人体危害大。自2013年以来，中国曾发生多次大范围持续雾霾天气，约6亿人受影响。

## 五、大气相关法律政策及标准

### 1. 法律法规

我国已形成以《宪法》为基础，以《环境保护法》为统领，以新修订的《大气污染防治法》和《大气污染防治行动计划》为核心的法律法规体系。为持续改善空气质量，还出台了一系列相关的政策和法规。

（1）《大气污染防治法》

新修订的《大气污染防治法》被称为“史上最严”的大气污染防治法，不仅在法条数量上几近翻了一倍，内容上也基本对所有现行法条做出修改。大气污染的防治，以改善空气质量为目标，实行污染物总量控制制度，推行污染源排放权交易制度，加强对燃煤、工业、机动车、船舶、扬尘等大气污染的综合防治，将挥发性有机物、生活性排放等物质和行为纳入监管范围，鼓励清洁能源的开发等，强化大气环境质量限期达标制度，向社会公开限期达标规划及执行情况。该法律对大气污染防治的监督管理体制，主要的法律制度，防治燃烧产生的大气污染、防治机动车船排放污染以及防治废气、粉尘和恶臭污染的主要措施与法律责任等均做了较为明确具体的规定。

（2）《大气污染防治行动计划》

涉及燃煤、工业、机动车、重污染预警等十条措施，被称为空气“国十条”。

### 2. 环境空气质量控制标准

环境空气质量控制标准是执行《环境保护法》和《大气污染防治法》、实施环境空气质量管理及防治大气污染的依据和手段。

环境空气质量控制标准按用途可分为环境空气质量标准、大气污染物排放标

准、大气污染控制技术标准及大气污染警报标准等。按其实施范围可分为国家标准、行业标准、地方标准和企业标准。此外，我国还实行了大中城市空气污染指数报告制度。

（1）《环境空气质量标准》（GB 3095—2012）

该标准规定了环境空气质量功能区划分、标准分级、污染物项目、取值时间及浓度限制，采样与分析方法及数据统计的有效性，首次发布于 1982 年，1996 年第一次修订，2000 年第二次修订，2012 年第三次修订。

（2）《大气污染物综合排放标准》（GB 16297—1996）

该标准规定了 33 种大气污染物的排放限制，设置了三项指标：①通过排气筒排放的污染物最高允许排放浓度；②通过排气筒排放的污染物，按排气筒高度规定的最高允许排放速率；③以无组织方式排放的污染物，规定无组织排放的监控点及相应的监控浓度限值。该标准规定任何一个排气筒必须同时遵守最高允许排放浓度和最高允许排放速率两项指标，超过其中任何一项均为超标排放。

在我国现有的国家大气污染物排放标准体系中，遵循综合性排放标准与行业性排放标准不交叉执行的原则，如锅炉执行《锅炉大气污染物排放标准》（GB 13271—2014），工业炉窑执行《工业炉窑大气污染物排放标准》（GB 9078—1996），火电厂执行《火电厂大气污染物排放标准》（GB 13223—2011），炼焦炉执行《炼焦化学工业污染物排放标准》（GB 16171—2012），水泥厂执行《水泥工业大气污染物排放标准》（GB 4915—2013）等，其他大气污染物排放均执行《大气污染物综合排放标准》（GB 16297—1996）。

## 六、大气污染的综合防治

### 1. 全面规划、合理布局

环境规划是体现环境污染综合防治以预防为主的最重要、最高层次的手段。为控制城市和工业区的大气污染，必须在进行区域经济和社会发展规划的同时，根据该区域的大气环境容量，做好全面环境规划，采取区域性联合防治措施。

### 2. 严格环境管理

环境管理体制由环境立法、监测和保护管理机构组成，环境法律法规是进行环境管理的依据，它以法律、法令、条例、规定、标准等形式构成一个完整的体系。

### 3. 控制大气污染的技术措施

实施清洁生产，包括生产过程和产品两方面。对生产过程而言，要求节约资源与能源、不使用有毒有害原材料和降低排放物数量和毒性，实现生产过程的无污染或少污染；对产品而言，要求产品使用过程不危害生态环境、人体健康，使用寿命长，易于回收再利用。

### 4. 控制污染的经济政策

世界各国用于环境保护的投资占国民生产总值（GNP）的比例，通常发展中国家为 0.5%～1%，发达国家为 1%～2%。我国用于环境保护的投资占国民生产总值的比例为 0.7%～0.8%。

### 5. 控制污染的产业政策

鼓励类。主要是针对经济社会发展有重要促进作用，有利于节约资源、保护环境、产业结构优化升级，需要采取政策措施予以鼓励和支持的关键技术、装备及产品。

限制类。主要是针对工艺技术落后，不符合行业准入条件和有关规定，不利于产业结构优化升级，需要督促改造和禁止新建的生产能力、工艺技术、装备及产品。

淘汰类。主要是针对不符合有关法律法规规定，严重浪费资源、污染环境、不具备安全生产条件而需要淘汰的落后工艺技术、装备及产品。

### 6. 绿化造林

绿色植物是区域生态环境中不可缺少的重要组成部分，绿化造林不仅能美化环境、调节空气温湿度或城市小气候、保持水土、防风治沙，而且在净化空气（吸收二氧化碳、有害气体、颗粒物、杀菌）和降低噪声方面都会起到显著作用。

### 7. 安装废气净化装置

当采取了各种大气污染防治措施之后，大气污染物的排放浓度（或排放量）仍达不到排放标准或环境空气质量标准时，则必须安装废气净化装置，对污染源

进行治理。

## 即学即用

1. 气态污染物硫氧化物与氮氧化物的主要来源有哪些？

2. 大气污染的综合防治主要有哪些措施？

# 6.2　生活废气减排与处理

居民在取暖、烧饭、沐浴、出行的过程中，会向大气排放大量的一氧化碳、煤烟、二氧化硫等污染气体，特别是汽车尾气和餐饮油烟，二者也是排放废气量最大的源头，其排放高度低、分布广，造成的危害较大。

## 一、汽车尾气减排与处理

### 1. 汽车尾气污染现状

汽车尾气排放污染物量很大，2020 年全国机动车四项污染物排放总量为 1 593.0 万吨。其中，一氧化碳、碳氢化合物（HC）、氮氧化物（$NO_x$）、颗粒物排放量分别为 769.7 万吨、190.2 万吨、626.3 万吨、6.8 万吨。汽车是污染物的主要排放者，其排放的一氧化碳、碳氢化合物、氮氧化物和颗粒物超过 90%。柴油车氮氧化物排放量超过汽车排放总量的 80%，颗粒物排放量超过汽车排放总量的 90%；汽油车一氧化碳排放量超过汽车排放总量的 80%，碳氢化合物排放量超过汽车排放总量的 70%。

由图 6–4 机动车污染物排放量分担率可知，90% 以上一氧化碳、碳氢化合物、氮氧化物、颗粒物由汽车排放。一氧化碳和碳氢化合物主要由小型客车排放，氮氧化物和颗粒物主要由重型货车排放。造成汽车尾气污染情况的具体原因包括以下几个方面。

（1）汽车保有量大幅增加

2020 年，全国机动车保有量达到 3.72 亿辆，比 2019 年增长 6.9%，其中，新能源汽车保有量达到 492.0 万辆。

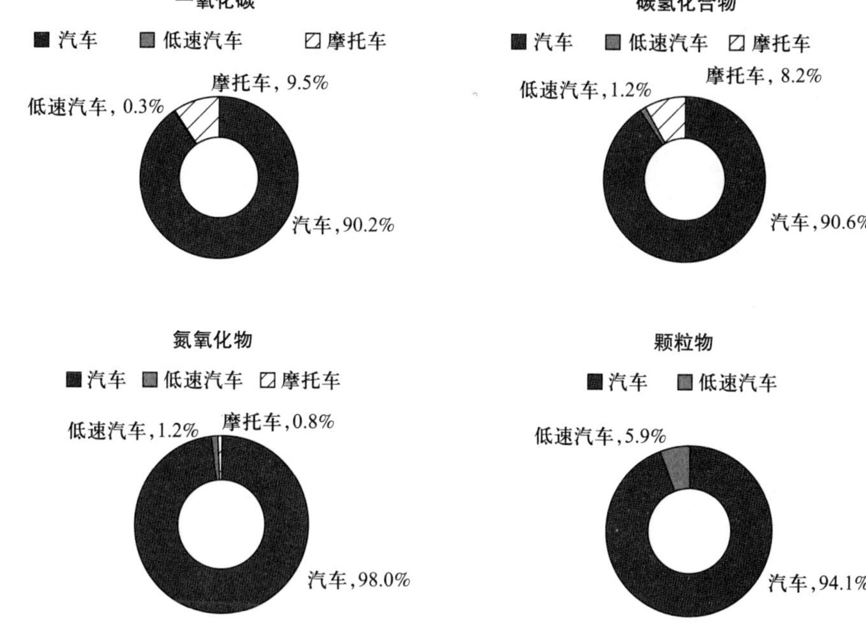


图 6-4　机动车污染物排放量分担率

（2）发动机燃料质量低

汽车尾气的排放气体中含有大量的有害物质，这与汽车发动机的燃料质量有直接关系。

（3）汽车尾气控制不理想

这也是导致汽车尾气污染严重的主要原因之一。

## 2. 汽车尾气减排与处理

（1）汽车尾气净化方案包括通过充分燃烧燃料来降低尾气中危害性物质含量的“物理净化”和利用充分的化学燃烧反应来避免气体过量排放的“化学净化”。

（2）对汽车燃料进行改良优化，降低尾气污染物排放量。在汽油中加入适量清洁剂，能在有效消除燃烧室沉淀物问题的前提下保证环境安全。

（3）建立健全法律法规，部分生产企业缺乏责任感，在生产汽车尾气净化器时偷工减料，导致汽车尾气排放指标超过限定标准，造成大气污染。

（4）推广和使用新能源汽车，可有效避免汽车尾气对人体的危害。

（5）确保道路交通的有序运行，道路越堵，尾气排放的情况就越严重。

## 二、餐饮油烟减排与处理

### 1. 餐饮油烟排放现状

餐饮油烟是指食物烹饪过程中挥发的油脂、有机质及热裂解产生的混合物，是一种气、液、固混合物，成分非常复杂。餐饮业油烟污染物主要包括颗粒物，其中，颗粒物粒径在 0.01 ~ 10 微米之间，主要为细微颗粒物、可吸入颗粒物和总悬浮颗粒物等细粒子；气态有机物，其组分复杂，包含烷烃、烯烃、芳香族等挥发性有机物及醛类、酮类、醇类、酯类等含氧挥发性有机物。我国人均食用油的消耗量是 1 天 40 克，三口之家 1 天消耗食用油 120 克，1 年消耗食用油 43 200 克。按家用吸油烟机 95% 油脂去除率来估算，每年每户排放油烟颗粒物 2 160 克；按全国 14.1 亿人口计算，全年分散式点源的油烟排放量就有 0.028 亿吨的油烟颗粒物。

### 2. 餐饮油烟减排与治理

（1）餐饮行业油烟减排与治理

1）加强管理、合理规划。餐饮业集中建设并配套专用油烟管道。

2）提高餐饮油烟污染防治法律体系的建设。一是要提高油烟污染的防治意识；二是加强执法，出台餐饮业油烟污染排放限值、惩治措施等。

3）加强油烟监测与公众监督。对油烟净化设备运行状况进行监测管理。

4）严格餐饮市场准入。对于新建、改扩建餐饮企业，严格落实三同时制度。

5）确保油烟净化效果。及时清洗维护，使油烟机运行正常、净化效果良好。

6）规范油烟净化设备市场。加强油烟净化设备设施的监管，提高排放标准，强化产品认证管理，保证市场的规范性；杜绝劣质产品低成本的不良竞争。

（2）厨房油烟

当油温超过 200 ℃时，生成油烟的主要成分丙烯醛，具有强烈的辛辣味，对鼻、眼、咽喉黏膜有较强的刺激，可引起鼻炎、咽喉炎、气管炎等呼吸道疾病；当油烧到“吐火”时，油温超过 300 ℃，这时除产生丙烯醛外，还会产生凝聚体，导致慢性中毒，诱发呼吸和消化系统癌变。

## 知识拓展：环保三同时制度

根据《环境保护法》第四十一条规定："建设项目中防治污染的设施，应当与主体工程同时设计、同时施工、同时投产使用"，简称环保三同时制度。

## 技能拓展：减少厨房油烟的技巧

1. 用新油炒菜，不用加热过的油炒菜。煎炸过的油脂的烟点会明显下降，这就意味着炒菜时油烟更多，对操作者的健康会造成更大伤害。

2. 不选择爆炒、煎炸、过油、过火的炒菜方式。爆炒需要近300 ℃的温度，会让锅中的油产生大量油烟。锅里着火的操作，更会让油温超过300 ℃，会产生大量苯并芘致癌物。煎炸、过油方式会使油脂重复利用，从而增加油烟的产生。

3. 炒菜时，在油烟明显产生前把菜放进去，可避免油温过高。炒菜前，将葱丝放进锅里，看葱周围已经冒泡但颜色不变，就说明油温适合炒菜了。

4. 不要每餐每个菜都用炒、炸、煎制作，多用炖、煮、蒸、烤、凉拌等方式，可减少油烟与油脂摄入量。同时，还有助于培养清淡口味的饮食习惯。

5. 采用有效的抽油烟机，最好是安装距离烹调火源很近的抽油烟机。不用欧式产品，有效抽油烟的标准是，距离灶台一米远就闻不到炒菜的味道。

6. 开火的同时开抽油烟机，等炒菜完成后继续开5分钟再关上。燃气燃烧、烹调油烟都会产生多种废气。过度受热的食品中会产生致癌物，蔬菜也将因此失去防癌等保健效用。

## 即学即用

1. 汽车尾气的主要污染物有哪些？汽车尾气的危害包括哪些？

2. 减少汽车尾气的方式有哪些？

3. 油烟治理包括哪些方法？应该如何减少厨房油烟？

# 6.3 生产废气处理与利用

生产过程中，各行各业产生的废气各不相同，如火电厂、工业窑炉等产生的废气污染物主要包括二氧化硫、氮氧化物、粉尘、碳氧化物及重金属物质；家具制造、包装印刷等行业产生的废气主要是有机废气。

## 一、颗粒物控制

颗粒物控制一般采用除尘装置或除尘器。从气体中去除或捕集固态或液态微粒的设备称为除尘装置或除尘器。

### 1. 机械除尘器

机械式除尘器通常指利用质量力（重力、惯性力和离心力等）的作用使颗粒物与气流分离的装置，包括重力沉降室、惯性除尘器和旋风除尘器等。

（1）重力沉降室

1）技术原理。重力沉降室是通过重力作用使尘粒从气流中自然沉降分离的除尘设备。含尘气流进入重力沉降室后，由于扩大了流动截面积而使气体流速大大降低，较重尘粒在重力作用下缓慢向灰斗沉降，而气体则沿水平方向继续前进，从而达到除尘的目的。重力沉降室结构如图 6–5 所示。

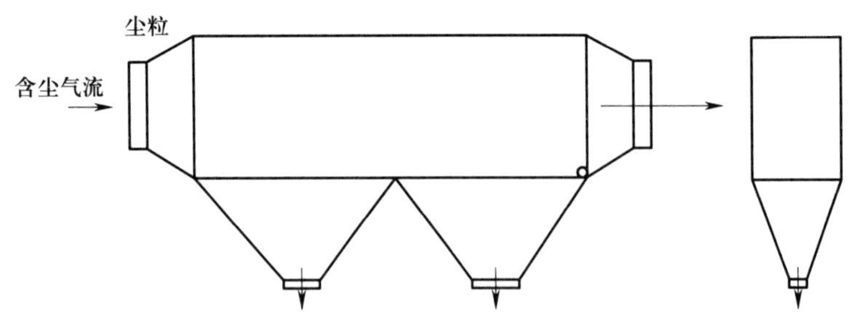


图 6–5　重力沉降室结构示意图

2）系统工况监视。运行过程中须监视系统的工况，如烟气流速、颗粒物大小等。当工况异常时，运行人员须及时处理。

3）定期和启动前巡检。按照操作手册对系统进行巡检，确认烟气流速、烟气压力等正常。

（2）惯性除尘器

1）技术原理。惯性除尘器是利用尘粒惯性力的作用，使含尘气流与挡板撞击或急剧改变气流方向，使尘粒与气流发生分离的装置。

2）系统分类。惯性除尘器根据其结构形式可分为碰撞式除尘器和回转式除尘器。

碰撞式除尘器流动的通道内增设挡板，当含尘气流流经挡板时，尘粒借助惯性力撞击在挡板上，失去动能后的尘粒在重力的作用下沿挡板下落，进入灰斗中。挡板可以是单级的，也可以是多级的。多级挡板交错布置，一般可设置 3～6 排，如图 6–6 所示。在实际工作中大多采用多级式挡板，目的是增加撞击的机会，以提高除尘效率。

回转式除尘器又分为弯管型、百叶窗型和多层隔板型三种板型，其使含尘气体多次改变运动方向，在转向过程中把粉尘分离出来，如图 6–7 所示。

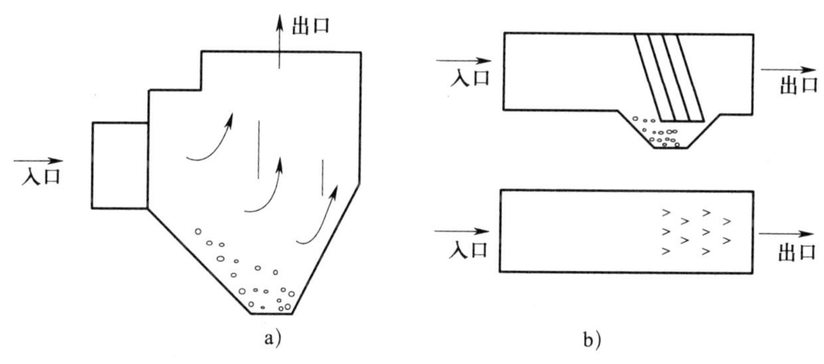


图 6–6　碰撞式除尘器结构示意图

a）弯管型　b）多层隔板型

3）技能要点

①系统工况监视。运行过程中须监视系统的工况，如烟气流速、颗粒物大小、入口角度等。当工况异常时，运行人员须及时处理。

②定期和启动前巡检。按照操作手册对系统进行巡检，确认烟气流速、烟气压力等正常。

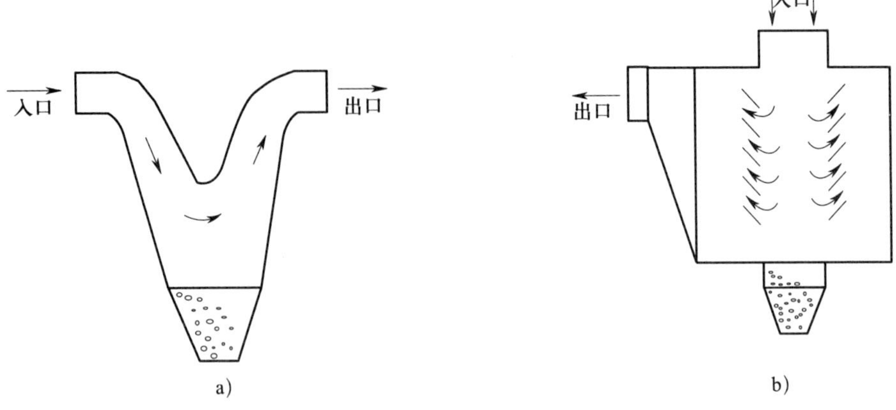


图 6–7　回转式除尘器结构示意图

a）单级型　b）多级型

（3）旋风除尘器

1）技术原理。旋风除尘器是利用气流在旋转运动中产生的离心力来清除气流中尘粒的设备。由于其结构简单、体积小、可耐高温、制造容易、造价和运行费用较低，适用于非黏性及非纤维性粉尘的去除；大多用来捕集 5 微米以上的粉尘，除尘效率 80%～90%。选用耐高温、耐磨蚀和腐蚀的特种金属或陶瓷材料构造的旋风除尘器，可在温度高达 1 000 ℃、压力达 500×105 帕的条件下操作。压力损失控制范围一般为 500～2 000 帕。因此，它是中效除尘器，可用于高温烟气的净化，也是应用广泛的一种除尘器，多应用于锅炉烟气除尘、多级除尘及预除尘。旋风除尘器原理结构如图 6–8 所示。

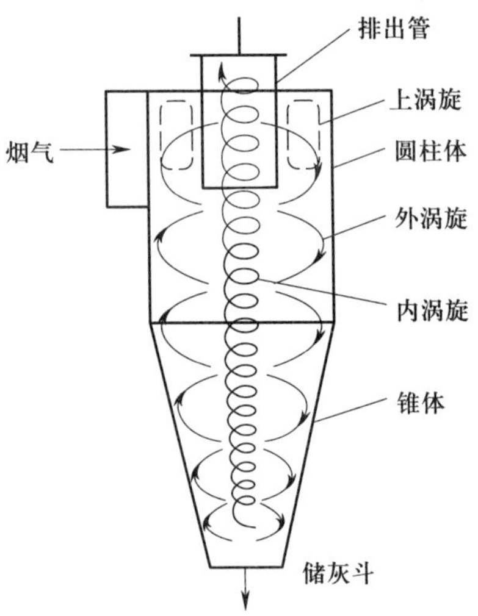


图 6–8　旋风除尘器原理结构图

2）技能要点

①系统工况监视。运行过程中须监视系统的工况，如烟气流速、颗粒物大小、入口角度等。当工况异常时，运行人员须及时处理。

②定期和启动前巡检。按照操作手册对系统进行巡检，确认烟气流速、烟气压力等正常。

## 2. 电除尘器

（1）技术原理

利用电除尘的设备称为电除尘器（ESP）。在高压电场的作用下，通过电晕放电使含尘气流中的尘粒带电，利用电场力使粉尘从气流中分离出来并沉积在电极上。

（2）应用场景

电除尘器在冶金、水泥、发电及化工行业中广泛应用。

（3）系统分类

电除尘器的结构形式很多，根据集尘极的形式分为管式电除尘器和板式电除尘器两种，如图 6-9、图 6-10 所示；根据气流的流动方式，分为立式电除尘器和卧式电除尘器两种；根据粉尘在电除尘器内的荷电方式及分离区域布置的不同，分为单区静电除尘器和双区电除尘器。

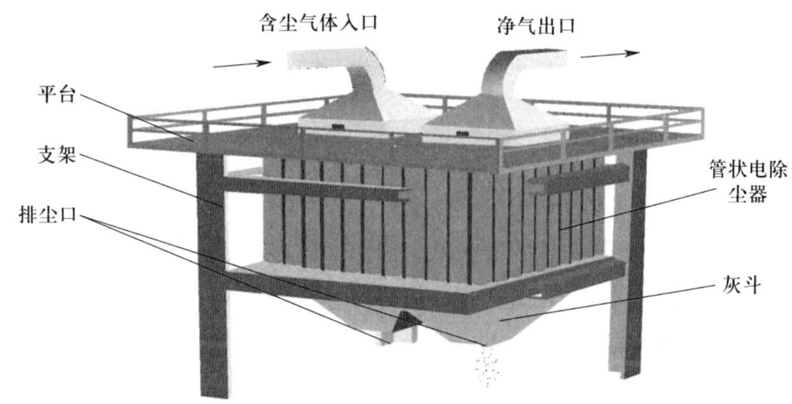


图 6-9　管式电除尘器原理结构图

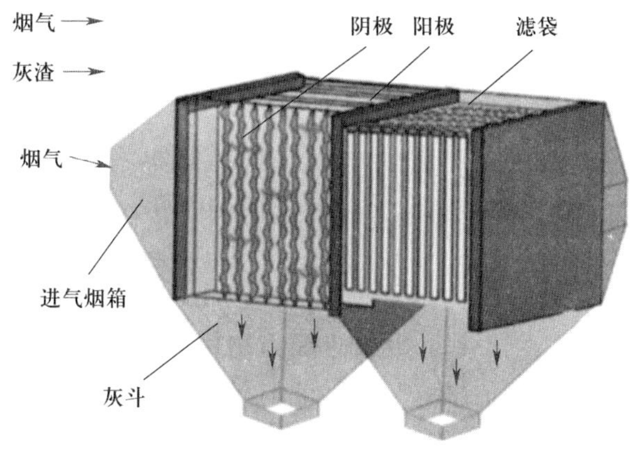


图 6-10　板式电除尘器原理结构图

（4）技能要点

1）系统工况监视。运行过程中须监视系统的工况，如烟气温度、烟气流速、板间距、电晕线间距、气流分布均匀程度等。当工况异常时，运行人员须及时处理。

2）定期和启动前巡检。按照操作手册对系统进行巡检，确认本体设备和供电设备是否均能正常运行。

### 3. 袋式除尘器

（1）技术原理

过滤式除尘器是利用多孔介质的过滤作用捕集含尘气体中粉尘的除尘器。这种除尘方式最典型的装置是袋式除尘器，它是过滤式除尘器中应用最为广泛的一种，属于一种干式高效过滤式除尘器，适用于清除粒径 0.1 微米以上的尘粒，除尘效率一般可达 99% 以上，适用于捕集细小、干燥、非纤维性粉尘。过滤式除尘器操作稳定，便于回收干料，无污泥处理，不产生设备腐蚀等问题，维护简单。缺点是应用范围受滤料限制，不适用于黏结性强及吸湿性强的粉尘，过滤速度较低，设备体积庞大，滤袋损耗大，压力损失大，运行费用较高等。袋式除尘器原理结构如图 6–11 所示。

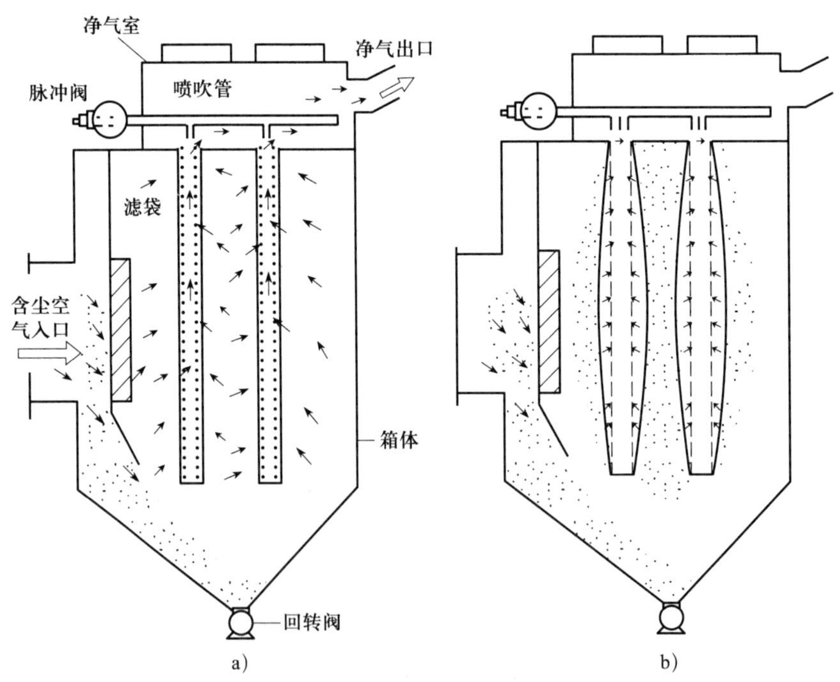


图 6–11　袋式除尘器原理结构图

a）工作状态　b）清灰状态

（2）系统分类

袋式除尘器按结构特点分为四种形式，分别为上进风式和下进风式、正压式和负压式、圆袋式和扁袋式、内滤式和外滤式。

（3）技能要点

1）启动操作流程

①投运前的预喷涂。除尘器投入运行之前必须完成的工作，目的是在集尘器工作之前，防止在过滤袋的表面形成由碱性粉末组成的灰层，以防止烟气腐蚀过滤袋。

②打开所有电源，压缩空气源，启动灰渣输送设备，并将灰渣清洁控制器设置为手动状态。

③将压力测量装置连接到集尘器的压力测量端口。

④启动主风扇，观察空载运行阻力，测量进风口和出风口的风量，并计算出漏风率；空气泄漏率应小于 5%，否则应进行检查和处理。

⑤启动所有工艺设备。通入粉尘烟气，观察集尘器的工作阻力和排气口的排放情况。新的滤袋投入使用后，排气口会产生少量灰尘，这是正常现象，一段时间后会自行消除。

⑥当集尘器的运行阻力上升到 1 000 ~ 1 200 帕时，启动除灰控制器以清洁灰，并观察压降。

2）系统工况监视。运行过程中须监视系统的工况，如烟气流量、设备阻力、除尘效率等。当工况异常时，运行人员须及时处理。

3）定期和启动前巡检。按照操作手册对系统进行巡检，确认滤袋是否发生堵塞、滤袋的清灰是否正常、风量是否发生变化、滤袋上是否发生粉尘板结现象、系统管道是否发生破损等。

## 二、二氧化硫控制

二氧化硫去除的方法有回收法和抛弃法。抛弃法是将脱硫的生成物作为废物抛弃。回收法是将二氧化硫转变为有用的物质回收，成本高，所得副产品存在着应用和销路问题。低浓度二氧化硫烟气回收法包括湿式石灰石—石膏法脱硫、氨法脱硫，高浓度二氧化硫烟气主要为回收二氧化硫制酸。

我国的燃煤/燃气电厂、燃煤/燃气锅炉、炼钢、煤化工业等行业烟气中的二氧化硫浓度较低，常采用湿式石灰石—石膏法、氨法、钠碱法等脱硫；冶炼工业烟气中二氧化硫浓度较高，常采用回收二氧化硫制酸等。

### 1. 湿式石灰石—石膏法脱硫

（1）技术原理

湿式石灰石—石膏法脱硫工艺的原理是将石灰石粉制成浆液作为脱硫吸收剂，与经降温后进入吸收塔的烟气接触混合，烟气中的二氧化硫与浆液中的碳酸钙进行化学反应，最后生成二水石膏。脱硫后的净烟气依次经过除雾器除去水滴、再经过烟气换热器加热升温后，经烟囱排入大气。由于在吸收塔内吸收剂经浆液再循环泵反复循环与烟气接触，吸收剂利用率高，脱硫效率不低于 95%，适用于各煤种的烟气脱硫。

湿式石灰石—石膏法脱硫工艺流程图如图 6-12 所示。

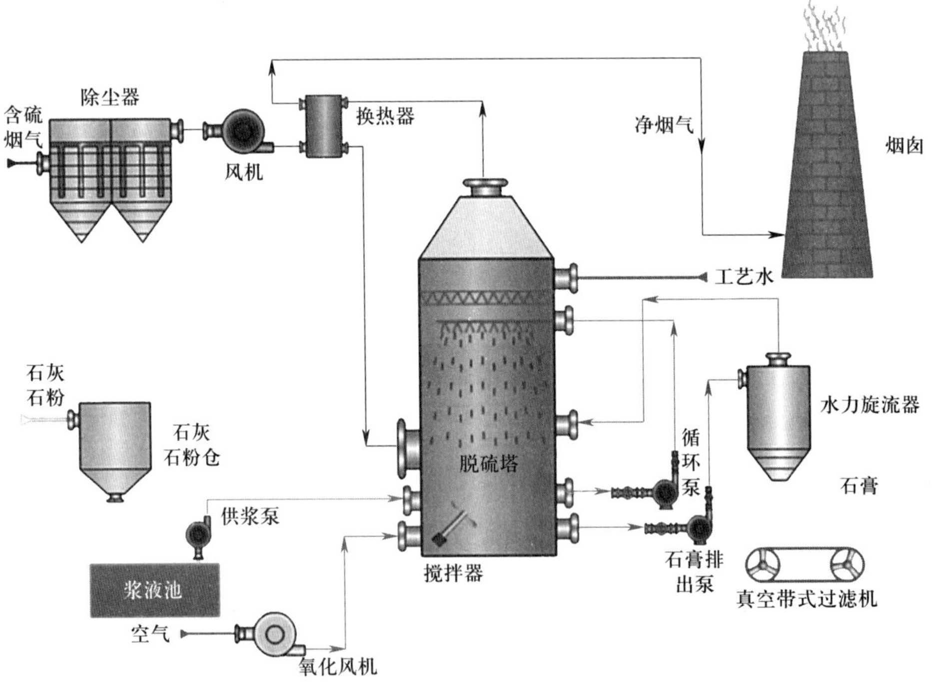


图 6-12 湿式石灰石—石膏法脱硫工艺流程图

（2）技能要点

1）湿式石灰石—石膏法脱硫系统长期停运后的启动操作流程如图 6–13 所示。

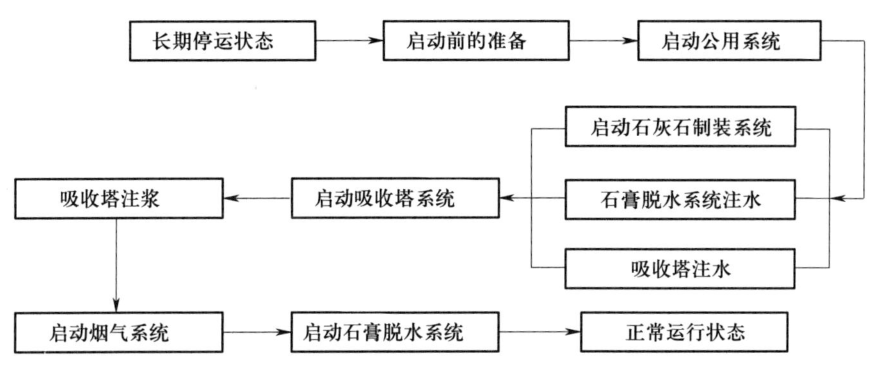


图 6–13　湿式石灰石—石膏法脱硫系统长期停运后的启动操作流程

2）系统工况监视。运行过程中须监视系统的工况，如烟气流量、烟气流速、浆液 pH 值、出口浓度等。当工况异常时，运行人员须及时处理。

3）定期和启动前巡检。按照操作手册对系统进行巡检，确认吸收塔是否结垢及堵塞、管道是否发生腐蚀、管道是否发生破损等。

### 2. 氨法脱硫

（1）技术原理

氨法是以氨水（$NH_3 \cdot H_2O$）为吸收剂吸收废气（或烟气）中的二氧化硫，方法成熟。氨法脱硫方法虽多，但其原理基本相同，所不同的是由于对吸收液采取再生方法及工艺技术路线的不同，将会得到不同的副产物。

氨法技术成熟，工艺流程简单，操作方便，可将烟气中的有害成分二氧化硫转化成化肥硫酸铵，既可消除二氧化硫对环境的污染，又缓解了生产化肥过程中对二氧化硫的消耗，可谓变废为宝，在我国具有很好的应用前景。氨—硫铵法脱硫工艺流程如图 6–14 所示。

（2）技能要点

1）启动操作流程。启动前的准备→启动前的检查→设备的启动→脱硫系统启动→脱硫系统通烟气→启动完成。

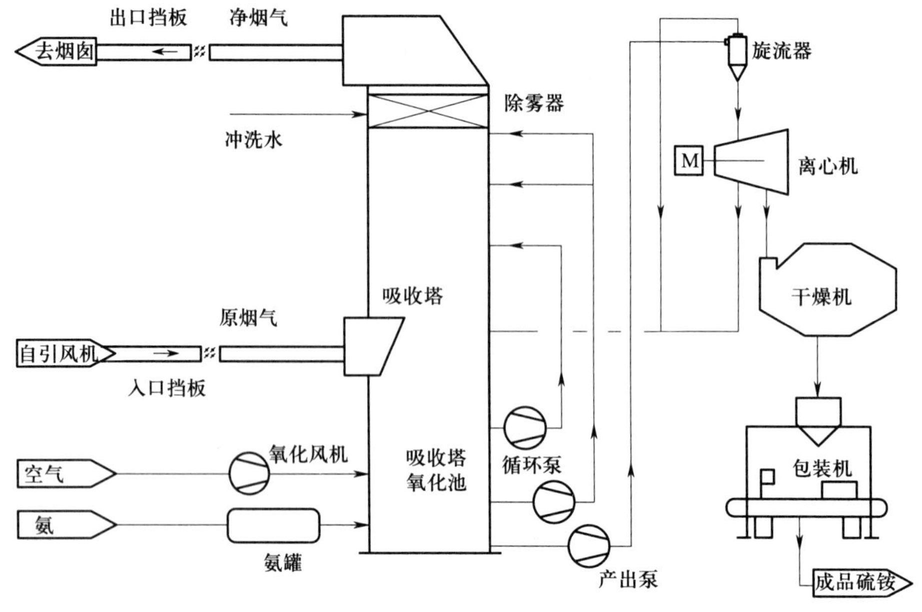


图 6-14　氨—硫铵法脱硫工艺流程图

2）系统工况监视。运行过程中须监视系统的工况，如烟气流量、烟气流速、浆液 pH 值、出口浓度、吸收塔液位等。当工况异常时，运行人员须及时处理。

3）定期和启动前巡检。按照操作手册对系统进行巡检，确认吸收塔是否结垢及堵塞、管道是否发生腐蚀、管道是否发生破损等。

### 3. 高浓度二氧化硫制酸

有色金属冶炼时，会产生大量的二氧化硫烟气。我国是有色金属硫化矿冶炼技术种类最齐全的国家，有色金属的矿源不同，使得其冶炼烟气中二氧化硫浓度高达 26%。高浓度（3.5% 以上）二氧化硫烟气常采用回收制酸的工艺。

冶炼烟气制酸的主要工序流程分为：净化—干燥—转化—吸收。

（1）净化

烟气中的二氧化硫和氧气是制酸过程的主要原料。然而，有色金属冶炼产生的烟气中还含有大量的粉尘和一些其他的杂质，对制酸过程是有害的，必须通过净化工序将这些杂质清除到规定指标。

（2）干燥

烟气经过洗涤降温和除雾后，其中尘、砷、氟及酸雾等杂质被分离除去。这时的烟气几乎被水蒸气饱和。在淋洒 93% 硫酸的干燥塔内脱除烟气中所含的水分，经过干燥后烟气含水 <0.1 克 / 立方米，经鼓风机送转化工段。

（3）转化

冶炼烟气在除去有害杂质后进入转化系统。气体进入转化系统后，在一定温度下，通过触媒催化，使烟气中二氧化硫与氧气化合生成三氧化硫。

（4）吸收

使用填料塔用 98.3% 硫酸吸收混合气体中的三氧化硫，三氧化硫被硫酸吸收后与其中的水化合。

常用的制酸工艺包括一转一吸工艺、两转两吸工艺、加压法、沸腾法等。两转两吸制酸工艺流程如图 6-15 所示。

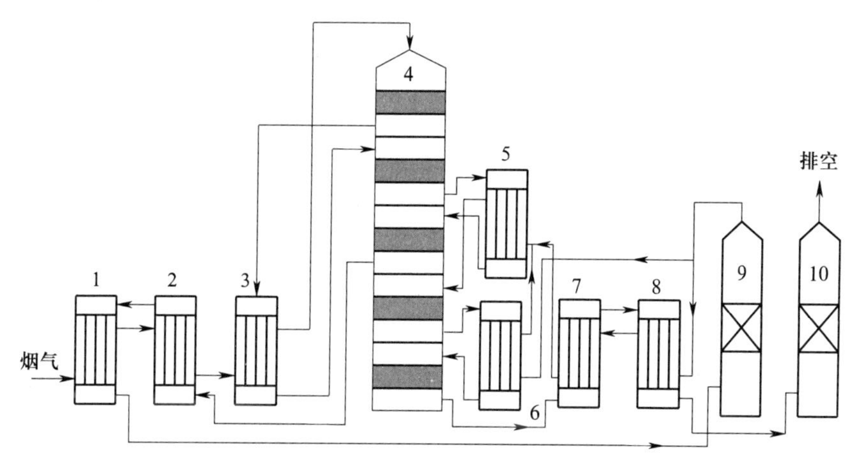


图 6-15 两转两吸制酸工艺流程图

1—Ⅲ热交换器 2、3—Ⅰ热交换器 4—转化器 5—Ⅱ热交换器
6—Ⅳ热交换器 7、8—Ⅴ热交换器 9—吸塔 10—二吸塔

## 三、氮氧化物控制

煤燃烧过程中产生的氮氧化物主要是一氧化氮和二氧化氮，此外，还有少量的氧化二氮（$N_2O$）产生。和二氧化硫的生成机理不同，在煤燃烧过程中，氮氧化物的生成量和排放量与煤燃烧方式特别是燃烧温度和过量空气系数等燃烧条件关系密切。

控制氮氧化物的方法包括改革燃烧方式和生产工艺，减少氮氧化物的生成

量，烟气脱硝，高烟囱扩散稀释等。现在烟气脱硝仍是控制氮氧化物污染的主要方法。烟气脱硝技术主要有选择性催化还原（SCR）、选择性非催化还原（SNCR）等。

## 1. 选择性催化还原

（1）技术原理

选择性催化还原法是指在催化剂的作用下，利用还原剂（如氨气、液氨、尿素）"有选择性"地与烟气中的氮氧化物反应并生成无毒无污染的氮气和水的方法。选择性催化还原技术对锅炉烟气氮氧化物控制效果好、技术成熟，是世界上应用最多、最有成效的一种烟气脱硝技术，在合理的布置及温度范围下，脱除率可达到 80%～90%。

在没有催化剂的情况下，上述化学反应只在很窄的温度范围内（850～1 100 ℃）进行，采用催化剂后使反应活化能降低，可在较低温度（300～400 ℃）条件下进行。而选择性是指在催化剂的作用和氧气存在的条件下，氨气优先与氮氧化物发生还原反应，而不和烟气中的氧气进行氧化反应。国内外选择性催化还原系统多采用高温催化剂，反应温度在 315～420 ℃。火电厂烟气选择性催化还原脱硝工艺流程如图 6-16 所示。

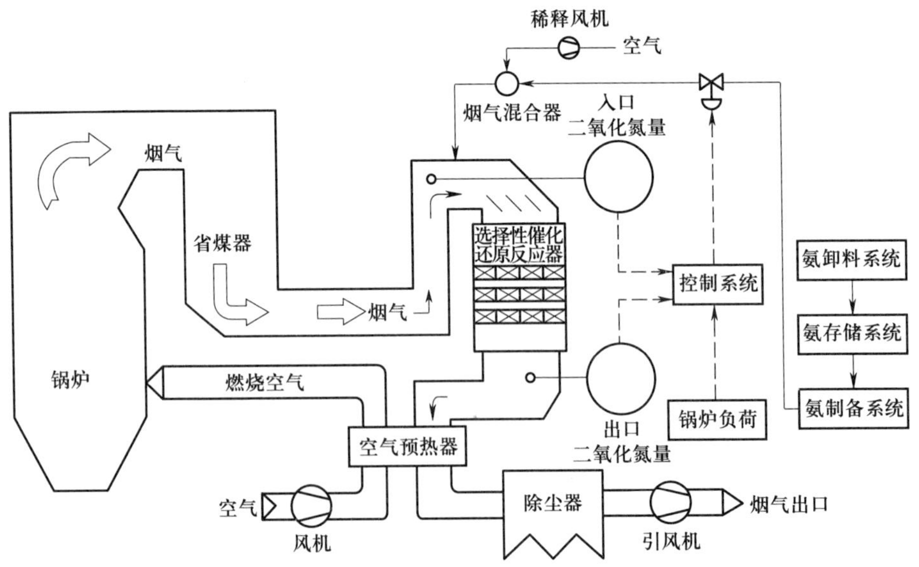


图 6-16　火电厂烟气选择性催化还原脱硝工艺流程图

（2）技能要点

1）启动操作流程。系统运行前的检查→投入蒸发器→投入稀释风机→选择性催化还原区投入→投入吹灰系统→启动完成。

2）系统工况监视。运行过程中须监视系统的工况，如烟气流量、烟气流速、出口浓度、去除效率等。当工况异常时，运行人员须及时处理。

3）定期和启动前巡检。按操作手册对系统巡检，确认氨储罐有无破损、氨储罐区喷淋水系统是否正常运行、氨储罐温度是否正常、氨储罐压力是否正常等。

## 典型案例：火力发电厂烟气脱硫

1. 概述

某火力发电厂的一期工程 2×360 MW 机组，配套烟气脱硫装置随主机同步建成投运。该装置为我国首次从国外引进的湿式石灰石—石膏法脱硫装置，采用格栅填料吸收塔技术，原参数为：出口烟气二氧化硫浓度≤ 400 毫克 / 标准立方米，系统脱硫效率≥ 95%。

2. 改造

（1）2012 年脱硫系统进行取消旁路烟道改造，采用石灰石 / 石膏就地强制氧化脱硫工艺。改造完成后，出口烟气二氧化硫浓度≤ 400 毫克 / 标准立方米，脱硫效率≥ 97.2%。

（2）2017 年脱硫系统再次进行超低排放改造，改造完成后，出口烟气二氧化硫浓度≤ 30 毫克 / 标准立方米，脱硫效率≥ 99.6%。在保证电除尘出口烟尘浓度≤ 30 毫克 / 标准立方米条件下，系统参与协调除尘，出口烟尘浓度小于 10 毫克 / 标准立方米，同时新增水煤式烟气—烟气换热器（WGGH）系统，提升了余热的利用率。

3. 改造效果

经 2 次改造后，电厂的烟气排放由建厂时的二氧化硫浓度≤ 400 毫克 / 标准立方米，降到了 30 毫克 / 标准立方米以下，烟气出口颗粒物浓度降到 10 毫克 / 标准立方米以下；系统脱硫效率从建厂时的≥ 95%，提升到了≥ 99.6%。科技的进步，使烟气脱硫满足了国家新标准，改造效果显著。

## 2. 选择性非催化还原

（1）技术原理

选择性非催化还原法是指在无催化剂的作用下，在适合脱硝反应的“温度窗口”内喷入还原剂将烟气中的氮氧化物还原为无害的氮气和水的方法。该技术一般采用炉内喷氨、尿素或氢氨酸作为还原剂还原氮氧化物。还原剂只和烟气中的氮氧化物反应，一般不与氧气反应。由于该工艺不用催化剂，因此必须在高温区加入还原剂。还原剂喷入炉膛温度为 850 ~ 1 100 ℃，迅速热分解成氨气，与烟气中的氮氧化物反应生成氮气和水。

选择性非催化还原常用于锅炉炉膛，将氮氧化物排放量降至大约 200 毫克 / 标准立方米。在炉内选择性非催化还原系统的还原剂制备、稀释、喷射、控制系统的基础上，加装烟气尾部脱硝装置，组成联合烟气脱硫脱硝工艺（SNCR/SCR）。SNCR/SCR 联合烟气脱硝工艺流程如图 6–17 所示。

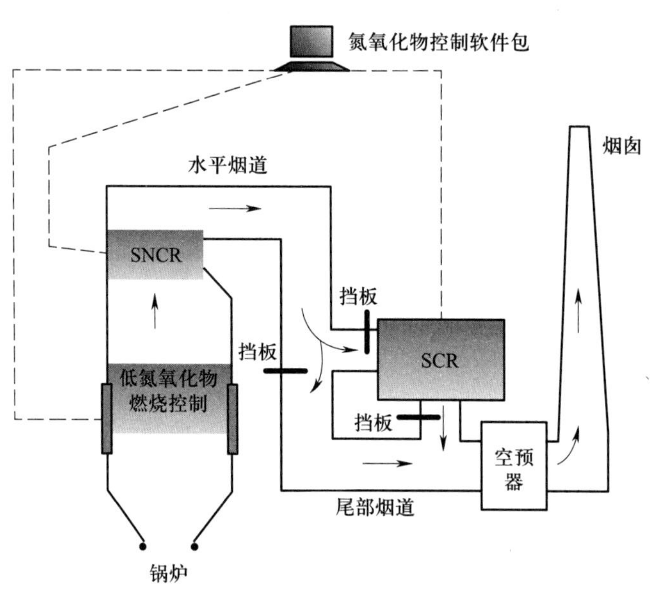


图 6–17　SNCR/SCR 联合烟气脱硫脱硝工艺流程图

（2）技能要点

1）启动操作流程。系统运行前的检查→喷枪进行雾化实验→启动氨水输送泵→启动喷枪→启动完成。

2）系统工况监视。运行过程中须监视系统的工况，如烟气流速、出口浓度、去除效率等。当工况异常时，运行人员须及时处理。

3）定期和启动前巡检。按照操作手册对系统进行巡检，确认氨储罐有无破损、氨储罐区喷淋水系统是否正常运行、氨储罐温度是否正常、氨储罐压力是否正常、喷枪是否堵塞等。

## 四、挥发性有机物控制

挥发性有机物控制技术分为净化技术和回收技术两类。净化技术主要是将挥发性有机物转化为二氧化碳和水，如燃烧法。回收技术是将挥发性有机物净化并回收，如吸附法、冷凝法、吸收法、生物法等。也可采用上述方法的组合，如冷凝—吸附、吸收—冷凝等。工业上常用的挥发性有机物控制技术为燃烧法。

燃烧法只适用于净化可燃有害组分浓度较高的废气，或者是用于净化有害组分燃烧热值较高的废气。由于有机气态污染物燃烧氧化的最终产物是二氧化碳和水，因而使用这种方法不能回收有用的物质，但由于燃烧时放出大量的热，使排气的温度很高，所以可以回收热量。目前，在实际中使用的燃烧净化方法有直接燃烧、热力燃烧和催化燃烧。直接燃烧法运行费用低，但因燃烧温度高，易发生爆炸，且浪费热能，有二次污染，较少采用。热力燃烧法通过热交换器回收了热能，降低了燃烧温度，但当挥发性有机物浓度较低时，需加入辅助燃料，以维持正常的燃烧温度，运行费用高。催化燃烧法燃烧温度显著降低，燃烧费用低，但由于催化剂容易中毒，因此对进气成分要求极为严格，不得含有重金属、尘粒等易引起催化剂中毒的物质，同时催化剂成本高，使该方法处理费用较高。

### 1. 直接燃烧法

（1）技术原理

烃类物质大都不易溶于水，在高温下易氧化燃烧，完全燃烧时生成二氧化碳和水。例如，喷漆作业中，常有溶剂（如苯、甲苯、二甲苯等）挥发出来，污染环境，损害健康，其废气可按如图 6–18 所示流程采用直接燃烧法处理。

（2）启动操作流程

燃烧炉设在大型烘箱内，含有机溶剂的蒸气被风机从烘箱顶部抽出后送入燃烧炉，在 800 ℃下燃烧，燃烧气体与烘箱内气体通过热交换器换热后排空，该法净化效率可达 99.8%。





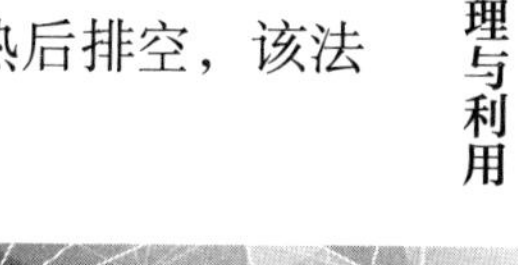

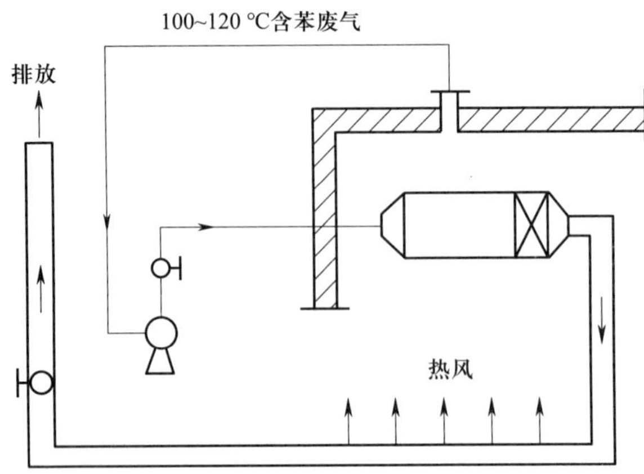


图 6–18　直接燃烧法处理喷漆废气流程图

### 2. 催化燃烧法

（1）技术原理

催化燃烧实际上为完全的催化氧化，即在催化剂作用下，废气中的有害可燃组分完全氧化为二氧化碳和水。由于绝大部分有机物均具有可燃烧性，因此，催化燃烧法已成为净化含碳氢化合物废气的有效手段之一。

（2）应用场景

催化燃烧法已成功地应用于印刷、绝缘材料、漆包线、炼焦、化工等多种行业中净化有机废气。特别是在漆包线、绝缘材料、印刷等生产过程中排出的烘干废气，因其温度和有机物浓度较高，对燃烧反应及热量回收有利，具有较好的经济效益，因此应用广泛。

（3）启动操作流程

废气吸附→吹扫→预热→燃烧→冷却→燃烧完成。

## 五、碳捕集、利用与封存

### 1. 定义

碳捕集、利用与封存，简称 CCUS，是把生产过程中排放的二氧化碳捕集提纯后，在生产中再利用或封存，可减少二氧化碳排放。广义的碳捕集、利用与封存是指将工业及其他相关的产业中所产生的二氧化碳进行分离、运输并将其利用（如二氧化碳驱油）或封存于地下或海底中，使其与大气长期隔绝的一个过程。

### 2. 碳捕集、利用与封存技术

从上述定义可知，该技术包含了“将二氧化碳从排放源中分离、二氧化碳运输及二氧化碳的利用与封存”，也可称为碳捕集、碳运输和碳利用与封存。

（1）碳捕集

碳捕集是将二氧化碳从化石燃料燃烧的排放气体中分离出来，使捕集的二氧化碳达到适宜运输和封存的纯度，主要有以下三种类型。

1）燃烧前捕集。燃烧前捕集是指将化石燃料在燃烧前利用技术手段进行转化。流程为：化石燃料→一氧化碳＋氢气→二氧化碳＋氢气→经氨水或是其他液态溶剂进行吸收→加热，将二氧化碳分离并收集。也可用固体吸附剂对二氧化碳和氢气的合成气体进行吸附，通过降压的方式对二氧化碳进行收集。

2）富氧燃烧捕集。富氧燃烧捕集是指将化石燃料在氧气中燃烧，将生成的水蒸气和二氧化碳的混合气体冷却后，水蒸气会液化，从而分离出二氧化碳气体。富氧燃烧能收集到高浓度的二氧化碳，但成本较高，不适合大规模的应用。

3）燃烧后捕集。燃烧后捕集是指在化石燃料燃烧后，对其排放气体中的二氧化碳进行捕集。捕集方法有物理吸附法、化学吸收法、化学链分离法、膜分离法等。这种方法前期投入虽然少，但收集到的二氧化碳浓度不高，其成本也相对较高。

（2）碳运输

碳运输主要有管道运输和车辆、船舶等交通工具运输两种方式。管道运输是将二氧化碳在高压下压缩液化，其二氧化碳的浓度高，输送效率高，运行成本低。用车船运输液态二氧化碳的方式运输成本高、风险大，适合零散的少量运输。

（3）碳利用与封存

碳利用与封存是指将捕集并运输到的二氧化碳再利用或封存于地下或海底的过程。封存的技术要求高、风险大。

1）地质封存或利用。地质封存或利用是指将二氧化碳封存于废弃的油田、不





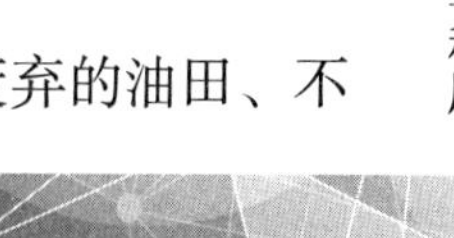

能开采的煤层和采油、采气回注利用等。其中，将二氧化碳注入石油和天然气矿井中，既可提高油气产出率，又可封存二氧化碳。封存深度要求在海平面800米以下，以保证二氧化碳处于高密度的液态，不致使二氧化碳气化后进入大气。

2）海洋封存。海洋封存是通过海底管道或船舶将二氧化碳运输到封存地后再通过高压将二氧化碳注入深海中。如注入深海1 000米以下的富含盐水的砂岩层中。由于二氧化碳的密度比水的密度大，所以，液态或固态的二氧化碳在水的覆盖下会保持较稳定的状态，其再次进入大气的可能性小。这种封存方式可实现二氧化碳高纯度、大容量的长期封存，但技术和资金要求高。

**典型案例："胜利油田 CCUS 项目"全面建成**

2022年1月29日，我国首个百万吨级碳捕集、利用与封存项目——"齐鲁石化—胜利油田CCUS项目"全面建成。该项目每年可减排二氧化碳100万吨，相当于植树近900万棵、近60万辆经济型轿车停开一年，预计未来15年可实现增油296.5万吨。

本项目由齐鲁石化二氧化碳捕集、胜利油田二氧化碳驱油与封存两部分组成。齐鲁石化捕集的二氧化碳采用绿色运输方式，送至胜利油田进行驱油封存，实现了二氧化碳捕集、驱油与封存一体化应用，把二氧化碳封在地下，把油驱出来，"变废为宝"。

在碳捕集环节，齐鲁石化新建100万吨/年液态二氧化碳回收利用装置，主要包括压缩单元、制冷单元、液化精制单元以及配套工程，回收煤制氢装置尾气中的二氧化碳，提纯后的纯度可达99%以上。在碳利用与封存环节，胜利油田运用超临界二氧化碳易与原油混相的原理，已在正理庄油田建成10座无人值守注气站，向附近73口井注入二氧化碳，增加原油流动性，大幅提高原油采收率，同时油气集输系统全部采用密闭管输，进一步提高二氧化碳封存率。

联合国政府间气候变化专门委员会（IPCC）指出，如果没有碳捕集、利用与封存技术，几乎所有气候模式都不能实现《巴黎协定》目标，而且全球碳减排成本将会成倍增加。随着全球应对气候变化和碳中和目标的提出，碳捕集、利用与封存作为减碳固碳技术，已成为多个国家碳中和行动计划的重要组成部分。

全球正在运行的大型碳捕集、利用与封存示范项目每年可捕集封存二氧化碳约4 000万吨。

## 即学即用

1. 常用的颗粒物控制技术包括哪些？常用的二氧化硫控制技术包括哪些？

2. 常用的氮氧化物控制技术包括哪些？常用的有机物控制技术包括哪些？

3. 碳捕集、利用与封存技术的主要内容是什么？

# 固废处理与利用

1. 了解固体废物基础知识、相关法律法规，并能将所学用于实践。
2. 了解如何选用最常用一般工业固体废物合理处置与利用的技术与方法。
3. 了解如何选用最常用危险废物安全处置的技术与方法。
4. 掌握生活垃圾分类以及处理与利用方法。

## 7.1　固体废物概述

### 一、固体废物的定义与术语

#### 1. 固体废物的定义

固体废物（简称固废）是指在生产、生活和其他活动中产生的，丧失原有利用价值或者虽未丧失利用价值，但被抛弃或者放弃的固态、半固态和置于容器中的气态、液态的物品、物质，以及法律、行政法规规定纳入固废管理的物品、物质（《固体废物鉴别标准——通则》（GB 34330—2017））。如废弃的灯管、空奶盒、剩饭菜、密封的过期药品、建渣、冶炼工业的尾矿、燃料燃烧产生的炉渣、烟气除尘中收集的粉尘、废水处理产生的污泥、绿化清理的植物枝叶等均属于固废范畴。

固废中的“废”具有时空特性。时间上，今天的废物可能成为明天的资源。空间上，某处的废物往往是另一处的原料。因此，固废可以称为在时空上错位的资源。例如，喝完椰子的椰汁后扔掉的椰壳就成了固废。如果把椰子壳进行利用，椰子肉可以提炼椰子油，也可以做成食品，椰壳可以制作成活性炭或工艺品等。

### 2. 固体废物术语

（1）城市生活垃圾

城市生活垃圾是指在城市日常生活中或为城市日常生活提供服务的活动中产生的固废，以及法律、行政法规规定视为城市生活垃圾的固废，主要包括居民生活垃圾、商业垃圾、集贸市场垃圾、街道垃圾、公共场所垃圾及机关、学校、厂矿等单位的垃圾（工业固废及特种垃圾等危险固废除外）。

（2）一般工业废物

一般工业废物是指未列入《国家危险废物名录》或根据国家规定的危险废物鉴别标准认定其不具有危险特性的工业固废，如粉煤灰、煤矸石和炉渣等，一般工业废物分为一类和二类。

（3）危险废物

危险废物是指列入《国家危险废物名录》的，或者根据国家规定的危险废物鉴别标准认定的具有危险特性的固废，如医疗废物、废化学试剂、废矿物油、各种农药制剂等。危险废物的危险特性包括腐蚀性、毒性、易燃性、反应性或者感染性等一种或者几种危险特性的综合。

（4）放射性固废

放射性固废是指放射性核素含量超过国家规定限值的有害性固体废弃物，常以辐射形式或其他途径进入人体而危害人体健康，如核燃料生产加工过程中产生的废物。由于放射性固废具有危险性与特殊性，国家把放射性废物单列在固废范围之外，并按照《放射性污染防治法》进行单独管理。

## 二、固体废物的分类

固体废物，按化学性质来分类，可分为有机固废和无机固废；按其形态可分为固废（块状、粒状、粉状）、半固态废物（废机油等）和非常规固态废物（气态或固态物质的固态废物，如废油桶、含废气态物质、污泥等）；按其来源可分为工业固废、矿业固废、农业固废、城市生活垃圾、危险固废、放射性固废和非常规来源固废。

**应用案例：垃圾分类案例**

1. 问题概述

深圳市某大厦每日产生大量厨余垃圾，因不能及时处理，造成高温天气污水横流、气味难闻等问题。

2. 解决思路

制定智能景观地埋式垃圾桶方案，即将路边摆放的各类垃圾桶和堆垛物通过分类全部移至地下存储，在垃圾桶收集口周围覆盖植被，垃圾桶收集口增加了身份管理系统，同时地埋式垃圾桶还有除臭、满溢传感、智能灭火和智能监测等功能。

3. 亮点效果

亮点是“景观”和“智能”。地埋式垃圾桶分类如图 7–1 所示。

图 7–1　地埋式垃圾桶分类示意图

## 三、固体废物污染现状及危害

### 1. 固体废物污染现状

随着经济的高速发展，固废产生量迅速增加，生态环境部发布的《2020 年全国大、中城市固体废物污染环境防治年报》显示，2020 年全国共有 196 个大、中城市向社会发布了 2019 年固体废物污染环境防治信息。经统计，此次发布信息的大、中城市一般工业固体废物产生量为 13.8 亿吨，工业危险废物产生量为 4 498.9 万吨，医疗废物产生量为 84.3 万吨，城市生活垃圾产生量为 23 560.2 万吨。这些废物对生态环境构成极大的威胁。

### 2. 固体废物污染危害

（1）对土壤环境的危害

1）侵占土地。固废的堆放会占用大量的土地。一般来说，堆放 1 万吨固体废弃物就要占地一亩，目前，我国固体废弃物占地面积已超过 100 万亩。

2）污染土壤。堆放在露天的固废，经过日晒雨淋后有害成分会向地下渗透并改变土壤的性质和结构，并在植物体内积累，通过食物链危及人体健康。受污染的土壤面积通常大于堆放面积的 1 ~ 2 倍。

（2）对水体环境的危害

1）目前仍有将生活垃圾和工业废物倾倒入江河并造成水体严重污染的情况。

2）露天堆放的固体废弃物，在雨水冲刷下进入水体并直接流入河流、湖泊和海洋，将有毒有害物质带入水体，造成水资源的水质型短缺。

3）固废产生的渗滤液进入土壤使地下水受污染，对水体造成间接污染。

（3）对大气环境的危害

1）空气粉尘污染。堆放的固废中的细微颗粒、粉尘等随风飞扬，随空气流动扩散，增加了大气中的粉尘含量，对大气造成污染，危害人体健康。

2）产生有毒气体。固废中的有害成分挥发或有毒气体进入大气，并导致污染。

3）有机固废在适宜的温度和湿度下可发生生物降解，释放出沼气，并在一定程度上消耗其上层空间的氧气，使植物衰败。

## 四、我国关于处置固体废物的法律法规

### 1. 法律法规

我国已形成以《宪法》为基础，以《环境保护法》为统领，以《固体废物污

染环境防治法》为核心的法律，以《危险废物经营许可证管理办法》《医疗废物管理条例》《城市市容和环境卫生管理条例》等为配套法规，以涵盖生活垃圾、建筑垃圾、工业固废物、农业固废物、医疗废物、危险废物等方面的大量地方性法规和行政规章为细化补充的固废处置管理法律法规体系。

### 2. 管理体系

我国固废管理体系是以环境保护主管部门为主，结合有关工业主管部门及城市建设主管部门，共同对固废实行全过程管理，主要包括国务院和县级以上人民政府有关部门、县级以上环境保护主管部门。

### 3. 管理制度

《固体废物污染环境防治法》对固体废物的管理规定了相应的原则及一系列有效的制度，主要包括：

（1）国家推行绿色发展方式，促进清洁生产和循环经济发展。

（2）固体废物污染环境防治坚持减量化、资源化和无害化的原则。《固体废物污染环境防治法》第四条规定：“任何单位和个人都应当采取措施，减少固体废物的产生量，促进固体废物的综合利用，降低固体废物的危害性。”

（3）固体废物污染环境防治坚持污染担责的原则。《固体废物污染环境防治法》第五条规定：“产生、收集、贮存、运输、利用、处置固体废物的单位和个人，应当采取措施，防止或者减少固体废物对环境的污染，对所造成的环境污染依法承担责任。”

（4）国家推行生活垃圾分类制度。《固体废物污染环境防治法》第六条规定：“生活垃圾分类坚持政府推动、全民参与、城乡统筹、因地制宜、简便易行的原则。”第四十三条规定：“县级以上地方人民政府应当加快建立分类投放、分类收集、分类运输、分类处理的生活垃圾管理系统，实现生活垃圾分类制度有效覆盖。”

（5）生产经营者信用记录制度。《固体废物污染环境防治法》第二十八条规定：“生态环境主管部门应当会同有关部门建立产生、收集、贮存、运输、利用、处置固体废物的单位和其他生产经营者信用记录制度，将相关信用记录纳入全国信用信息共享平台。”

（6）固废污染防治设施“三同时”制度。《固体废物污染环境防治法》第十八条规定：“建设项目的环境影响评价文件确定需要配套建设的固体废物污染环境防治设施，应当与主体工程同时设计、同时施工、同时投入使用。”

（7）控制固体废物转移制度。针对跨省级行政区域转移固体废物，《固体废物污染环境防治法》第二十二条作出了相应的规定：转移固体废物用于贮存、处置的，必须获得固体废物移出地的省、自治区、直辖市人民政府生态环境主管部门的批准；转移固体废物用于利用的，应当报固体废物移出地的省、自治区、直辖市人民政府生态环境主管部门备案。针对跨境转移固体废物，《固体废物污染环境防治法》第二十三条规定：“禁止中华人民共和国境外的固体废物进境倾倒、堆放、处置”；第二十四条规定：“国家逐步实现固体废物零进口”。

（8）工业固体废物排污许可证制度。《固体废物污染环境防治法》第三十九条规定：“产生工业固体废物的单位应当取得排污许可证。排污许可的具体办法和实施步骤由国务院规定。”

（9）建筑垃圾全过程管理制度。《固体废物污染环境防治法》第六十二条规定：“县级以上地方人民政府环境卫生主管部门负责建筑垃圾污染环境防治工作，建立建筑垃圾全过程管理制度，规范建筑垃圾产生、收集、贮存、运输、利用、处置行为，推进综合利用，加强建筑垃圾处置设施、场所建设，保障处置安全，防止污染环境。”

（10）国家对废弃电器电子产品等实行多渠道回收和集中处理制度。《固体废物污染环境防治法》第六十七规定：“禁止将废弃机动车船等交由不符合规定条件的企业或者个人回收、拆解。拆解、利用、处置废弃电器电子产品、废弃机动车船等，应当遵守有关法律法规的规定，采取防止污染环境的措施。”

（11）实行危险废物经营单位许可证申领。《固体废物污染环境防治法》第八十条规定：“从事收集、贮存、利用、处置危险废物经营活动的单位，应当按照国家有关规定申请取得许可证。禁止无许可证或者未按照许可证规定从事危险废物收集、贮存、利用、处置的经营活动。禁止将危险废物提供或者委托给无许可证的单位或者其他生产经营者从事收集、贮存、利用、处置活动。”

**典型案例：非法处置过期药品污染环境案**

基本案情：山西某生化药业有限公司具有山西省药品监督管理局授予的药品经营许可证。2019 年 7 月，该公司经营的诺氟沙星胶囊、银黄颗粒等十余种药品过期，需要及时处理。作为实际控制人的田某明知过期药品需做无害化处理，仍决定将该批过期药品私自倾倒、处置，并于 2019 年 7 月 3 日让公司工作人员闫某和吕某分别驾车将该批过期药品拉运至太原市小店区倾倒处置。经鉴定，涉案药品总净重 3 217.672 千克。另查明，涉案过期药品属于《国家危险废物名录》列明的危险废物。法院一审判决：处罚金 5 万元，被告公司负责人田某犯污染环境罪，判处有期徒刑 10 个月，并处罚金 5 000 元。一审判决后，被告人上诉，山西省太原市中级人民法院二审裁定驳回上诉，维持原判。

典型意义：根据《国家危险废物名录》规定，失效、变质、不合格、淘汰、伪劣的化学药品和生物制品（不包括列入《国家基本药物目录》中的维生素、矿物质类药，调节水、电解质及酸碱平衡药），以及《医疗用毒性药品管理办法》中所列的毒性中药均为危险废物，属于“有毒物质”，药物中的成分散落在环境中极易造成污染。日常生活中，将过期药品视为普通生活垃圾随意丢弃的现象时有发生，造成了土壤、水资源等污染。对本案的审理，有助于警示社会公众依法履行生活垃圾源头减量和分类投放法定义务，推动建立畅通的失效药品回收渠道，减少乱扔、乱倒、乱焚过期药品行为，引导全民参与、人人动手开展生活垃圾分类处置。

## 五、固废处理处置方法

固废的处理处置方法主要有填埋、焚烧和热解、堆肥和厌氧消化三大类。

### 1. 填埋

填埋是指利用工程手段，采取有效技术措施，防止渗滤液及有害气体污染水体和大气，最大限度地压实减容，随时采用膜或土覆盖，使整个过程对公共卫生安全及环境均无危害的一种垃圾处理方法，属于固废的最终处置方法。

废物经适当的填埋处置后，尤其是卫生填埋后，因废物本身的特性与土壤、微生物的物理及生化反应，形成稳定的固体（类土质、腐殖质等）、液体（有机性废水、无机性废水等）及气体（甲烷、氧化碳、硫化氢等）等产物，其体积则逐渐减少而性质趋于稳定。因此，填埋法的最终目的是将废物妥善贮存并利用自然界的净化能力，使废物稳定化、卫生化及减量化。

（1）填埋场应具备的功能

1）贮存功能。有空间填埋、贮存废物。

2）阻断功能。有将填埋的废物及其产生的渗滤液、废气等与周围的环境隔绝以避免环境污染的设施。

3）处理功能。有安全且有效的设备对废物进行处理。

4）土地利用功能。利用低洼地、荒地或贫瘠的农地等填埋，以增加可利用的土地。

（2）土地填埋的优点

1）与其他处理方法比较，只须较少的设备与管理费，如推土机、压实机、填土机等。而焚烧与堆肥，则需庞大的设备费及维护费。

2）处理量具有弹性，对于突然的废物量增加，只须增加少数的作业人员与工具设备或延长操作时间。

3）操作容易，维护费用较低，设备和土地不会有很大的损失。

4）比露天弃置所需的土地少，因为在填埋时经压缩后的垃圾体积只有原来的30%～50%，而覆盖土量与垃圾量的比是1∶4，所以所需土地较少。

5）能够处理各种不同类型的垃圾，减少收集时分类的需要性。

6）和其他方法相比，施工期较短。

7）填埋后的土地有更大的经济价值，如作为运动或休闲场所。

（3）土地填埋的缺点

1）需要大量的土地供填埋废物用，在都市内很难找到经济运输距离之内的合适土地。

2）填埋场的渗滤液处理费极高。

3）填埋地在城市以外或郊区，运输费用高。

4）冬天或不良气候（如雨季）操作较困难。

5）需每日覆土，若覆土不当易造成污染问题。

6）良质覆土材料不易取得。

## 2. 焚烧和热解

（1）焚烧

焚烧是一种最常用的热处理工程技术，它用加热氧化作用使有机废物转换成无机废物，同时减少废物体积。只有有机废物或含有有机物的废物适合焚烧。焚烧缩减了废物的体积，灭绝了有害细菌和病毒的污染物，破坏了有毒的有机化合物，提供了可利用的废热，是目前固废处理处置中最常用的热处理技术。

焚烧法不但可以处理固废，还可以处理液体废物和气体废物；不但可以处理城市生活垃圾和一般工业废物，还可以处理危险废物。危险废物中的有机固态、液态和气态废物，常常用焚烧来处理。在采用焚烧技术处理城市生活垃圾时，也常常将垃圾焚烧处理前暂时贮存过程中产生的渗滤液和臭气引入焚烧炉进行焚烧处理。

焚烧技术的优点。大大减少了需最终处置的废物量，具有减容作用、去毒作用、能量回收作用；另外，还具有副产品可利用、化学物质回收及资源回收等优点。

焚烧技术的缺点。费用昂贵，操作复杂、严格；工作人员技术水平要高；会产生二次污染物二氧化硫、氮氧化物、氯化氢、二噁英和焚烧飞灰等。

（2）热解

热解是在缺氧条件下进行的热处理过程，经过热解的有机化合物发生降解，产生多种次级产物，形成可燃物，如可燃气体、有机液体和固体残渣等。

（3）热解与焚烧的区别

焚烧是需氧反应过程，热解是无氧或缺氧反应过程；焚烧是放热反应，热解是吸热反应；焚烧的主要产物是水和二氧化碳，热解的主要产物是可燃的气、油、炭黑；焚烧产生的热能通常只能就近利用，热解的产物则可以储存及远距离输送；焚烧产生的二次污染大，热解产生的二次污染小。

### 3. 堆肥化和厌氧消化

（1）堆肥化

堆肥化是利用自然界广泛存在的微生物，有控制地促进固废中可降解有机物转化为稳定的腐殖质的生物化学过程。堆肥化制得的产品称为堆肥。常用堆肥化处理的废物有庭院垃圾、有机生活垃圾、有机剩余污泥和农业废物等。

（2）厌氧消化

厌氧消化是在厌氧微生物的作用下，有控制地使废物中可生物降解的有机物转化为甲烷、二氧化碳和稳定物质的生物化学过程。由于厌氧消化可以产生以甲烷为主要成分的沼气，故又称为甲烷发酵。

### 典型案例：餐厨、生活垃圾高温好氧发酵设备

1. 简介

餐厨、生活垃圾高温好氧发酵设备可对餐厨、生活垃圾进行高温好氧发酵，利用微生物的活性对废弃物中的有机质进行生物分解，使其达到无害化、稳定化、减量化、资源化利用的处理。

2. 原理

（1）将废弃物（餐厨、生活垃圾）、生物质（秸秆、锯末）及回流物料按一定比例混合均匀，使含水率达到 60%～65%。

（2）进入立体好氧系统，调节原料的水分、氧气含量和温度变化，使物料进行充分的好氧发酵分解，分解过程中释放的热量能够增高餐厨垃圾自身温度，可达 80 ℃。餐厨垃圾中的水分随着温度的上升被蒸发，部分有机物被分解，从而使餐厨垃圾堆体体积减少。

（3）经通风、充氧、搅拌等作用控制温度在 55～60 ℃，达到餐厨垃圾发酵处理的最佳温度，此温度还可使餐厨垃圾堆体中的大量病原菌和寄生虫死亡，同时进行生物除臭。

（4）垃圾经高温好氧发酵后的肥料，可用作土壤改良、园林绿化、垃圾填埋覆盖土等。

## 即学即用

1. 根据《固体废物污染环境防治法》规定，我国对固体废物的管理有哪些具体的制度？

2. 农村生活垃圾、人畜粪便和农业废弃物是社会主义新农村建设中突出的环境问题，请根据循环经济的固体废物管理理念，针对你家乡农村的特点，提出这三类废弃物的管理方案。

3. 畜禽养殖产生的动物粪便是否属于固体废物？

4. 固体废物按照产生来源可分成哪几类？

5. 固废的处置中焚烧与热解的区别是什么？

# 7.2　一般工业固体废物处理

## 一、一般工业固体废物分类与名录

一般工业固体废物专指企业在工业生产过程中产生的，且不属于危险废物的固体废物，可分为一类与二类。一类是按照《固体废物　浸出毒性浸出方法　翻转法》（GB 5086.1—1997）规定方法进行浸出试验而获得的浸出液中，任何一种污染物的浓度均未超过《污水综合排放标准》（GB 8978—1996）中最高允许排放浓度，且 pH 值在 6 ~ 9 的一般工业固废。二类是按照《固体废物　浸出毒性浸出方法　翻转法》（GB 5086.1—1997）规定方法进行浸出试验而获得的浸出液中，有一种或一种以上的污染物浓度超过《污水综合排放标准》（GB 8978—1996）中最高允许排放浓度，或 pH 值在 6 ~ 9 之外的一般工业固废。一般工业固废名录可在生态环境部官网查询。

## 二、一般工业固体废物处理方法

工业废物堆存不仅占用土地，其废渣还会通过淋溶污染土壤和水体；粉状的废物会随风飞扬污染大气，有的还散发臭气和毒气；有的废物甚至淤塞河道，污染水系，影响生物生长，危害人体健康。目前，压实、破碎、分选等前处理方法及固化、焚烧和热解、生物处理等最终处置方法是在工业固体废物处理中运用最为广泛和最有效的处理方法。

### 1. 压实是最普遍的预处理方法

压实是一种对废物实行减容化、降低运输成本、延长填埋寿命的预处理技术，主要适于压实减少体积处理的固体废弃物，如汽车、易拉罐、塑料瓶等，但某些可能引起操作问题的废弃物，如焦油、污泥或液体物料，一般不宜作压实处理。

### 2. 破碎是“大化小”的最直接处理方法

对固废进行破碎，经过破碎的废物的大小、质地变得均匀，便于压实、运输，在填埋处置时，由于压实密度高，能加快复土还原。常见的破碎方法有摩擦破碎、剪切破碎、冲击破碎、挤压破碎等，此外，还有专有的混式破碎和低温破碎等。

### 3. 分选是固废资源化、减量化的重要方法

一是通过分选将有用的、有害的成分分选出来加以利用或处置。二是将不同粒度级别的废物加以分离，如利用废物中的磁性和非磁性差别分离、利用粒径尺寸差别分离、利用比重差别分离等。常用分选方法有手工拣选、筛选，重力、磁力、光学及涡电流分选等。

### 4. 固化处理是最实用的处理方法

向废物中添加固化基材，使有害固废固定或包容在惰性固化基材中，其固化产物有良好的机械性、抗渗透性及抗干湿性、抗浸出性、抗冻融特性，包括沥青固化、沉固化、玻璃固化及胶质固化等。

### 5. 焚烧和热解是使有害变无害的处理方法

焚烧法是固废高温分解和深度氧化的综合处理过程，可使有害的废料分解成无害的物质。由于固废中的可燃物较多，采用焚烧方法处理固废并利用其热能是发展趋势。其优点是固废占地少，处理量大。

### 6. 生物处理是最有效的“分解式”处理方法

利用微生物对有机固废的分解作用使其无害化，可以使有机固废转化为能源、食品、饲料和肥料，还可以从废品和废渣中提取金属，是固化废物资源化的有效技术方法，包括堆肥、制沼气、废纤维素制糖、废纤维生产饲料、生物浸出等。





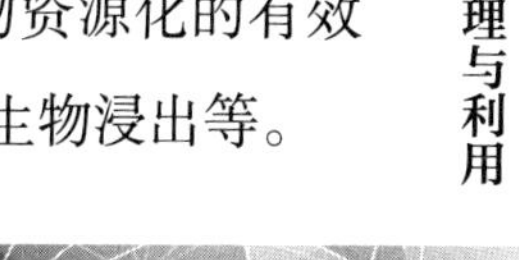

**典型案例：固体废物污染环境典型案例**

最高人民法院2021年6月30日公开了“固体废物污染环境典型案例”。

基本案情：2021年6月30日，大连市生态环境保护综合行政执法队在东北特殊钢集团股份有限公司现场检查时发现，该公司炼铁、炼钢工序产生的水渣、尾渣等工业固废在厂区内露天堆存，用无人机对该公司堆场进行拍照取证，经过图像分析、面积测绘和信息标定，执法人员发现位于该公司厂区南部的3处炼钢尾渣堆场均未设置导流渠与渗滤液集排水等设施，不符合《一般工业固体废物贮存和填埋污染控制标准》（GB 18599—2020）的规定。

裁判结果：东北特殊钢集团股份有限公司的行为违反了《固体废物污染环境防治法》第四十条第一款的规定。大连市生态环境局依据《固体废物污染环境防治法》第一百零二条第一款第十项和《大连市生态环境行政处罚裁量权基准制度》的规定，对该公司处以100万元罚款，并责令其立即改正违法行为。

典型意义：本案大力拓展非现场监管手段在日常执法和各类专项行动中的应用，通过无人机等科技手段辅助锁定问题线索、评估污染程度，迅速掌握现场情况并固定证据，大幅提升执法效能，将生态环境保护的阶段提至事前，体现了环境资源审判落实预防为主的原则，避免了生态环境损害的再次发生。

**即学即用**

1. 一般工业固体废物与危险废物的区别是什么？

2. 结合我国国情，查询相关资料，对冶炼废渣提出合理的处理建议与意见。

## 7.3 危险废物治理

由于危险废物特有的性质容易造成非常严重的环境污染，因此，对它的严格管理具有特殊意义。镉具有较强的生物蓄积性和致畸、致癌性，是国家“三废”排放标准中严格控制的第一类有害物质。含镉废物主要来源于镍镉电池生产过程中产生的废渣和废水处理污泥等，镉会在各种生物体内进行积累，通过食物链进入人体，危害人体健康。类似对危险废物管理不当造成的严重教训在国内外均有发生。例如，20 世纪 50 年代和 70 年代发生在日本的“水俣病”和“痛痛病”事件，以及 20 世纪 70 年代末发生在美国的“拉夫运河事件”都曾震惊世界。因而，1984 年联合国环境规划署把危险废物的污染危害列为全球性环境问题之一。

## 一、危险废物特性与名录

危险废物是指列入《国家危险废物名录》或者根据国家规定的危险废物鉴别标准和鉴别方法认定的具有危险特性的固废。危险废物大多在工业生产中产出，日常生活中比较常见的危险废物有废打火机、废油漆、废电池、废日光灯管等。

危险废物的危险特性表现在对生态环境和人体健康具有有害影响的毒性、腐蚀性、易燃性、反应性和感染性五个方面，或同时具有以上多个危险特性在《控制危险废料越境转移及其处置巴塞尔公约》划定的类别基础上，我国生态环境部结合我国实际情况对危险废物进行分类，并于 2021 年发布了最新版本的《国家危险废物名录》，可登录生态环境部网站进行查询。

## 二、危险废物常用处理方法

### 1. 危险废物常用固化 / 稳定化技术

已研究和应用多种固化 / 稳定化技术处理不同种类的危险废物，但是迄今尚未研究出一种适合处理各类型危险废物的最佳固化 / 稳定化技术。根据固化基材及固化过程，目前，常用的固化 / 稳定化技术主要有以下八种方法。

（1）水泥固化

常用于固化含有害物质的污泥，水泥同污泥中的水发生反应产生凝胶化，把含有有害物质的污泥微粒分别包覆而逐渐硬化，这种固化体的结构主要是在水泥水化反应产生的 $3CaO \cdot SiO_2$ 结晶体之间包进了污泥的微粒。

（2）石灰固化

把石灰、添加剂、废物与水混合，石灰和活性硅酸盐料与水反应可生成坚硬的物质，而达到包容废物的目的。

（3）塑性材料固化

塑性材料固化是指以塑性材料为固化剂，与危险废物按一定的配比，同时添

加适量的催化剂和填料（骨料）进行搅拌混合，发生共聚合固化而将危险废物包容，从而形成具有一定机械强度和稳定性固化体的过程。

（4）有机物聚合固化

在一个容器或一个特殊设计的混合器里，将一种有机聚合物的单体与湿废物或干废物完全混合，然后加入一种催化剂搅拌均匀，使其聚合固化。

（5）自胶结固化

自胶结固化是利用废物自身的胶结特性来达到固化目的的方法，该技术主要用来处理含有大量硫酸钙和亚硫酸钙的废物，如磷石膏、烟气脱硫废渣等。

（6）熔融固化（玻璃固化）

将高放废液与玻璃基材按一定比例混合后，在高温 900～1 200 ℃下煅烧、熔融、浇注，经退火后转化为稳定玻璃固化体。

（7）烧结固化

烧结固化是一种利用高温烧结技术对固体废弃物进行固化处理的方法。加入添加剂，通过高温烧结使危险废物转变为结构完整的致密固体，以减小废物的毒性和有害组分的可迁移性，以便于运输和管理。

（8）稳定化

稳定化是将有毒有害污染物转变为低溶解性、低迁移性及低毒性的物质，一般可分为化学稳定化和物理稳定化。化学稳定化是通过化学反应使有毒物质变成不溶性化合物，使之在稳定的晶格内固定不动；物理稳定化是将污泥或半固体物质与一种疏松物料（如粉煤灰）混合生成一种颗粒，有土壤状坚实度的固体，这种固体可以用运输机送至处置场。

### 2. 固化 / 稳定化技术应用

固化 / 稳定化技术主要被应用于下述各方面。

（1）对具有毒性或强反应性等危险性质的废物进行处理，使其满足后续填埋处置的入场要求。

（2）其他处理过程所产生的残渣。例如，对焚烧产生的飞灰的无害化处理，目的是对其进行最终处置。焚烧过程可以有效地破坏有机毒性物质，而且具有很大的减容效果。但与此同时，也必然会浓集某些化学成分，甚至浓集放射性物质。

（3）在大量土壤被有害污染物所污染的情况下对土壤进行去污。在大量土壤被有机或者无机的废物所污染时，需要借助稳定化技术进行去污，或采用其他方式使土壤得以恢复。

但是，不是所有的危险废物都使用固化/稳定化技术进行末端处置，根据我国《医疗废物集中处置技术规范（试行）》《医疗废物处理处置污染控制标准》（GB 39707—2020）等管理条例规定，对于医疗废物集中处置、医疗废物分散处理与同时处置医疗废物和危险废物的，应采用高温热处置技术，即高温焚烧、高温热解焚烧及其他类似的固废处置技术。

同时，对于某些仍具有资源回收价值的危险废物，如笔记本电脑的芯片生产线产生的废蚀刻液与覆铜板边角料就被定性为危险废物，纳入《国家危险废物名录》进行管理。但是，以上两种危险废物都可以先进行资源化处理（回收海绵铜）之后再进行最终的处置。这样不仅满足了无害化的需求，还同时实现了资源化和减量化。

### 典型案例：企业非法倾倒危险废物案

案情简介：2021 年 6 月 24 日，某生态环境分局执法人员在巡查时发现一空地倾倒了十数个废油漆桶。根据油漆桶上残留的信息，执法人员追查到一家从事小家电塑料外壳加工生产的企业，该厂生产线设有注塑、喷漆等工序，已办理环保相关手续，且与有危险废物处置资质的单位签订了危险废物转移处置合同，但企业主为了“省钱”，偷偷将本应交给有危险废物处置资质的单位处置的废油漆桶倾倒。

法律解析：依据《固体废物污染环境防治法》第七十九条，产生危险废物的单位，应当按照国家有关规定和环境保护标准要求贮存、利用、处置危险废物，不得擅自倾倒、堆放。该企业违反了以上规定，将处以 60 万元以上罚款，并没收违法所得。

典型意义：本案中企业有环保相关手续，也签了危险废物转移处置合同，但为了节省处置十数个废油漆桶的小钱，未按环评要求执行处置，受到了巨额罚款。案件有很好的警示作用，告诫广大企业必须依法依规处理处置危险废物，勿因小失大。





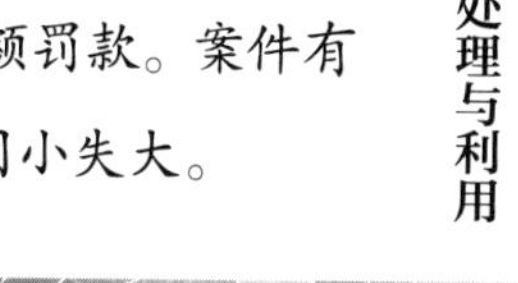

## 即学即用

1. 对照《国家危险废物名录》，举例说明日常生活中常见的危险废物有哪些？

2. 医疗废物属于危险废物吗？若按照我国相关条例规定，其最终处置方法是什么？

3. 固化 / 稳定化技术常用于哪些种类的危险废物处理？

# 7.4 城市生活垃圾分类处理与综合利用

## 一、城市生活垃圾分类

城市生活垃圾是指在城市日常生活中或者为城市日常生活提供服务的活动中产生的固废以及法律、行政法规规定视为城市生活垃圾的固废，主要包括居民生活垃圾，商业垃圾，集贸市场垃圾，街道垃圾，公共场所垃圾，机关、学校、厂矿等单位产生的垃圾（工业废渣及特种垃圾等危险固废除外）。为了有效利用垃圾，对城市生活垃圾进行分类收集，是实现垃圾减量化和资源化的最优选择和重要条件。

在《城市生活垃圾分类标志》（GB/T 19095—2019）中，生活垃圾类别分为可回收物、有害垃圾、厨余垃圾（湿垃圾）及其他垃圾（干垃圾）四个大类。

### 1. 可回收物

可回收物主要有废纸、塑料、玻璃、金属、布料等。

（1）废纸

废纸包括报纸、期刊、图书、各种包装纸等。但是，要注意纸巾和厕所纸由于水溶性太强不可回收。

（2）塑料

塑料包括各种塑料袋、塑料泡沫、塑料包装（快递包装纸是其他垃圾 / 干垃圾）、一次性塑料餐盒餐具、硬塑料、塑料牙刷、塑料杯子、矿泉水瓶等。

（3）玻璃

该分类中包括各种玻璃瓶、碎玻璃片、暖瓶等（镜子是其他垃圾 / 干垃圾）。

（4）金属物

金属物主要包括易拉罐、罐头盒等。

（5）布料

布料主要包括废弃衣服、桌布、洗脸巾、书包、鞋等。

### 2. 有害垃圾

有害垃圾主要有灯管、电池、家用化学品，具体包括电池、荧光灯管、灯泡、水银温度计、油漆桶、部分家电、过期药品及其容器、过期化妆品等。这些垃圾一般单独回收或填埋处理。

### 3. 厨余垃圾（湿垃圾）

厨余垃圾（湿垃圾）主要有家庭厨余垃圾、餐厨垃圾、其他厨余垃圾，包括剩菜剩饭、骨头、菜根菜叶、果皮等食品类废物。经生物技术就地处理堆肥，每吨可生产 0.6～0.7 吨有机肥料。

### 4. 其他垃圾（干垃圾）

其他垃圾（干垃圾）即除可回收物、有害垃圾、厨余垃圾外的生活垃圾，包括砖瓦陶瓷、渣土、卫生间废纸、纸巾等难以回收的废弃物及尘土、食品袋（盒）。采取卫生填埋可有效减少对地下水、地表水、土壤及空气的污染。除此之外，大棒骨因为“难腐蚀”被列入其他垃圾进行管理。

## 二、城市生活垃圾收运与预处理

当城市生活垃圾被分类投放之后，居民的使命即宣告完成。剩下的将交由市政部门对分类投放的垃圾进行收集、运输、处理处置。

城市生活垃圾的收集与运输是连接废物发生源和处理、处置设施的重要环节。此工作不仅能简化后续处理的程序，减少处理设备的耗损（如焚烧炉使用寿命），还能同时完成资源回收工作。但是，城市生活垃圾收集和清运工作的成本往往是整个处理工作中成本最高的，占了 60%～80%。

城市生活垃圾种类繁多、组成复杂，其形状、大小、结构、性质等均有很大的差异。因此，为使物料性质满足后续处理或最终处置的工艺要求，提高固废资源回收利用的效率，往往需对其进行预先的处理，这些预处理（前处理）技术主要包括压实、破碎、分选等单元操作。

### 1. 压实

压实是通过外力加压于松散的固体物上，以缩小其体积、增大密度的一种操作方法。通过压实处理可以减少固废的运输和处理体积，从而减少运输和处置费用。城市生活垃圾在压实之前的容重通常在 0.1 ~ 0.6 吨 / 立方米的范围。当通过压实器或一般压实机械作用以后，其容重可提高到 1 吨 / 立方米左右。若是通过高压压缩，其容重还可达到 1.125 ~ 1.38 吨 / 立方米，而体积则可减少至原体积的 1/10 ~ 1/3。因此，在固废进行填埋处理前，常需加以压实处理。

### 2. 破碎

破碎是利用外力克服固废之间的内聚力并使大块固废分裂成小块的过程。磨碎则是使小块的废物颗粒分裂成细粉的过程。

### 3. 分选

分选是通过一定的技术将固废分成两种或两种以上的物质，或分成两种或两种以上的粒度级别的过程。由于固废所包含的各种成分的性质不一，其处理与回收操作方法具有多样性，使得分选过程成为固废预处理中最为重要的操作工序。通过分选可以将有用的成分选出来加以利用，将有害的成分分离出来，防止损害处理、利用的设施或设备。

对以填埋为主的废物，常将废物压实处理以降低体积。压实过程可以在废物收集车或专用压实器中进行，也可在填埋场进行。压实后的废物可以减少运输量和运输费用，在填埋时可以占据较小的空间和体积，提高填埋场的使用效率。

对以焚烧或堆肥为主的废物，不用压实处理，可对其进行破碎、分选等，以使物料粒度均匀、大小适宜，将有利于焚烧的进行，也有利于提高堆肥化的效率。

对废物进行资源回收处理时，需要破碎、分选等处理，实现不同物料分别回收利用的目的。在固废处理处置中，压实、破碎、分选等预处理是重要的环节。

## 三、城市生活垃圾处理与综合利用

因城市生活垃圾的组成成分、热值和含水率等物理、化学性质不同，其所对应的处理处置方式也有所区别。例如，含水率低但有机物含量高的纸张、竹木等垃圾，易燃且热值高，适合焚烧处理；含水率和有机质均较高的餐厨垃圾，因不易燃故不适宜采用焚烧处理，若采用生物技术就地堆肥，每吨垃圾可生产 0.6 ~ 0.7 吨有机肥料；若采取以上两种方式均无法有效处理的垃圾，则对其进行最终的填埋处置。

城市生活垃圾处理的有效方式是填埋与垃圾焚烧。填埋的运行费用较小，但要占用大量土地，焚烧设备的投资与运行费用又太大。现在人们逐渐认识到，解决城市生活垃圾的有效方法是减少垃圾的产生量，并对垃圾进行回收利用。

## 知识拓展：无废城市与固废资源化利用

2018 年 12 月 29 日，国务院办公厅印发《“无废城市”建设试点工作方案》。“无废城市”是以创新、协调、绿色、开放、共享的新发展理念为引领，通过推动形成绿色发展方式和生活方式，持续推进固废源头减量和资源化利用，最大限度减少填埋量，将固废环境影响降至最低的城市发展模式，也是一种中国首创的先进的城市管理理念。

“无废城市”主要以大宗工业固废、主要农业废弃物、生活垃圾和建筑垃圾、危险废物为重点，通过一系列措施实施，实现固废源头大幅减量、充分资源化利用和安全处置。首批 11 个试点城市为深圳市、重庆市（主城区）、西宁市等。

《“无废城市”建设试点工作方案》明确了六项重点任务。其中，实施工业绿色生产，推动大宗工业固废贮存处置总量趋零增长；推行农业绿色生产，促进主要农业废弃物全量利用；践行绿色生活方式，推动生活垃圾源头减量和资源化利用。这些内容都与绿色技能密切相关。“无废城市”建设最终目的是推进固废源头减量和资源化利用，让“放错地方的资源”进入循环利用系统中，最大限度减少最终的填埋处置量，避免造成资源的浪费。

“无废城市”并不是完全杜绝垃圾的产生，而是从城市管理的角度，有效利用固废、降低固废产生、解决历史堆存固废，保证良性循环。无废城市就是要坚持“四可原则”，即可见、可减、可用、可消。

“可见”就是全过程监控，所有废物置于监管之下，彻底杜绝废物无组织排放；“可减”就是源头减量，缓解环境压力；“可用”就是通过各种方法进行废物的循环利用，变废为宝；“可消”就是最大限度消除废物末端处理的环境影响。





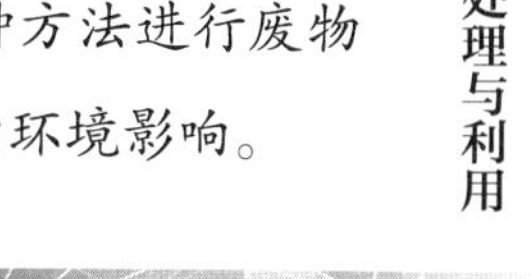

“无废城市”的建设，是未来城市可持续发展的重要途径，也是造福子孙后代的工程，更是一项全民共建共享的工作，离不开每一个普通人的参与。从垃圾分类、低碳出行、学会共享、绿色消费、光盘行动等行动出发，践行这些具体的绿色生活方式，对我们每个人来说都是在为“无废城市”的建设添砖加瓦。

## 即学即用

1. 未喝完的珍珠奶茶如何分类？小龙虾如何分类？若只有龙虾壳呢？

2. 现行的城市生活垃圾处理方式中，哪一种成本最低？哪一种耗时最短？哪一种经济效益最高？

3. 请编写一份城市垃圾分类宣传手册。

# 物理性污染防治

学习目标

1. 掌握物理性污染基础知识、法律法规，并能用于实践。
2. 能辨识各类物理性污染。
3. 掌握物理性污染的防治技术。

## 8.1 物理性污染概述

### 一、防治物理性污染基础知识

#### 1. 物理性污染的定义

物理性污染是指人类生活的物理环境要素在环境中超过适宜范围时形成的污染，主要特点是局部性（即污染只存在于部分地点）以及无后效性（即污染会随着污染源的消失而立即消失）。

#### 2. 物理性污染的分类

物理性污染其实在我们身边无处不在，如川流不息的车辆鸣笛让人难以忍受、无孔不入的电磁波让人防无可防、城市夜晚灯火通明让人头晕目眩等。物理性污

染主要分为噪声污染、电磁污染、放射性污染、光污染及热污染，如图 8–1 所示。

物理性污染在很多时候看不见摸不着，在生活中极易被我们忽略，但物理性污染对人体的伤害是很大的，我们应该掌握识别与防治物理性污染的技能。

图 8–1　身边的物理性污染

## 二、防治物理性污染法律法规

### 1. 法律法规

基于宪法“国家保护和改善生活环境和生态环境、防治污染和其他公害”的立法依据，《噪声污染防治法》已于 2022 年 6 月 5 日起施行。《放射性污染防治法》搭建了放射性污染防治工作的总体框架，实行预防为主、防治结合、严格管理、安全第一的方针，既防又治。由于《电磁辐射环境保护管理办法》（国家环境保护局令第 18 号）已无法满足当前电磁辐射环境管理要求，已于 2019 年 8 月将其废止，现已启动电磁辐射污染防治立法工作。《环境保护法》对光污染防治提出了总体要求。在热污染防治领域，《水污染防治法》《海洋环境保护法》对由排放热废水引起的水体、海域环境污染仅作了简要规定。

### 2. 主要规定

（1）噪声污染防治

1）噪声污染防治分类防控规则体系

①构建噪声污染防治标准。国务院生态环境主管部门和国务院其他有关部门，在各自职责范围内，制定和完善噪声污染防治相关标准。

②划定噪声敏感建筑物集中区域。将用于居住、科学研究、医疗卫生、文化教育等民用公用事业的建筑物分布集中的区域，划定为噪声敏感建筑物集中区域。加强对该类建筑物周边区域噪声排放情况的调查、监测，明确相应法律责任。

③规范噪声敏感建筑物。噪声敏感建筑物必须符合民用建筑的隔声设计标准和要求，不符合标准要求的，不得通过验收、交付使用。在交通干线两侧、工业企业周边建设噪声敏感建筑物的，应当间隔一定距离，并采取减少振动、降低噪声的措施。

④管制工业噪声污染。在噪声敏感建筑物集中区域，禁止新建排放噪声的工业企业，改建、扩建工业企业的，应当采取有效措施防止工业噪声污染。

⑤管制建筑施工噪声污染。在噪声敏感建筑物集中区域施工作业，建设单位应当优先使用低噪声施工工艺和设备；应当设置噪声自动监测系统，并与监督管理部门联网；除了特殊需要外，禁止夜间进行产生噪声的建筑施工作业。

⑥预防交通建设噪声污染。新建选线设计、机场选址应当尽量避开噪声敏感建筑物集中区域。必须经过噪声敏感建筑物集中区域的交通线路，应当在可能造成噪声污染的重点路段设置声屏障或其他有效措施。

2）社会生活噪声污染防治法律责任体系

①室外生活噪声污染防治责任。非紧急情况禁止在噪声敏感建筑物集中区域内使用高音广播喇叭。在街道、广场等公共场所组织或者开展娱乐活动应遵守公共场所管理有关活动区域、时段、音量等规定。

②室内生活噪声污染防治责任。饲养宠物和其他日常活动尽量避免产生噪声而对周围人员造成干扰；使用家用电器、乐器或者进行其他家庭室内娱乐场所活动时，应当控制音量或者采取有效措施。

③噪声敏感建筑物集中区域的社会生活噪声污染防治责任。对此类情况，基层群众性自治组织、业主委员会、物业服务人员应当及时劝阻、调解或依法处理。

④房地产开发经营者噪声污染防治责任。应公示住房可能受到噪声影响的情况以及采取或者拟采取的防治措施，并纳入买卖合同。新建居民住房的开发者应当在买卖合同中明确住房的共用设施设备位置和建筑隔声情况。

（2）放射性污染防治

1）全过程监督管理制度。对放射源和射线装置的生产、销售、使用、转让、进出口、运输、贮存、处理和处置等各个环节进行监督管理，实现放射性污染防治的全过程管理。

2）放射性污染防治标准制度。含有放射性物质的产品，应当符合国家放射性污染防治标准，否则，不得出厂和销售；使用伴生放射性矿渣和含有天然放射性物质的石材做建筑和装修材料的，应当符合国家建筑材料放射性核素控制标准。

3）放射性污染环境监测制度。由环境保护行政主管部门或其他有关部门组织





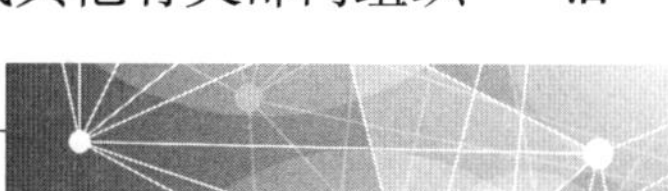

环境监测网络，对放射性污染实施监测管理。

4）安全防护制度。核设施营运单位、核技术利用单位、铀（钍）矿和伴生放射性矿开发利用单位，须采取安全与防护措施，预防发生可能导致放射性污染的各类事故，避免放射性污染危害，并对其工作人员进行放射性安全教育、培训。

5）有关人员与机构的资质管理制度。《注册核安全工程师执业资格制度暂行规定》对从事放射性污染防治与检测工作的人员实行考核与资格认定管理制度。对从事放射性污染监测工作的机构实行资质管理制度。

**即学即用**

1. 物理性污染分为哪几类？

2. 寻找您身边的物理性污染源。

# 8.2 噪声污染防治

## 一、噪声的定义与特点

### 1. 噪声的定义与标准

噪声是对人们生活和工作有妨碍的声音，由不同频率和不同强度的声音组合而成，能污染环境，必须加以控制。噪声强度的单位是分贝（dB）。

《声环境质量标准》（GB 3096—2008）明确规定了五类环境功能区的环境噪声限值。表 8-1 为不同区域环境噪声最高限值。

**表 8-1　不同区域环境噪声最高限值**　　dB（A）

| 区域 | 声环境功能区类别 | 昼间 | 夜间 |
|---|---|---|---|
| 康复疗养区等特别需要安静的区域 | 0 类 | 50 | 40 |
| 以居住、医疗、文教机关等为主的区域 | 1 类 | 55 | 45 |
| 居住、商业、工业混杂区 | 2 类 | 60 | 50 |
| 工业生产、仓储物流区域 | 3 类 | 65 | 55 |

续表

| 区域 | 声环境功能区类别 | 昼间 | 夜间 |
|---|---|---|---|
| 高速公路、一级公路、二级公路、城市主干路、城市轨道交通等两侧 | 4a 类 | 70 | 55 |
| 铁路干线两侧区域 | 4b 类 | 70 | 60 |

注：夜间指 22 点到次日晨 6 点。

### 2. 噪声的特点

噪声是声音的一种，所以它也具备以下声学特性。

（1）感知差异性

感知差异性即噪声对人的影响在不同个体身上是不一样的。

（2）局部性

由于声波会逐渐衰减，所以某一个噪声只能影响局部范围。

（3）分散性

噪声源无处不在，并不存在哪一种单一的噪声源。

（4）暂时性

噪声不具备保持的能力，也不具备累积的能力。

## 二、噪声源的区分识别

学会区分并识别噪声源很有必要，噪声源主要分为以下几类。

### 1. 交通噪声

城市噪声的主要部分，包括机动车、火车、高铁、飞机、轮船等交通工具行驶时产生的噪声，如图 8–2 所示。

### 2. 工业噪声

工业噪声指在工业生产场所内生产劳动产生的噪声，如图 8–3 所示。

### 3. 建筑施工噪声

建筑施工噪声指建筑现场的塔吊、电钻等工作时产生的噪声，如图 8–4 所示。

图 8–2　交通噪声源

图 8–3　工业噪声源

### 4. 社会噪声

社会噪声来源较广，主要是指商业、体育、文娱等社会活动中产生的喧闹噪声，如图 8–5 所示。

### 5. 自然噪声

自然噪声主要指台风、地震、雷电、动物鸣叫等非人为噪声。

图 8–4　建筑施工噪声源

图 8–5　社会噪声源

## 三、噪声污染的危害和防治

### 1. 噪声的危害

（1）对神经系统的危害

噪声会导致中枢神经系统的混乱，引起头疼、失眠、记忆力衰退，乃至神经衰弱等症状。

（2）对心脑血管的危害

长期暴露在噪声中会出现心率加快、心律不齐、血压升高等症状，久而久之会引发高血压、冠心病、动脉硬化等心脑血管疾病。

（3）对消化系统的危害

噪声会影响肠胃的正常蠕动，进而影响食欲，出现吐酸水、胀气、消化不良等现象，若继续加剧，可能出现胃溃疡等疾病。

## 2. 噪声的防治

噪声的传播分为三个过程，如图 8-6 所示，所以可以从噪声源控制、传播途径控制及接收人的自我防护三个方面进行噪声防治。

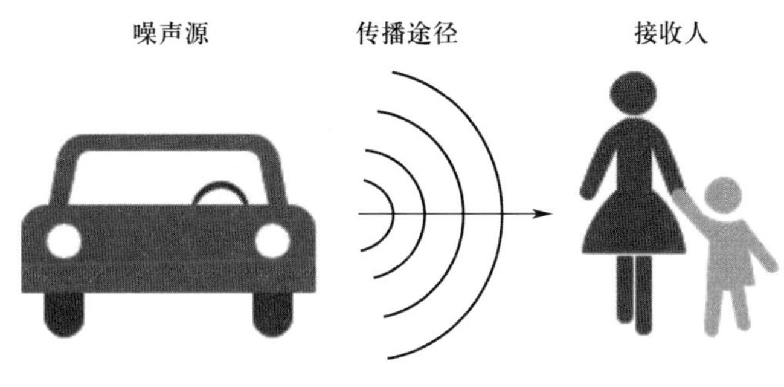


图 8-6 噪声传播过程图

（1）噪声源控制技能要点

1）改进机械结构或者机械材料，采用阻尼器等设施来减少机械自身的振动、相互的摩擦碰撞等发声环节。

2）通过实施限时施工、限时行车等方式进行有效的管理。

（2）传播途径控制技能要点

1）动静分区。按噪声污染的程度将其分为不同的集合，让噪声污染重的区域在一起，噪声污染轻的区域在一起，并彼此远离，利用声音的衰减性进行防护。

2）调整声音方向。尽量让声音传播方向避开需要安静的区域，由于高频声波方向特性明显，所以该方法主要针对高频噪声。

3）设置隔音或者吸音屏障。可以利用天然地形的高低，将噪声源置于低洼处，或者设置隔音设施、吸音设施等，隔音材料厚实致密，吸音材料柔软多孔。如图 8-7 所示，将噪声要求低的商业建筑平行建设于道路外侧，而将噪声要求高的住宅建于内侧，可以有效隔离噪声。但是，如果隔音建筑没有平行于道路修建，由于声波的反射性，其隔离效果将大打折扣。

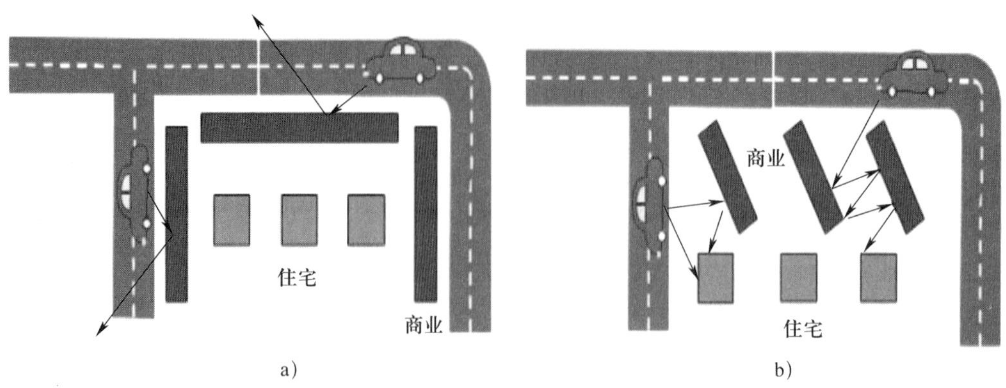


图 8–7　隔音建筑

a）隔音建筑平行于道路修建　b）隔音建筑没有平行于道路修建

（3）接收人自我防护技能要点

接收人可以通过佩戴耳塞、耳罩、降噪耳机等多种方式进行自我防护，该方法具有简单便携的特点。

## 知识拓展：消除噪音的技术措施

1. 消声器

消声器适用于降低空气动力性噪声，如风机、空气压缩机、内燃机等进排气噪声。

2. 隔声间（罩）

隔声间（罩）适用于隔绝各种声源噪声，如机器设备、管道的噪声、砖、钢筋混凝土、钢板和厚木板等。

3. 吸声处理

吸声处理适用于吸收车间、厅堂剧场内部的混响声。常用的吸声材料有玻璃棉、毛毡、泡沫塑料、微孔板等。

4. 隔振

隔振就是防止振动能量从振源传递出去。隔振装置主要包括橡皮、弹簧、矿渣棉、玻璃纤维和气垫等。

5. 阻尼减震

阻尼减震就是消耗振动的能量并变成热能散失掉，从而减少壳板振动引起的辐射噪声。

## 典型案例：某超高层公寓电梯噪声防治

1. 背景介绍

受户型设计影响，该公寓在电梯高速运行时，电梯机房运行振动噪声及电梯轨道产生的低频振动噪声，通过墙体结构传递，对电梯相邻户型住户室内产生了噪声影响。电梯未运行时，公寓住宅室内背景噪声为 35 分贝左右；电梯运行时，室内电梯噪声为 55 分贝左右，已超过《声环境质量标准》中 2 类区域的夜间噪声标准，亟待改进。

2. 原因分析

电梯采用了 4 米 / 秒超高速电梯，电梯机房本身振动较强，电梯导轨的低频振动会对相近户型造成明显影响；电梯机房同公寓房间处于同一水平面，仅一墙之隔，加之建筑整体采用轻质墙体结构，隔音能力较差。

3. 解决方法：

（1）从声源控制方面出发，加装减震器，提高底座的减震效果，将主机同地面以及其他刚性结构隔离开来，避免主机振动影响其他刚性结构。

（2）从传播途径方面出发，对电梯机房内部进行隔声处理，采用隔音、吸音材料覆盖机房，使用吸音墙面和吸音吊顶，地面使用隔音减震垫处理，对井道进行无机纤维喷涂，提高井道的吸音隔音能力。

4. 治理效果

根据现场检测数据，采用降噪措施后，室内电梯噪声已降至 40 分贝，满足《声环境质量标准》要求。

## 即学即用

1. 主要的噪声污染有哪些？

2. 噪声对人体的危害有哪些？噪声源控制的技能要点是什么？

# 8.3 电磁污染防治

## 一、电磁污染的定义与特点

### 1. 电磁污染的定义

电磁污染是指天然和人为的各种电磁波的干扰及有害的电磁辐射。

电场与磁场的交变作用会产生电磁波，电磁波会向四周发射，称之为电磁辐射。当电磁辐射过量并超过人体或设备的承受范围时，就会造成危害。它同电磁波的性质、功率、密度及频率等因素密切相关。随着电子时代的到来，广播、手机、无线网络的迅速发展使得射频设备大大增多，电磁污染不容忽视。

电磁污染程度由公众暴露这个指标进行表征。公众暴露，是指公众所受的全部电场、磁场、电磁场照射，并且不包括职业照射和医疗照射。由环境保护部发布的《电磁环境控制限值》（GB 8702—2014）中对不同频率范围下的公众暴露参数进行了详细规定。

### 2. 电磁污染的特点

（1）复合性

电磁波对通信行业很有必要，但同时也是一种污染。

（2）可计算性

得到某个电磁波发射设备的参数后，其发出的电磁波在空间内不同位置的电场、磁场强度均可以有效计算，以便于进行精确防控。

（3）可调节性

对于人造大功率电磁污染发射源，如果污染太大，可以人为地调节其功率大小，甚至停止其工作，从而减少电磁辐射。

## 二、电磁污染源的区分识别

电磁污染源主要分为天然电磁污染源和人工电磁污染源两类。

### 1. 天然电磁污染源

天然电磁污染源主要是指由于自然现象而引起的电磁辐射，如强烈的雷电天气、台风、火山喷发等；扩展到宇宙的角度，恒星级别的活动也会产生电磁污染，如太阳风暴等。

### 2. 人工电磁污染源

人工电磁污染源是指来自人造电子器件的电磁辐射，又可以分为脉冲辐射、交变电磁场辐射、大型高频射频辐射及家用电磁辐射。脉冲辐射，如电力断路器断开大电流时产生的电磁场；交变电磁场辐射，如正常运行的变压器、输电架空线、电缆等设备，其内部具有恒频交变的电流，从而产生交变的电磁场；大型高频射频辐射，如气象雷达、军用雷达、导航台等，功率巨大，如图 8-8 所示；家用电磁辐射，如无线网络、微波炉、电磁炉、广播等设备，覆盖面积广。

图 8-8　人工电磁污染源——雷达

## 三、电磁污染的危害和防治

### 1. 电磁污染的危害

（1）对人体的危害

长时间暴露在电磁污染环境中，在精神层面会导致注意力涣散、失眠、神经衰弱等症状；在视力层面，可能伤害角膜和虹膜，导致视力下降，晶状体浑浊，甚至出现白内障；过量电磁辐射也会影响生育能力，导致不孕或流产；此外，过量的电磁辐射会伤害免疫系统，诱发白血病等癌症。

（2）对设备的危害

电磁设备是一种通信载体，当两个强辐射源相互干扰时，会严重影响信息传递功能，造成交通事故、自动化设备失灵等问题；而且电磁波具有能量，大功率设备运行时的能量可能导致起火、爆炸等事故。

### 2. 电磁污染的防治

可以从电磁波传播途径和个人的终端防护两方面进行电磁污染防治。

（1）电磁波传播途径控制

电磁波传播途径治理最为行之有效的方法是电磁屏蔽。

1）技术原理。电磁屏蔽原理如图 8–9 所示，该技术主要是用某种特定材质对电磁辐射源或电磁辐射保护区域进行包围，利用电磁波在金属界面的反射及金属屏蔽层的吸收作用进行电磁辐射的屏蔽。当电磁波进入金属表面时，一部分电磁波被反射回去，另一部分经折射进入金属内部，并在金属内部不断反射衰减，只有少部分电磁波可以穿过两层金属界面。

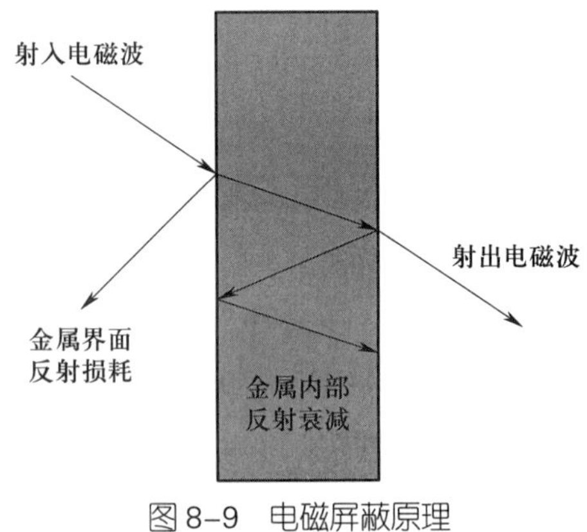

图 8–9　电磁屏蔽原理

2）技能要点

①屏蔽材料的选择。选择铜、铝、铁等导电性和透磁性较高的材料，现在的纳米复合屏蔽材料也有不错的效果。

②屏蔽结构设计。尽量减少开孔、裂缝等，如果一定要有孔洞，可以在孔洞上接一金属套管，并保证孔洞尺寸小于需屏蔽的电磁波波长。

③屏蔽层的厚度选择。一般情况下越厚越好，但对于高频段电磁波，厚度增加太多后效果也不会有明显改变。

④屏蔽网的网孔数量。需根据波长判断，中短波网孔数量不用太多，而超短波需要密集的网孔数量。

⑤安装间距。安装时尽可能增大屏蔽体与电磁污染源的距离。

（2）个人终端防护技能要点

1）保持人体与电脑等家用电器的安全距离，尤其是孕妇、小孩和老人等抵抗力较低的人群，保持距离微波炉 1 米以上，电视机 4 米以上，日光灯 2 米以上。

2）避免长时间使用各种电子设备，如电视、电脑等电器连续使用时间尽量不超过 1 小时；手机刚响铃时辐射最大，最好不要立即放在耳边进行接听，可以等待几秒钟，或者使用外设耳机、免提功能进行接听。

3）家中的电脑、电视机、微波炉等设备尽量分开布置，使其不处于一个空间中，防止辐射叠加超过安全值。

4）体内安装有心脏起搏器等电子医疗设备的，不能靠近强电磁波发射源。

**典型案例：通信基站电磁辐射防护改造**

背景介绍：某移动运营商为实现信号覆盖，需要在某小区内建设移动基站，现基站设备安装于小区1栋3单元的通信室内，但由于小区居民，尤其是通信室附近居民担心电磁辐射，其正常运维困难重重，亟待改进。

问题分析：现通信室内共有中国移动GSM900与LTE–F发射设备各一套，基站发射功率均为30瓦特。通信室周围有两户人家，均通过普通多孔砖墙隔离开来，墙面高3.5米，宽5米。在未采取屏蔽措施时，A户人家墙后场强的测量值达6.24伏特/米，B户人家墙后场强的测量值达6.5伏特/米，均已超过单个基站的管理限值。考虑到基站辐射经过墙壁，故考虑利用在墙壁加装金属屏蔽层的方式进行解决。

解决方法：铁皮导电良好且价格低廉，适合进行移动通信基站的电磁屏蔽。运营商在通信室靠近A、B两户的墙上整体安装了2毫米厚的镀锌铁皮，并进行接地处理。使用NBM550射频综合场强仪对A、B两户墙后场强再次进行了测量，A户人家墙后场强的测量值为1.5伏特/米，B户人家墙后场强的测量值为1.7伏特/米，较之前均有明显降低。实践证明，利用墙壁加装镀锌铁皮进行电磁场屏蔽的方式可靠有效。

**即学即用**

1. 主要的电磁污染有哪些？

2. 电磁污染对人体的危害有哪些？电磁污染防护的技能要点是什么？

# 8.4 放射性污染防治

## 一、放射性污染的定义与特点

### 1. 放射性污染的定义

放射性元素的原子核在衰变过程中发出粒子和射线后变成新元素的原子核，如





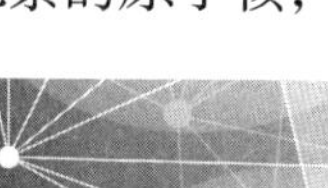

图 8–10 所示，这种现象称为放射性，而由放射性物质造成的污染称为放射性污染。放射性射线包括 α 射线、β 射线和中子射线等。值得一提的是，我们平时经常接触到的 X 光并不是一种粒子射线，而是一种具有高穿透性的电磁波。对于放射性污染强度，常用毫西弗或者微西弗的单位进行量化，其中 1 毫西弗 =1 000 微西弗。一般情况下要求受到的辐射量小于 200 微西弗。

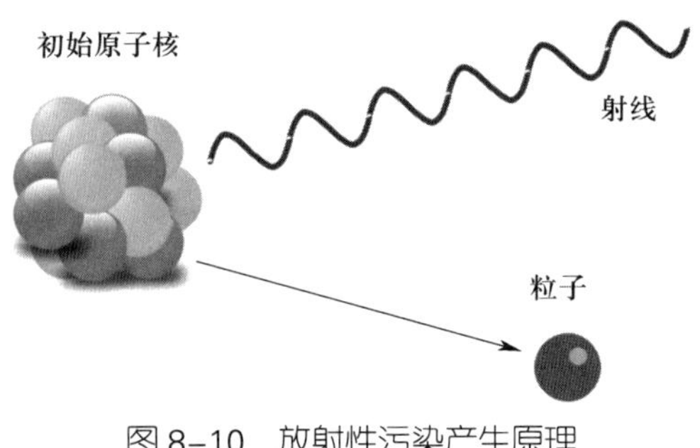

图 8–10　放射性污染产生原理

### 2. 放射性污染的特点

（1）强穿透性

放射性射线具有极强的穿透能力，普通的防护装置没有太大的效果。

（2）可遗传性

放射性污染可导致基因变异并遗传给下一代。

（3）不易感知性

放射强度无法被人体感官直观地感受到，必须利用专用的探测仪器才可以发现。

（4）不易消除性

放射性污染物只能随着时间的推移，经自然衰变而减弱。

## 二、放射性污染源的区分识别

放射性污染源主要分为核能工业排放、核武器试验、建筑材料三类。

### 1. 核能工业排放

核能工业生产的过程中难免会排出含有放射性物质的废水废料等，这些废水废料从密封容器到运输方式都有着明文标准，如果不严格执行这些标准，可能导致含放射性物质的废水废料泄露；此外，核工厂如果发生不可控意外，将出现灾难性的大规模核污染，如前苏联切尔诺贝利核电站事故、日本福岛核电站事故等。

### 2. 核武器试验

世界上少部分国家进行了核武器的开发，在开发过程中核试验必不可少，但是核爆炸产生的巨量辐射会对周边相当大区域内的生物产生极大的影响。

### 3. 建筑材料

由于石灰岩或黏土同铀矿距离接近，导致水泥带有一定放射性；花岗岩、磷石膏等材料也有着高于地壳平均值的放射性元素；生长在含天然放射性元素土壤中的木材也具有放射性。

## 三、放射性污染的危害和防治

### 1. 放射性污染的危害

（1）急性危害

如果短时间内承受大剂量的射线，射线的贯穿将造成细胞和组织的不可逆坏死，引起头晕、腹泻、呕吐等初期症状，继续暴露在辐射下，将导致中枢神经系统崩溃，出现痉挛等症状，甚至导致死亡。

（2）慢性危害

射线会抑制上皮细胞的分裂，破坏淋巴组织，引起淋巴细胞染色体畸变和基因突变，继续恶化下去将导致血小板白血球减少，白血病及其他癌症的患病率大幅提升。

### 2. 放射性污染的防治

（1）放射性废物处理技能要点

1）放射性固废处理一般分为三个步骤，如图 8–11 所示。

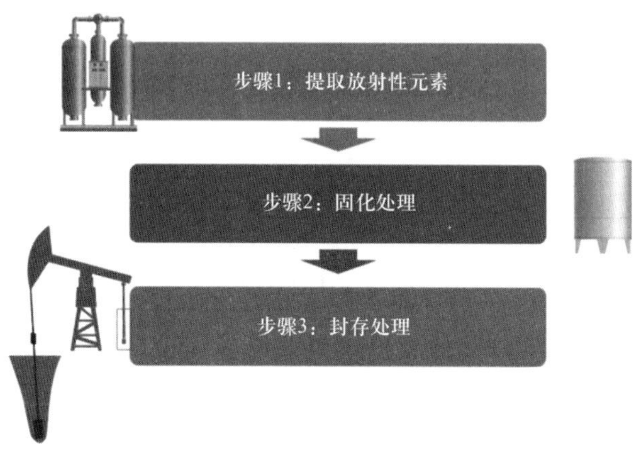


图 8–11　放射性固废处理步骤

步骤 1：对放射性固废进行收集和分类后，利用物理法、化学法、电化学法等方法将放射性元素提取出来。

步骤 2：在危险废物中加入固化剂，使其转化为不可流动的紧密固体，更加易于稳定处理。可以采取水泥固化、沥青固化、聚合物固化等方式。

步骤 3：将废物置于工程屏蔽和天然屏蔽相结合的屏蔽体系中，进行深埋处理或者废矿井处理。

2）放射性废液处理方法主要有四个步骤，如图 8–12 所示。

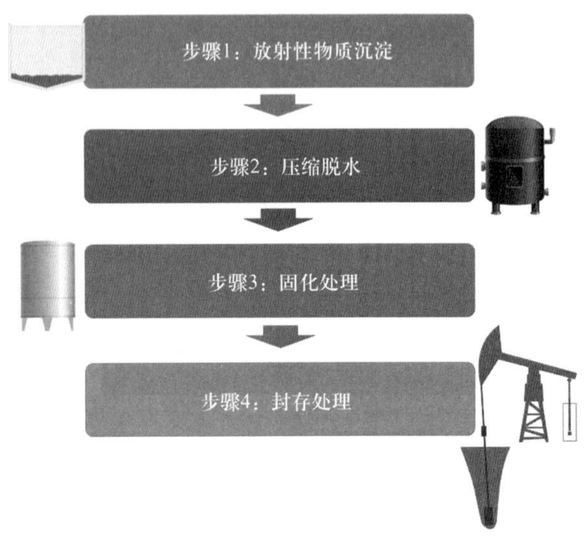


图 8–12　放射性废液处理步骤

步骤 1：在放射性废液中加入沉淀剂或助凝剂，使放射性物质沉淀。

步骤 2：分离出沉淀后的放射性污泥，并将其进行压缩脱水处理。

步骤 3：对脱水处理后的污泥进行固化处理。

步骤 4：将废物置于工程屏蔽和天然屏蔽相结合的屏蔽体系中，进行深埋处理或者废矿井处理。

（2）个人的放射性污染防护技能要点

1）对建材等应查阅相关检测报告，严格按照国家标准选取产品，可参考《建筑材料放射性核素限量》（GB 6566—2010）。

2）长期保持室内通风良好，有效稀释室内氡气。

3）地板、墙面出现裂缝后应立即填平，减少氡的析出。

即学即用

1. 主要的放射性污染有哪些?

2. 放射性污染对人体的危害有哪些?放射性污染防护的技能要点是什么?

# 8.5　光污染防治

## 一、光污染的定义与特点

### 1. 光污染的定义

光污染是指过量或者不适当的光辐射对人体、生态环境及天文观测等造成的不良影响，包括可见光、紫外光和红外光辐射。光污染的衡量指标主要有发光强度、频闪度、对比度等。

### 2. 光污染的特点

（1）不残留性

光源消失后光污染会立即消失，不会残留在环境中。

（2）相对性

光污染的影响程度跟背景有关，同样的光源，在白天或者晚上会有不同的效果，并且对于不同的个体也会有不同的效果。

（3）易循性

光污染的来源很好判断，因为光总是沿直线传播，强光反射下循着光的方向就可以找到污染源。

## 二、光污染源的区分识别

光污染源主要分为日间强反射、夜间强光照和闪烁彩灯三类。

### 1. 日间强反射

当白天太阳光强烈的时候，由于玻璃幕墙及各种光滑外立面会将太阳光进行

大量反射，不同于一般物体发生的漫反射，强反射会对视力造成严重影响，如图 8–13 所示。

### 2. 夜间强光照

在夜晚的城市里，由于照明或者装饰的原因，会有大量的灯光，这样的夜间光照对生物钟有着很大的影响，如图 8–14 所示。

图 8–13　玻璃幕墙反射

图 8–14　城市夜晚照明

### 3. 闪烁彩灯

演唱会、游乐场、KTV 等场所常用的闪烁彩灯其过多的颜色和过快的闪烁频率对视力有害，如图 8–15 所示。

图 8–15　迪厅彩灯

## 三、光污染的危害和防治

### 1. 光污染的危害

（1）人体健康危害

光污染会造成视力下降，损伤视网膜、角膜，诱发眼部疾病；影响神经系统，出现头晕、头痛、易怒的现象；会破坏人体的免疫力，增加癌变风险，而强光照也会增加患皮肤癌的风险。

（2）生态危害

夜间灯光会影响生物的活动规律，可能出现无法繁育等问题。

（3）交通干扰

夜间的城市照明会影响司机对路标路障的判断，强光带来的目眩会造成车祸风险；夜间干扰光也会影响铁路、航空、航海的信号识别。

### 2. 光污染的防治

（1）建筑光源控制技能要点

1）使用反光系数小的材料作为建筑外立面，尽量不用玻璃幕墙。

2）建筑物尽量不采用泛光 LED 照明，改用内透光。

3）在建筑物旁加强植物种植，隔离部分光污染。

（2）广告路灯光源控制技能要点

1）LED 屏幕夜间调低亮度，画面切换时不用对比度大的颜色，减少刺激。

2）利用光的直线传播性质，合理控制光的方向，如路灯让其光朝向路面，广告牌灯让其光朝向广告牌，减少光的溢射，减少光污染，如图 8–16 所示。

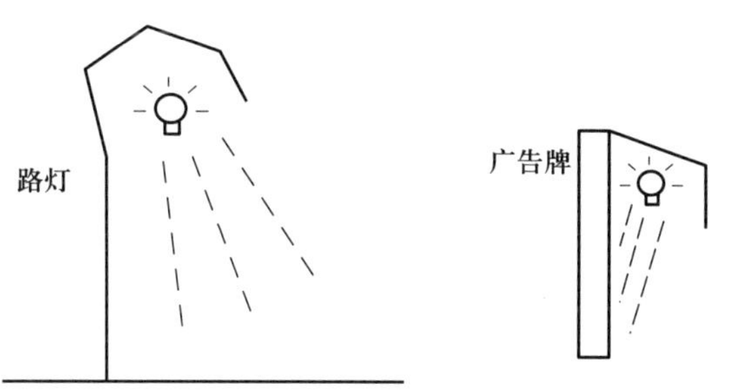


图 8–16　路灯和广告牌照明灯的光方向控制

（3）个人光污染防护技能要点

1）尽量减少前往光污染场所，或者在场所内不要长时间逗留。

2）注意不要用眼睛长时间直视太阳反射光、LED 等强光源。

3）夜晚不需要灯光的时候调暗室内灯光，更有利于睡眠。

4）必要时候应佩戴护目镜或防护服，紫外线太强时要涂防晒霜保护皮肤。

## 即学即用

1. 主要的光污染有哪些？

2. 光污染对人体的危害有哪些？光污染防护的技能要点是什么？

# 8.6 热污染防治

## 一、热污染的定义与特点

### 1. 热污染的定义

热污染即工农业生产和人类生活中排放出的废热造成的环境热化，损害环境质量，影响人类生产、生活的一种增温效应，包括水体热污染和大气热污染。

我们经常听到的热岛效应就是一种热污染，即在人口和建筑密集的大城市形成城市中心的温度高于郊区温度的现象。之所以会发生这样的现象，是由于密集的建筑物可以大量吸收热量，同时占据了绿化空间，而且稠密的人口带来了大量的热源，加之城市内部通风不畅，所以，城市温度会高于周边，形成“热岛”。同时，由于气流由郊区流往市区，加之市区内凝结核较多，导致市区内降水更多。

### 2. 热污染的特点

（1）区域性

热污染一般发生在耗能较高、人口密集的工业区。

（2）过程性

区别于光污染，热污染的形成需要一定的时间，由热污染源逐渐加热形成。

（3）伴生性

由于热污染大都来自于能源消耗，在使用能源的过程中难免产生一些有害物质，它们会伴随着热污染出现。

## 二、热污染源的区分识别

热污染源主要分为工业废热排放、温室气体排放和过量太阳辐射三类。

### 1. 工业废热排放

炼钢厂、发电厂等工业企业会消耗大量的能量，这些能量一般会先转化为热能，但是这些热能不会被全部利用，相当多的热量被直接排放到空气中或水中，不仅浪费能源，还造成了热污染现象。

### 2. 温室气体排放

化石能源的燃烧，如工业用能、交通运输用的化石燃料，会产生大量的二氧化碳等温室气体，这些气体会造成气温的异常上升，加剧热污染，如图 8–17 所示。

### 3. 过量太阳辐射

氟利昂等氯氟烷烃化学物质，包括制冷剂、清洗剂等，在使用后进入臭氧层，同臭氧发生化学反应，导致臭氧层空洞的出现，如图 8–18 所示。没有了臭氧层的保护，太阳辐射直射到地表，过量的紫外线辐射不仅对生物有伤害，还会加剧热污染。

图 8–17 工厂温室气体排放

图 8–18 臭氧层空洞

## 三、热污染的危害和防治

### 1. 热污染的危害

（1）人体健康危害

热污染带来的高温会导致心跳加快、烦躁易怒、食欲不振等问题，而且长时间待在过热环境中可能导致中暑的危险。另外，高温有利于病原体的繁殖传播，加之高温下东西容易腐败，导致了传染性疾病的肆虐。

（2）生态破坏

废热进入水中会使水体溶氧量减少、水体富营养化，引起浮游生物大量繁殖，产生赤潮等现象污染水体。而臭氧层空洞和温室效应会导致极地地区冰川融化，海平面上升，威胁极地动物的生存。

（3）全球气候异常

气候规律是由世界性的气流和洋流不停地进行有规律的运动和热交换形成的，但是热污染到达一定程度以后可能会影响这样的规律，导致全球性气候异常，干扰农业、旅游业等人类活动。

### 2. 热污染的防治

（1）降低热岛效应技能要点

1）合理布置绿植。为了减少热岛效应带来的热污染和空气污染，城市的绿化带应密集布置在热岛气流下沉处，以发挥最大作用，而工厂等污染源，应在下沉距离以外，避免将污染物带回城市，如图 8–19 所示。

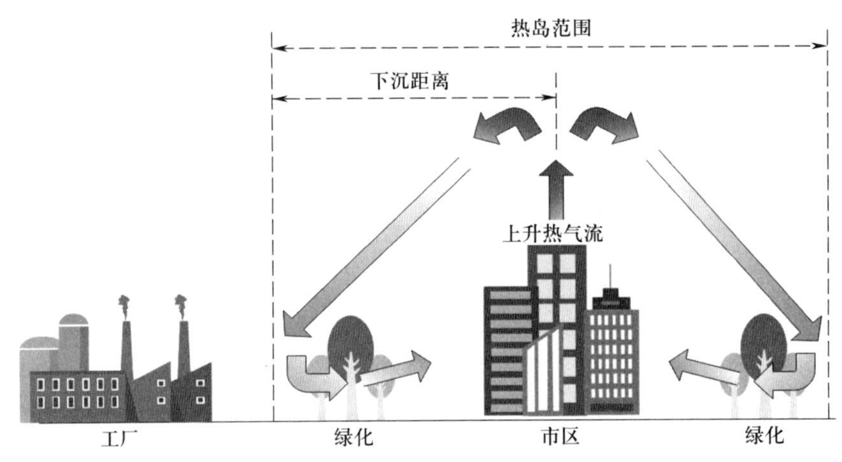


图 8–19　合理布置绿植应对热岛效应

2）提高建筑隔热材料的质量，使用浅色涂料以便于反射热量。

3）修建人工湖，倡导海绵城市使用透水路面，增强城市的保水性。

（2）加强余热利用技术应用

参见 4.3 有关化石能源能量回收的内容。

## 即学即用

1. 主要的热污染有哪些？

2. 热污染对人体的危害有哪些？热污染防护的技能要点是什么？